赢在战略

品牌地产战略实录

中城联盟

LANDSEA
朗诗地产

DaJa大家

万科
让建筑赞美生命

华远地产
HUAYUAN

中大地产
ZHONG DA REAL ESTATE

CHANGE 成全机构

TIANTAI 天泰
建 筑 爱 的 世 界

万通地产
VANTONE

SunnyWorld
新地集团

立丰集团
LUCKYKING

锋尚

成都交大房产
CHENGDU JIAODA REALESTATE

世聯地產
WORLD UNION PROPERTIES

建业

ELDO

GOLD MANTIS
Construction Decoration 金螳螂

MOMA当代节能

CIFI GROUP
旭辉集团

宁夏中房

ddi 东渡国际

BROAD GROUP
远大集团

Q. U. C. G.
城 建 地 产

南京新城发展股份有限公司

CHERISH-YEARN

海投房产

高新地產

Hodo红豆置业
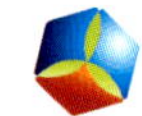

中粮
COFCO

江蘇華建
JIANGSU HUAJIAN

龍基置

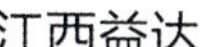

……

联盟联合的力量

59家成员企业，开发项目遍布全国100多个重点城市，每年开放5个入会资格……

万通地产
山水文园
华远地产
当代节能
亿城集团
锋尚
富华国际
国世通
伊泰
天泰集团
银都国际
青岛城建
新地集团
海信地产
江苏华建
南京新城
金螳螂
朗诗集团
栖霞建设
中大集团
无锡红豆
复地集团
旭辉集团
三盛宏业
上海证大
成全置业
亲和源
东渡国际
南都集团
杭州城建
万厦地产
宁波维科
信义房屋
福建泰禾
厦门海投
益达集团
博泰集团
中粮地产
万科集团
世联地产
宁夏中房
建业集团
居易国际
金成地产
安徽信谊
金大地
高新地产
立丰集团
雅荷地产
荣华集团
蓝光地产
成都交大
龙湖集团
协信集团
中天城投
俊发地产
远大空调
大汉城建
广西龙基

Xinjiang
Xizang
Qinghai
Gansu
Neimenggu
Ningxia
Sichuan
Chongqing
Yunnan
Guizhou
Guangxi
Hainan
Guangdong
Shenzhen
Hunan
Jiangxi
Fujian
Taiwan
Zhejiang
Shanghai
Jiangsu
Anhui
Hubei
Henan
Shanxi
Shanxi
Hebei
Beijing
Shandong
Liaoning
Jilin
Heilongjiang

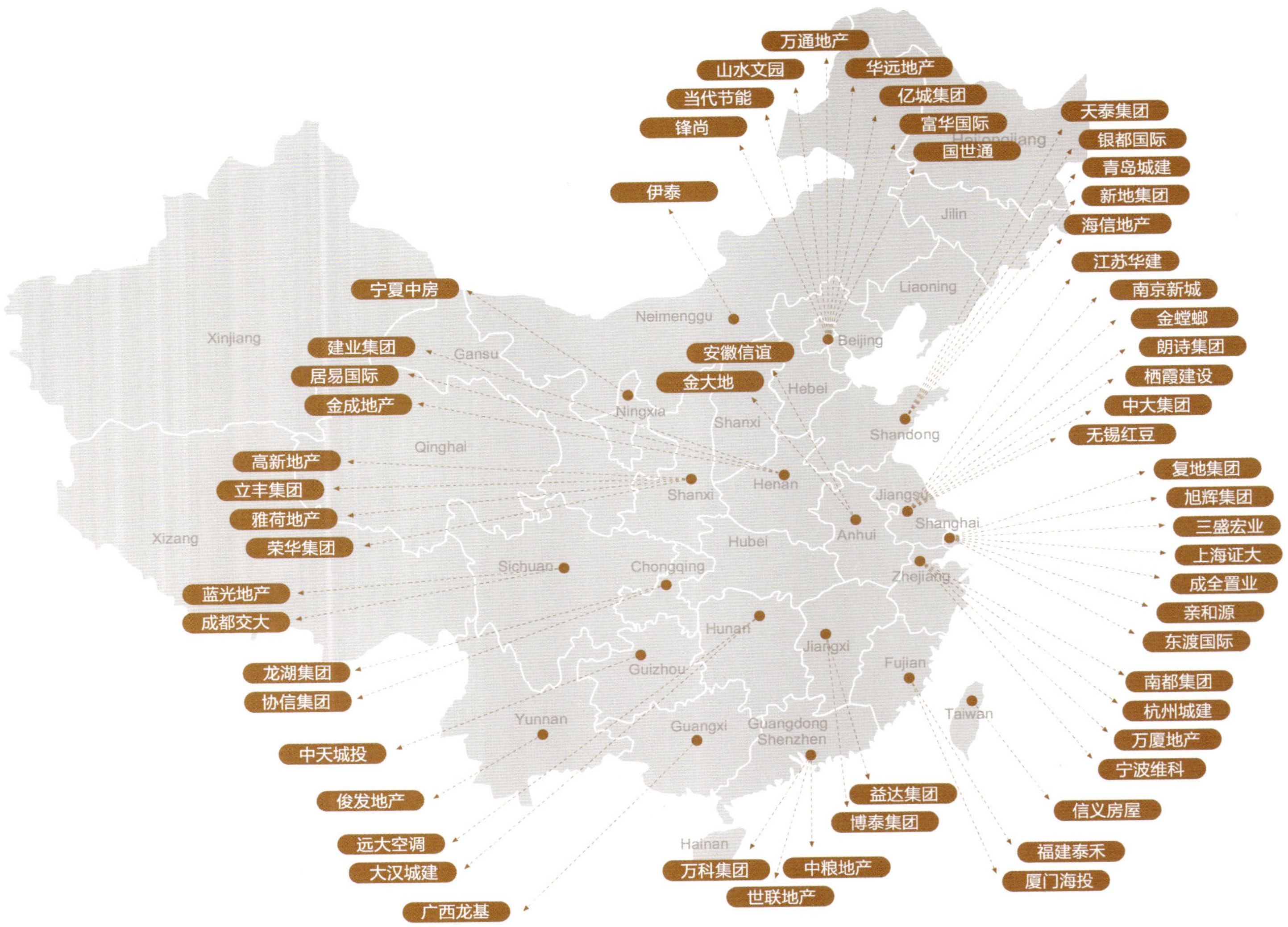

前言

中国地产伴随改革开放30年的道路磕磕绊绊地前行，有时走得快点儿，有时走得慢点儿，有时候倒着走，还有的时候限制走。有人说，“变化是唯一的不变”，“不确定性是唯一的确定”。面对变化多端、缺少规律的市场环境，有的企业重应对，见招拆招；有的企业重预测，寻机遇，求发展；也有的企业以不变应万变，始终坚持自己的打法；也有的企业无法跟上时代的步伐，黯然离场……

常言道，“人无远虑，必有近忧”，不管市场如何变化，每年年初中城联盟的董事长们都会聚在一起召开“新春战略研讨会”，研究经济形势、分析客户需求、探讨企业战略，彼此印证，相互借鉴。因为企业战略是一个企业审视内外各种因素综合考量后所建立的结果，它应该结合国家战略、宏观经济形势，结合企业自身特点，结合企业使命与文化，结合目标客户需求，结合企业管理模式，结合融资模式。由于每次会议时间短，很难将资料留存下来，因此大家提议，做一本战略合集，既用于记录各企业的战略历程，也为行业内相互借鉴。由此，《赢在战略》在期望中诞生。

中城联盟成立于1999年，是由全国各主要城市的品牌房地产开发商以平等互利为原则组成的策略联盟。现有成员企业59家，项目分布在全国100多个主要城市。联盟创立之初就提出了，“成为先进人居理念的实践者，倡导企业的社会公民责任，提出以客户需求为导向的发展战略，打造宜居的绿色环保生态社区”。经过13年的实践发展，联盟在信息共享、联合培训、联合采购、联合融投资四个方面集合各方优势，互助共赢，为成员企业创造了更多价值。

联盟每两年通过选举产生新的轮值主席，王石、冯仑、胡葆森、王若雄、孟刚等成员企业董事长分别担任过这一职务。现任轮值主席为任志强先生。因此在编辑本书的过程中，有机会聆听这些改革开放后第一代房地产企业创始人的战略思考；也有幸与万科郁亮、万通许立、建业陈建业、龙湖韦华宁、南都王海光等企业总裁、战略执行者进行了深入的交流，深受启发。使我们不仅了解到了企业在发展与战略实施过程中的跌宕起伏，也发现了一些值得关注的现象：凡是战略打法不太清楚、以“机会主义为导向”的企业，一旦遇到市场变化，就会自乱阵脚，危机四伏；凡是战略打法明确、清晰的，以“客户需求为导向”的企业，在标准化、规范化运作思路下，都会走上可持续的发展道路。这也印证了建业董事长胡葆森先生的一段话，“只要目标方向正确，战略清晰，坚持走下去，未来收获的就是由此带来的‘信誉红利、品牌红利和信任红利’”。

本书共收录了联盟成员的企业战略31篇，这些企业的平均年龄约18岁，与欧洲的那些百年企业相比，还很稚嫩，不能称其为成熟的战略。因此请各位读者带着辩证的眼光看待这本书，尽管书名叫《赢在战略》，并不表示这些战略都是可以“赢”的，中国的地产企业还处在探索与实践阶段。有的企业在文章中开诚布公地谈到在战略方面的失误与不足，这些经验是弥足珍贵的，也是未来能“赢”得更多生存空间的基础。

在收集整理资料的过程中，我们也发现许多企业都有公益基金会，主动在企业的社会公民责任方面做出有益的实践，推动着公益事业的发展。因此，也促使我们将联盟各成员的公益基金会的发展战略与运营思路呈现出来，供同业交流。本书将呈现万科、万通、南都、建业、天泰、中大、荣华等7家公益基金会的发展状况，有的关注绿色社区，有的关注先天性心脏病患儿，有的关注老年人族群，有的关注扶贫，有的关注教育……尽管每家关注的方向不同，但目的只有一个，就是将企业创造的财富有计划地回馈于社会。

《赢在战略》是中城联盟系列丛书中的第二本，非常感谢各成员企业精心准备与无私的奉献，相信每篇文章都凝集着对美好未来的思考与憧憬。编撰不当之处敬请指正！

未来也会将联盟在“商业地产运营模式”、“绿色建筑的探索与实践”、“以客户为中心的企业战略”、“绿色联合采购”等方面的经验教训，集结成册，以飨读者。

非常有幸参与了中城联盟的工作，2007年由第四任轮值主席王若雄任命，从青岛天泰集团到联盟担任秘书长为大家服务，5年时间如白驹过隙一晃而过，平均每年飞行100多次，飞行距离可绕地球好几圈吧。尽管辛苦，但收获颇丰，感谢上天让联盟每一次活动都平安顺利，感谢联盟各成员企业的鼎力支持，感谢秘书处团队充满激情地为每个成员企业服务。

联盟联合的力量！

中城联盟秘书长　戴大为

2012年4月于北京

序1

论战略

企业发展中最难确定的是发展战略，因为发展战略要建立在知己知彼的基础之上，知己就不太容易，而知彼更难。

知己要从企业的文化、理念开始，让整个团队的上下都能相对统一，以保证正确的决策能主动地被接受和执行，不需要太多的监管与督促，保证不出差错就行。

知己要从企业自身的资金实力和融资的能力出发，知道自己的分量，既不可过于保守又不可冒进。前者会丧失许多市场机会，而后者则可能造成资金流断裂的危险，控制好扩张的节奏，就显得格外重要了，而大多数企业的战略出了问题，恰恰在于执行力与资金能力上的不协调。

知己更要知道企业自身的管理能力，大多数企业目前还是直接管理的方式，即所有的事情或决策都要经最高层或董事长来决定，这种管理多在民企或家族式企业中常见。董事长常常要干总经理的活，这种直接的管理有利于集中和减少管理的层次，但却限制了管理的半径和跨度。大多数上市公司和多股东的企业的管理则会是分层次的间接式管理。这种管理可以形成多中心、多层次，有利于最高管理层只注重于决策与战略，而由委托代理制去操作战术与技术的事情，这种委托代理制有利于扩张与复制，但要有严格的监督制度和风险防范机制，尤其要防止内部人控制而形成的失控。

知己就是要知道企业自身的技术能力，生产什么样的产品，能为客户提供哪些最有价值的服务，这取决于企业对技术的创新而形成的竞争力。并非所有的企业都有能力生产所有品种的产品，而这些产品又分布于不同的区域，面对不同的经济发展阶段和不同的消费人群。社会上也许只知道房子是用钢筋水泥堆起来的，但产品的节能、环保，布局的合理性、舒适度与美观其实是由技术来提升的。

知己要知道企业的经营模式的长处，并非所有的企业都能将他人成功的经验进行复制。有的企业善于开百货店，虽然是杂货铺却开得有声有色，品种齐全，价格有高有低，选择性空间大。有的是沃尔玛式的超市，一个经营模式可以被广泛地复制，靠价格和批量供给取胜。还有的是专卖店、精品店，用专一供给的方式为特定人群和客户提供专业和高端的服务。不同的经营模式各有自己的优势和特点，都有市场中的佼佼者，问题只在于你的企业用的是什么样的模式，最适合什么样的模式，什么模式最能显现你的优势与特点。

知彼要更难一些，知彼就是要正确地判断国家的宏观政策与产品所在地的市场，两者缺一不可。

中国最难的不是对当地市场的分析与了解，而是容易变化的调控政策。而房地产投资却是个要有稳定预期的投资决策，一个决定常常要在数年的周期中完成，而能否克服与战胜周期的变化和应对政策的摇摆，则更是考验了一个企业决策者的战略眼光。

市场总是有风险的，而战略的风险大多在于政策与周期的变化，没有风险企业也许就不需要战略了。正因为风险，战略就变得更为重要，自然不能仅仅随政策的变化而摇摆。摇摆的应变也许被许多企业看成是必然，但企业的发展战略却更多的不仅仅是为了在应变中生存或捞一把，而是要创造品牌和价值，这种创造是不管风吹雨打都必须坚持正确的方向才能最终驶向彼岸的。

企业的发展战略不但要应对短时的政策变化，也要指明未来的发展方向，更要与企业的核心价值观匹配，这样的战略才具有指导的意义。

企业的发展战略并非一成不变，而是随着市场地位的转化不断调整的。当市场出现多种竞争中的变化时，企业的战略也会随着这种变化而调整，以保证战略的可行，而变与不变之中考验的则是决策者的智慧。

中城联盟集合了中国许多优秀的企业，包括近二十家境内外上市的公众公司。这些企业有各自的专长、各自的优势和不同的发展战略。许多企业都经历了从小到大的发展过程，当然也有成功与失败的经验。

了解和参考这些企业的发展战略，可以引发相互之间的学习与碰撞，产生许多成功的经验。

同时这本书也记录着中国房地产业里各企业的发展历程，印证着中国房地产市场从无到有的变化，各企业的发展战略恰恰是适应着中国市场发展的潮流而取得的成功。

好的企业能给市场带来的不仅仅是业绩上的表现，更重要的是能成为正在前进的道路上迷茫的企业的一面镜子，让更多的企业可以少走许多的弯路，更容易找到属于自己的成功之路。

中城联盟现任轮值主席
华远地产董事长

2012年3月

序2

空间的生意

潮水退去，裸泳者毕现。政府宏观调控持续的紧缩之下，传统房地产开发模式逐渐暴露出致命弱点，土地和资金仍然是两大“瓶颈”，如何躲过房地产行业的死亡逻辑成为必须思考的问题。我个人认为有三个观念要突破：

第一，破解“土地是有限的”思维。为什么呢？去年我去美国五十多次，欠债的人老让我看地，纽约都已经开发两百多年了，怎么还看地呢？显然土地是无限的，如果是有限的那早就没了，还等到两百年以后我去吗？首先，房地产是做空间生意的，只要技术进步，容积率管制放松，可以无限地往上做，现在可以盖到1100米，500米以下是常规技术。北京市平均容积率才0.9，只要北京平均容积率达到3，多少地都出来了，所以绝不要担心土地没有了。另外，土地是经济要素，不是自然要素，凡是经济要素，只要供求关系，加上经济价格改变，价格会不断地上升，就有无限的动力。实在没动力，拉登也会帮你拆，你还会有机会。所以这两条就告诉我们，土地一定是无限的。

然而，创造有价值空间的能力却是有限的。比如在这个空间里怎么创造价值？这个能力没有一个人是无限的。我们应该去研究有限的能力，去扩张有限的能力。纽约两百年还有这么多空间可建，我们今天着什么急？

第二个要破解的观点是“房地产等于住宅”。房地产不等于住宅，房地产是在空间里创造价值，或者反过来说创造有价值的空间就叫房地产，是做空间的生意，不是平面生意，不要把房地产等同于住宅，这个观念要改变。近两年来，房地产业经过不断调控，按照需求，逐步将商业性与居住性住宅区分开，这是一个非常大的进步。大家知道万通控股的工业地产可以排第三，它比写字楼还多呢。所以改变观念后，房地产一览无余，什么都可以开发。

第三个要破解的观念叫“地段、地段、地段”。过去在工业社会、农耕社会，交通、通讯极不发达的时候，地段有绝对性，然而今天互联网、虚拟空间、电子商务如此发达，地段就具有相对性，而不具有绝对性。有一些地段具有绝对性，比如说八宝山，垄断就一个，我们只能去那儿，别地儿人不让去，这个还是绝对的，但是有相当多的地段具有相对性。比如某个地方很远，不是最好的做“7-11”的地段，但它可能是最好的开会的地方，这就叫相对性。所以关键是把创造空间价值的能力提升，那样什么地都能赚钱。

正是基于上述思考，在前些年房地产的狂热中，万通一直冷静地准备应对不可避免的周期性调整。过去几年，调整周期如期拉开了序幕，我们遇到了预期中的阶段性挑战，但更多的是看到调整为我们带来期待已久的机遇。未来，万通仍然会坚定不移地推进“美国模式”的房地产金融业务，从传统的“高杠杆重资产”买入原料加工（土地开发）后出售产品（房屋）赚取利润，转为提供专业地产服务（如基金管理、经营管理、开发管理）获得“轻资产”收益。这也是国外先进市场中历史再三证明的房地产行业变革趋势。

从国内地产行业的趋势来看，我认为，未来房地产企业主要有细分市场和规模化生产两条道路可走。无论企业走哪一条路，都还存在调整的时间和机会。大型企业可以依靠成本规模优势，用工业化的方式做“大众住宅”；中小型企业则可以通过“精耕细作”，在细分市场中找寻市场。

本次中城联盟将各优秀成员企业多年实战与探索总结而来的市场制胜战略及运营模式汇编成册，以期与业内企业、人士共同分享、探讨未来中国房地产战略与运营模式的创新与发展路径，相信这些经典案例，或能指引大家开辟通往另一片市场沃土的新路径。

是为序。

中城联盟第二任轮值主席
万通控股董事长

2012年3月

序3

方向的价值

中城联盟成立十三年以来，不少活动形式因效果显著而深受成员企业的赞同，一些活动也逐渐演进成了每年固定的联盟聚会，如四月份的年会、中秋家宴、新春团聚等。在这些活动中，最受各成员企业董事长欢迎与喜爱参与的，是企业发展战略层面的思想交流。

我们常说，在企业发展过程中，战略决定方向，执行力决定结果。中国房地产行业在快速发展的过程中，市场格局也在不断地进行调整。2004年“8.31大限”后，市场格局的调整开始加速，那些战略导向型企业按照自身的定位和战略，攻城略地，迅速扩张，凭借规模增长与经营性物业价值提升，经营业绩连年提高；而那些机会导向型企业，因“习惯于哪里有钱赚就去哪里，什么有钱赚就做什么”的思维定式，始终无目的地漂浮于不确定的城市之间。八年多过去了，全国一二线城市房地产市场呈现出新的格局——各城市60%以上的市场份额被前十大地产企业占据，而前十阵营中一半以上的企业均非本土企业（至少股本结构如此）。几乎所有战略导向型企业都清晰地选定了自己的“根据地”，深耕细作，硕果连连。联盟成员企业在这方面表现优异，大多在各自的“根据地”上苦练内功，长袖善舞，取得了不俗的业绩。值得一提的是，优秀的企业所采用的战略模式不尽相同，但都收获了“持续赢利，稳定增长”的成功，可谓殊途同归，令人欣悦。

今天，联盟秘书处组织大家将各自在探索战略模式过程中的心得与收获总结整理成册，以期将过往交流与实践的成果提炼固化为知识，为业界提供有益的参考与帮助，唤起更多的房地产开发企业重新认识方向的价值。

此举大善，是文为序。

中城联盟第三任轮值主席
建业住宅集团董事长 胡葆森

2012年3月

目录
Contents

Contents

战略篇

万科企业股份有限公司成立于1984年5月，是目前中国最大的专业住宅开发企业。

万科认为，坚守价值底线，拒绝利益诱惑，坚持以专业能力从市场获取公平回报，是万科获得成功的基石。公司致力于通过规范、透明的企业文化和稳健、专注的发展模式，成为最受客户、投资者、员工、合作伙伴欢迎，最受社会尊重的企业。

01

第一章

万科

万科企业股份有限公司

大道当然　守正筑坚

万科，中国房地产行业的一面旗帜，一个标杆。

从1984年到2012年，28个春秋。在这28年中，万科企业股份有限公司（以下简称“万科”）坚守价值底线，拒绝利益诱惑，坚持以专业能力从市场获取公平回报；坚持“虑远积厚，守正筑坚”，只有回到市场逻辑的起点，不断强化自身能力，才是应对一切市场变动最简洁、也最有效的终极策略。

万科是一个由鲜明的理想主义和坚定价值观奠基的企业。在这样一个激越的变革年代，万科正义不容辞地担当起先行者的责任。这一责任，不仅包括率先实现商业模式和生产方式的变革，也包含引领行业承担企业公民的社会责任、促进与社会的和谐、赢得社会尊重的企业责任践行。

2010年，在“史上最严厉”的调控形势下，万科全年实现销售额1081.6亿元，成为全国首个年销售额达到千亿级的住宅企业。可谓是逆势飞扬、跑赢了大市。这在很大程度上证明了万科的经营模式顺应市场需求和政策方向，也体现了万科的底蕴和发展潜力。

千里之行，始于足下，只有脚踏实地地精耕细作，才能造就百年老店的基业长青。如今，以“向着阳光奔跑”为2012年年度主题词的万科更加相信，只有珍惜冬日的时光，才能更早跟上春天的步伐；只有通过每一步的积累，才能到达理想的彼岸。

万科，大道当然，精细致远

繁荣的奥秘

2006年，中国大部分房地产上市公司都取得了不俗业绩；在资本市场上，其股价也普遍被重新估值。是什么造就了行业的繁荣，这种繁荣是否可以持续？又是什么使得资本市场对这个行业判断乐观，这种乐观的基础是否坚实？这或许是每一个关注房地产行业的人，都必须面对的问题。

对于这种繁荣与乐观，存在不同的判断和解读。在万科看来，一切关于房地产行业长期前景的问题，其答案都包含在人口变迁之中。

如果深入剖析世界近现代经济的缔造与发展历史，就会发现，对于任何一个基本具备市场经济制度框架的经济体，只要是资源可以基本自由流动，其人口变迁几乎是经济成长的缩影。近现代工商业的发展过程，其实也是人们逐渐聚集到城市居住的过程。当人们开始密集居住时，工商业的交易费用才能有效降低，更复杂的社会分工、合作才成为可能。而现代经济的每一步成长，莫不源自三个方面：生产技术的更新、交易费用的降低以及分工的细化与合作的深化。在一个全球化的时代，生产技术本身就是一种自由流动的资源，而后两个因素，则都与城市化的进程息息相关。

因此，从某种程度上说，经济史就是人口史，更是房地产史。中国当前的人口结构，还有一个特殊因素，那就是人口红利使得中国经济20多年来维持着全球最为强劲的增长。

20世纪80年代之后，我国总人口中劳动适龄人口的比重不断上升，抚养比不断下降。20至60岁人口为财富创造期，目前我国该阶段人口占总人口比例仍超过60%，这种特殊人口结构至少10年内不会发生骤变。而自20世纪以来持续的以年轻人口为主、向沿海地区迁徙的趋势，将使得沿海城市带的人口红利延续得更为持久。

1981年到2005年，仅仅25年的时间，我国城市化率便由20%迅速跃升至43%。但与发达国家80%以上的城市化率相比，仍有大幅度的提升空间。未来十多年中，预计中国的城市化水平仍将保持年均1%左右的增长速度。不言而喻，这将带来大

丰富多彩的万科员工生活

量新增住房需要，这也是城市化对房地产行业的直接影响。

但是，仅有这种需要是不够的。只有当人们的需要得到购买能力支撑的时候，这种需要才能转化为市场的有效需求。而购买力的来源，正是经济发展和大众财富的增长。城市化促进经济成长，进而提升人们的购买能力，这是它对房地产行业的间接影响。某种程度上说，这个间接影响此人口红利的直接影响更为重要。

在2006年，有两个重要的信号是不容忽视的。一是，大部分企业在2006年的收益水平都明显上升，研究表明，推动这一进步的主要原因是劳动生产率的提高。二是，收入分配的公平性被提到前所未有的高度。

现在，中国正处于一个非凡的年代。尽管中国过往发展被外界评为奇迹，但是历史的恢弘书写其实才刚刚开篇。在以三大经济圈为核心的中国沿海，正诞生着全球有史以来最大规模的城市带。数以亿计的个人和数以千万计的家庭将来到这里，凭借双手和智慧，最终成为城市的主人。只要对这一群体予以足够的尊重和珍惜，以及为他们提供生存的基础与技能，房地产企业就能够在这个过程中，获得近乎无限的发展空间。而这一点，才是房地产行业持续繁荣的真正奥秘。

因此，房地产行业尤其是住宅产品在未来至少10年、沿海城市带在未来至少20年，仍将是最具潜力和发展空间的行业之一。

转折的关头

从诞生到现在，中国房地产行业不过短短20年历史，却已经历了两个显著的转折点：一是，1998年中国取消福利房分配政策，开始了以商品房为主的全面市场化过程；二是，在此之后，房地产行业由萌芽阶段进入到了近乎神速的增长阶段。

然而，在高速增长的过程中，房地产行业也暴露出了一系列问题，面对人多地少的基本国情、爆炸式的城市化速度，当这个年轻的行业骤然承担起为数以亿计的城市家庭包括数千万新增家庭提供住所的重任时，传统的经营方式、生产方式、发展模式，很快便遇上了难以为继的瓶颈。

如何在经济转轨期间和高速城市化过程中，满足城市中低收入家庭的基本居住需求？如何保证投资与消费，以及各类消费之间的均衡发展与良性互动？如何在充分运用金融工具的同时保证金融安全？如何实现住宅市场的可持续发展，减少资源与能源消耗、促进与环境的和谐？如何使市场成为真正的双赢，并创造良好的社会效益，充分保护各相关主体的权益？这些问题在发达国家的成长历程中，都曾一一遭遇，但却从未像在中国这样，来得如此密集和急促。正是这一系列问题，催生了2005年、2006年的宏观调控，也使得房地产行业进入了第二个转折点。

第一个转折点之后，房地产行业实现的是量的突破；而在第二个转折点之后，行业将实现质的升华。经过第一个转折点，市场看到的是大地回春之后的百花齐放；经过第二个转折点后，即将上演的将是大浪淘沙之后的王者归来。

是的，在第一个转折点之后更醒目的是机遇，而在第二个转折点之后更凸显的是挑战。然而，当企业处于市场繁荣的前夜，不仅需要看到机遇，也要看到挑战；当企业站在转折的路口时，不仅需要看到挑战，也要看到机遇。

如果一个时代的所有问题是人人都可解决，那么这个时代将无所谓英雄。如果哥伦布的船队面对的不是从来无人敢于穿越的未知海域，那么新大陆也不会留待他们来发现。

只有在充满挑战的转折关头，才能获得创造奇迹的可能。而要做到这一点，需要的是信念和智慧。

成长的诀窍

2006年，对于万科，对于中国房地产行业，甚至从世界房地产行业发展史的角度来看，都是划时代的一年。

对世界房地产行业来说，一直存在着一些尴尬的怪圈。众所周知，在任何一个市场经济国家，住宅基本上都属于最昂贵的单件商品，也是大部分人一生中最大的一笔支出。然而，这个行业却似乎从来没有诞生过伟大的公司，从来没有诞生过像在能源、汽车、家电、金融、IT以及零售、饮料、日化行业曾经出现过的那些庞大的商业帝国。甚至有人断言，房地产因为其特殊的地域性和非同质性，不会像其他行业那样产生显著的规模效应。这一断言表明，房地产企业无法做大。

确实，直到2005年，在世界财富500强名单中，多有建筑公司、不动产经营公司的名头，却鲜有房地产企业的身影。2006年，历史终于被改写，美国的前四大房地产企业，联袂进入了这一名单。

其中之一的帕尔迪住宅公司，是万科在新10年发展进程中视为标杆的企业。在过去的10年中，其市场占有率上升了1倍以上。然而，它的雄心才刚刚开始，其目标已经定到了全美国市场的20%。如果这一目标实现，市场将看到一个年销售达千亿美元级别的企业。

未来10年，中国城市将新增7000万户家庭，接近一个美国的总量，接近英国、法国和德国的总和，超过整个日本。未来全球最大的住宅市场很可能在中国，这已经没有太大悬念。

在这一背景下，中国优秀的房地产企业，又该有怎样的雄心和愿景呢？

企业的边界取决于规模效应和管理成本的消长。越大的企业，规模效应越显著，管理和经营的难度也就越高。当一个企业的规模效应已经不能抵消克服管理难度上升的成本时，这个企业就到了增长的极限。

确实，住宅作为一种最终产品，具有不可移动性，无法在一个地方生产进而销售到其他地方；客户需求和地段的千差万别，也使得住宅的生产具有小批量甚至单件生产的特征。

然而，企业的规模效应不仅源自于大规模流水线生产带来的成本下降，也来自于客户口碑带来的品牌号召力和资本市场信用支撑的融资能力。

那么，在美国四大房地产企业晋身财富500强的过程中，美国究竟发生了什么？

至少发生了三件事：一是住宅产业化水平不断提升，虽然住宅结构部分需要现场装配，但住宅部件却可以实现规模化的工厂生产；二是随着客户对住宅品质与性价比的要求不断趋于精细，企业品牌日渐为人们所关注；三是在1980年之后，美国房地产市场融资模式不断创新，基本形成了大企业通过债券等低成本融资、小企业依赖高利率贷款的格局。

与此同时，美国优秀的房地产企业也逐渐变得成熟，在大规模经营时克服管理难度的能力不断上升。以帕尔迪为例，其拥有一整套房地产企业非常成熟的以客户为中心的经营工具。

与美国相比，中国在住宅产业化和融资渠道创新上，还有着不小的差距；中国房地产企业目前还并不具备美国优秀同行驾驭大规模经营的能力。然而，在第二个转折点之后，这些都将是行业发展的必然趋势。

早在2005年，万科便提出了要在2006年至2008年进入一个高速发展期的计划。这并非一时冲动，否则，在行业上一个阶段的巅峰的2004年，万科不会坚持稳健的发展策略。一直以来，万科谋求的是有质量的增长，这一点从未变过。

之所以做出这一决定，是因为万科有着自己的判断。首先，经过2001年到2005年的不断调整，万科在规模经营能力方面已经上了一个台阶；其次，相当数量的忠诚客户，是万科经营房地产行业十多年来积累的最重要的财富之一，而购房者对于产品和服务的要求，最近几年明显趋于全面化；第三，尽管中国住宅产业化刚刚起步，但万科已经率先基本实现了设计标准化；第四，尽管中国房地产行业直接融资大门还处于开启的前夜，但万科在资本市场的信用，不仅在行业内，在跨行业对比中，已经积累了一定优势；最后，宏观调控将促进行业的规范化，提高行业的集中度，优秀企业将获得更大的成长空间。

正如行业所知，按照这一既定计划，万科在2006年取得了一个良好的开局。

变革的年代

现在，中国房地产行业已经跨过了第二个转折点，接踵而至的将是一个全新的年代。在这个激越的年代中，行业将实现全面架构，格局将重塑。

从房地产行业制度框架来看，行业曾经并存的是高度行政管制的土地出让和高度自由放任的开发市场；未来，与房地产开发相关的土地出让、流转甚至开发将全面市场化；而针对行业的准入、供给、需求、交易等各环节，将建立包括立法、行政、货币、税收等各种制度体系。

从居住模式来看，随着分配机制与保障体系的重构，曾经的实物分配戛然而止与商品房骤然兴起的两极分化的住房状态，将转变为各种保障用房与商品房多元并存，出租市场、二手市场、新房市场三足鼎立的格局。从供求关系来看，随着小型化趋势的彰显和差异化税收政策的落实，未来购房者将由单一追逐居住面积转向主要关注居住品质和性价比，精品中小户型将成为市场决胜的关键。从竞争态势来看，随着消费者选择能力和选择偏好的显现、直接融资渠道的开拓，曾经高度分散、数万家开发商各自拓荒的房地产行业的集中度将不断上升，重点市场的主流开发商将进入品牌主导下的精细化竞争态势。从生产方式来看，随着品质导向、规模效应和周转要求等一系列生存法则的变迁，以往的一次性设计、作坊式生产的落后生产方式将被取代，其带来的难以克服的质量通病以及由此导致的企业资产的慢速周转将被标准化设计、工业化生产的住宅产品代替。从商业模式来看，随着对效率和专业能力的要求不断上升，合作开发、并购重组与业务外包的帷幕的拉开，企业将从“小而全”转向精细分工，内部整合转向社会化整合，建立一种大型综合开发商、专业制造企业、金融企业、配套服务企业并存的全新格局。

早在2004年，万科就提出房地产行业已处于颠覆前夜。经过2005年、2006年两年调整，行业变革的趋势日渐明朗。基于这一判断，万科最近3年的主题词，都与变革有关，如2005年是“颠覆·引领·共生”，2006年是“变革先锋·企业公民”，而2007年是“大道当然·精细致远”。

千里之行，始于足下，只有脚踏实地地精耕细作，才能造就百年老店的基业长青。万科也深信，一切的努力，最终都能从市场中获得公平的回报。

虑远积厚，守正筑坚

对中国房地产行业来说，2007年必将是给人留下深刻印象的一年。这一年，包括万科在内的众多房地产企业，尤其是上市企业，普遍实现了前所未有的高速增长，增长的幅度甚至超过了空前繁荣、行业一片乐观的2004年。

然而，正如3年前盛况之后随之而来的是2005年的行业调控、市场前景迷离，行至2007年岁末，观望氛围再度笼罩行业上空。

市场情绪有如天气，起伏变幻本来难免。但如此剧烈的阴晴交替，却依然足以令人动容。在这一近乎悖论的巨大反差背后，行业前景的天平究竟将向何方倾斜？投身或投资于这一领域的企业，又该做出怎样的判断和选择？

毫无疑问，这是万科必须直面的问题。然而，相对于市场的剧烈变动，万科的回答却略显平淡。

万科董事会主席王石深圳传递亚运火炬

为什么？因为在万科看来，自2004年以来，尽管行业景气时有跌宕，市场氛围也在乐观与悲观间反复徘徊，但支撑住宅市场基本面的要素却未发生根本性改变；行业内在的发展规律更是始终如一。万科认为，要看清今天的行业以及判断明天的市场，其实答案在数年前就已揭晓。

房地产行业今天面临的局面，与2005年第二季度的情形颇为相似。不同之处仅在于，2005年忧虑的是对政策调控的反应；而2007年的寒意，则来自市场现象的变化。

2004年，万科在年度报告中有这样的分析：消费者的有效需求才是一个市场存在的理由。政策是市场环境中不可忽视的一个重要组成部分，但它的出发点，只会是防范市场波动带来的风险，而不可能是凭空创造或者消除一个自我演进的真实市场。住宅是人类生存必需的基本物资，也是社会成员改善生活品质最重要的物质基础之一。决定住宅市场基本走势的，是经济的成长性、人口结构和居住形态的变迁。

而经过20多年的发展，中国已在世界经济尤其进出口贸易中获得举足轻重的地位，并保持着全球最快的增长速度。未来十年中国人口仍将继续增长，并伴随家庭规模的不断小型化。而随着工商社会的全面成形，中国也正处于全球最快的城市化进程中。

因此，商品住宅市场在未来10年仍将是中国最具潜力和发展空间的行业之一。而从金融市场和消费者偏好两个角度来看，行业的集中化也是必然的趋势。行业发展的广阔前景和集中化的必然趋势，为包括万科在内的领先企业提供了近乎无限的遐想空间。

这段话在2005年似乎并未获得太多的认同，而时至今日更恐怕早已被人遗忘。但从2005年到2007年，伴随宏观调控的逐步深入，行业内优势企业普遍的快速发展却已成为不争的事实。再度审视、比较这一成长历程，如果作为剧中角色的企业，能从情节片段的纷乱中超脱出来，则不难发现，决定行业长期发展和短期波动的内在规律和深层因素，其实并未发生任何根本性的改变。

正是从这样的观察角度出发，万科在2005年的中期报告中再度重申了自己的看法："（万科）管理层认为，对于行业经营环境可以做出两点结论：首先，只有平稳的增长才是行业之福，短期内过于亢奋的市场盛况必然不能持久，更不可依赖；其次，无论一时有多少利空消息，依靠真实需求支撑的市场永远不会就此衰落或沉沦。"

并指出："我们对中国房地产行业的美好前景充满信心。但也要看到，在市场从亢奋非理性上涨向理性增长回归的进程中，消费者的判断和预期需要一段时间来加以厘清。而这一过程影响着个人购房行为，并进而可能影响群体的信息传递和决策。很多时候，从表面上看是市场的变动导致了市场预期的变化，但深入探究，可以发现，其实是市场对短期预期的某种不确定而放大了市场的短期波动。作为这个年轻行业的领跑者，尽管万科没有足够的能力主导市场态势，但我们应当也必须直面市场的观望和疑问，并始终秉持拥有充分把握的立足之道。幸运的是，身为为数不多的见证这一行业自肇始以来全过程的企业之一，我们更深切地感受到来自市场运行本质的力量。由此而获得的宝贵经验，亦成为前瞻未来的基础。如果对万科所沉淀的经验和信念做一个扼要总结，那就是坚持自己对长期趋势的判断，并对行业自身可能发生的情绪波动始终保持警惕，而这也正是万科当前的选择。"

正是基于这样的思路，万科将2008年的主题词确定为"虑远积厚，守正筑坚"。在房地产行业耕耘了二十几年的万科，越来越意识到只有回到市场逻辑的起点，不断强化自身的能力，才是应对一切市场变动最简洁、也最有效的终极策略。有志于成为世界级优秀住宅企业的万科，越来越意识到，市场是最公平的游戏，在这里不存在取巧的捷径，只有脚踏实地、稳步前行，才能通往理想的康庄大道。

2008年是万科上市的第18年。在过去的17年中，股东一如既往地支持着万科，也见证了万科持续17年、阅遍市场风雨与波折的增长。对股东给予的理解和信任，万科人一直深存感激。这也给了万科人足够的动力，在未来的悠长岁月中，与股东一同谱写更为美好的明日篇章。

零·壹

与2007年相比，2008年的中国房地产行业发生了众多事件，尽管其无法以辉煌载入史册，但它带来了更多引人深思的内容。这或许是房地产企业在2008年收获的最大财富。

收益与空间

由“房地产”联想到“高利润”，将房价上涨视为对房地产业的利好因素，恐怕已是行业内外常见的一种习惯性思维。万科尽管在这个问题上一直持有不同看法，在2005年就提出了“房价过快上涨无人受益，平稳发展才是行业之福”的观点，但可能也直到2008年，才从事实中获得了最深刻的体验。

其实从原理上看，中国房地产行业根本不应该是一个高收益行业。它是一个自由准入的行业，不存在技术壁垒；在土地交易完全市场化的背景下，部分先发企业在不可替代资源上的独占性已不复存在，随着存量土地资源的逐步消耗，这一方面的先发者优势正在迅速弱化并日渐消亡。这样一个行业，所能够期待的只能是一个公平的收益水平。

一个自由准入的行业，如果行业内外却普遍认为它是高收益的，其结果可想而知。外部资金的涌入和行业内的习惯性思维，造成了2007年土地市场的亢奋，造成了“面粉贵过面包”的异常情形。而这一故事在2008年戛然而止：2007年高价获取的土地，至少数年之内，不要说超额收益，甚至连获得社会平均收益水平都变得异常艰难。

2007年是一片繁荣盛景，但就如构建在沙滩之上的七宝楼台，不可能长久存在。也不要问2007年的情景会否重现，目前，中国崛起及其对世界经济格局的改变还远未完成，中国房地产行业也依然有待成熟，因此这一情景在未来出现并非不可能，只是不应该再出现了，原因是它并非一个美丽的憧憬，反而是一种值得警惕的情形。

反观2008年，其或许并不辉煌，但它的存在是必要的。它是中国房地产行业一个完整周期、房地产企业一个完整历程中不可或缺的环节。当2008年在时光册页上定格之后，中国房地产行业运转逻辑的完整脉络，才得以全部呈现为事实。

那么，打破高收益神话后，中国房地产行业的吸引力究竟何在?

实际上，这个行业真正的价值从来都不在于高收益率，而在于其高成长性。它真实的魅力，也根本不在过去，而在未来。作为人口最多、迅速崛起的经济大国，最终问鼎世界经济舞台王座的中国行业，可能不止一个；而在它们当中，成长空间如此之大、目前的集中度却又如此之低的，则首推房地产。

万科在2007年的年度报告中曾有这样的撰文："中国正在经历的高速现代化、城市化发展进程，在每个国家的历史上恐怕都只有一次机会。身处这一特定历史阶段，又与城市化紧密相关的中国房地产行业，其业绩注定无法平凡。类似的亢奋和接踵而来的回归，在未来仍可能再次甚至多次降临。作为这个领域的从业者，万科团队的成员将尽力守住一颗平常心。

"撇去表面的喧哗，真实的购买力始终在悄然生长，而住宅业迈向成熟的步伐也从未停歇。作为一个自由准入的行业，所有资源和机会对每个参与者正日益变得公平。凭借一笔先得的资源就可以坐收利润的时代已经结束，未来只有那些真正创造价值的企业才能在这个充满竞争的行业中长存；只有那些转化资源效率最高、能以最低消耗创造最高性价比产品的企业才能最终赢得胜利者的桂冠。"

"自由准入、充分竞争、公平收益、广阔空间"，这些对于万科来说，是值得期待的未来。

预测与应变

2007年第四季度，当房地产行业中亢奋心态还颇为盛行的时候，万科一个截然不同的观点受到了社会的普遍关注，并被命名为"拐点论"。这一观点迅速引发了业内普遍的争论，并承受了尖锐的质疑。

随着2008年行业调整的全面来临，这些争论和质疑在事实面前已变得不再重要。而希望万科对未来市场做出预测的声音则在不断增加，其中问得最多的一个问题是："市场的底部在哪儿？而它又将在何时出现？"

遗憾的是，这是一个万科无法回答的问题。在万科看来，市场的顶点和底部根本无法预测。2007年，市场顶点出现和"拐点论"引发争议，这两件事情确实在2007年的第四季度同时发生，但这仅是时间上的偶合。万科对市场亢奋情绪的警惕，早在2007年的中期报告中就已明确表述，只是并未马上引起市场的关注而已。换句话说，对2007年的市场顶点，万科从未做出过具体时间上的预测。

市场的顶点与底部无法预测，这是因为，市场是一个分散决策的复杂系统。市场的每个参与者都具有各不相同的心态和判断，各自决定自己的行为，而他们的行为或多或少都影响着市场的结果。最极端的买方行为决定了市场的顶点，而最极端的卖方行为决定着市场的底部。但对不确定对象的极端行为做出准确预测，这本来就是一件不可能的事情。

另一方面，房地产行业一直、也将永远是一个与宏观经济环境紧密相关的行业。因此，宏观经济短期趋势的可预测性，很大程度上决定着房地产市场的可预测性。而当前全球经济正处于极为特殊的时刻，中国房地产市场短期内的变动可能也极其复杂，已经超出了企业的预测能力。

企业难以对未来即将发生的短期波动做出精确的事先描述，这看似是一个并不乐观的结论。但幸运的是，对于企业而言，更重要的并不是预测，而是应变。企业可以也应该做到的，是对行业长期的发展方向始终保持认识，对市场环境已经发生的改变及时做出判断。在此基础上对未来可能出现的各种短期变动进行分析，并分别制订应对预案，在相关变化逐渐明朗的同时迅速采取行动。

锐见与慎行

外界对于万科的预测能力，或许给予了过高的评价、期望。与之相伴的疑问是：既然万科早在2007年年中，就已经对市场的过热做出了预警，为何在2007年下半年，依然购置了一些高价土地？万科是否是言行不一，万科的执行力是否存在问题？

多年来，房地产行业一直备受关注，而万科始终生活在聚光灯下，这提升了万科的影响力和号召力。尤其是在进入新城市时，这些影响力和感召力为万科业务的迅速展开提供了助益。但另一方面，万科的一举一动，却也存在被舆论放大的可能。

2007年下半年，万科的购地行为被舆论高度关注；但万科放弃的地块有多少，恐怕并不为外界所知。万科在2007年销售额增长超过一倍的情况下，购置土地面积反而低于2006年，这一事实则多少被忽略了。

2007年，土地价格出现了远高于房价的大幅上涨趋势，到下半年更是达到了历史顶峰。在这种情况下，除非完全停止购地，否则企业购入的一定是高价地。完全停止购地，是一个不容易作出的决定。土地不同于其他生产原料，难以从市场上随时购得，企业如不能提前购入一定量土地，经营的持续性便会遭遇挑战，更遑论发展。

万科是全球大型房地产企业当中土地保有年限最短的企业之一，从2004年开始，万科每年年底的土地储备量都低于未来两年的开工量。对万科而言，完全停止购地，是一个非常极端的决定。

做出极端行为的决定，是一种大胆、风险很高的经营风格。极端行为可能带来伟大的成功，也可能招致致命的失误。从万科的企业性格来看，稳健经营是万科一贯坚持的风格，宁可放弃伟大成功的机会，也要确保不犯下致命的错误。早在2005年，当市场尚存疑虑之时，万科便作出了将未来3年设定为高速发展期的决定，事实也验证了万科的这一判断。但即便如此，万科也从没有试图超越自身的能力和资源去谋求超常规的扩张。

稳健的经营风格，来自于内心深处的敬畏。在万科看来，世界充满不确定性，而人们的认知能力是有限的。机会稍纵即逝，不仅需要企业及时作出决定，也需要对自身理性的局限有清醒的认识。尤其当企业的观点与市场普遍看法存在巨大差异时，对自信保持一定的克制，是应该的。

锐利的观察和鲜明的观点，是万科一直期望能够不断提升的能力。如果这一能力离开谨慎行事的自制力，给企业带来的可能不仅仅是成功和辉煌。

大道与原点

房地产行业在2008年发生的调整并不可怕，它是必然的，甚至是必需的；它带来的也可能是机会。真正值得行业警惕的是之前短暂的过度繁荣。某种程度上说，房地产行业应该感谢这一次的市场调整。

调整给市场带来的第一个机会，是让企业冷静下来进行反思和自我完善。

当行业处于牛市状态时，企业对于专业能力的追求、奋发图强的斗志容易出现松懈；当任何住宅都可以顺利售出时，当房价上升使赚钱变得越来越“容易”时，企业已不再孜孜以求地执著于研究客户需求、改善产品、提高产品性价比以及提升服务品质；已不再精打细算，合理地分配成本、控制费用，以实现股东利益最大化；也已不再竭尽全力分析市场，寻找最有效率的销售渠道和方式。对于这些问题的反思，正是2008年带给市场的珍贵礼物。

无论2008年有多么艰难，也无论2009年有多少不确定性，房地产行业发展的大趋势仍未发生任何根本性改变，而商业社会的基本逻辑更属永恒不变。这一基本逻辑就是，企业存在的最终理由是为投资者创造价值，企业活动的最终目标是以尽可能少的资源消耗，去尽可能多地满足社会需求。

在2009年乃至更远的未来，企业需要回到商业逻辑的原点，需要更加尊重市场规律，更加重视客户需求；需要更加信守一贯主张的价值观念：简单、透明、规范与责任；无论在内部、外部，企业需要进一步体现企业对人的尊重，需要进一步体现“健康丰盛”的生活追求。

尽管市场仍然处在调整期内，但万科在产业化的道路上的探索不会松懈。这不仅是行业发展的必然方向，也是万科未来核心竞争力的重要来源之一。

做到这些，才能持续为股东创造更多的价值。

惆怅与感恩

2008年市场发生的一切基本都在预料之中，无须惊慌或失落。

然而，遗憾的是，尽管万科在2007年便对行业宏观趋势作出了基本正确的判断，但在牛市的大环境中未能完全脱俗。过于舒适的环境，使万科在经营细节上暴露出诸多不足，在一些专业能力方面甚至出现了下滑的迹象。这已经成为万科在2009年发展面临的最大挑战之一。

2008年，万科24周岁。24年的岁月在赋予万科强壮体格的同时，并没有改变万科年轻的内心。因为年轻，企业在进入新的发展阶段后难免不成熟；也因为年轻，才不缺乏接受批评和直面挫折的勇气。

2009年，万科的主题词只有两个字：“零”和“壹”。这一主题词的解读是“万象更新·美好明天”。“零”，既是原点，也是起点，万科将放下往日的成功，修正过去的不足，以永远年轻的锐气，将每一天视为新的起跑点；“壹”，象征着希望，也代表着行动，千里之行，始于足下，从现在开始，万科将一步一步、脚踏实地与股东共同迎接美好未来。

城市，让生活更美好

中国的房地产企业正航行在世界房地产行业有史以来最宽阔的海域。或许正因为如此，才领略了前所未有的波澜起伏。然而，无论波谷处的压抑还是浪峰时的激越，都不应遗忘此行的目标与既定的航线。波浪下方深邃的大海，才是更为永恒的哲理。

复苏的逻辑

世界经济正在经历二战以来最严峻的考验。这样的剧变中，复苏已成为全球共同祈祷的内容。在其他众多经济领域，2009年或许还只能看到希望的萌芽；但中国房地产市场，却率先走出了一条V形反转的醒目轨迹。

对这一现象应该如何解读？中国房地产市场的前景又将如何？过去的一年中，被关注和猜测得最多的是这样一些外部因素：振兴规划、刺激政策、货币投放、流动性等等。无疑，这都是重要的因素。其中某些因素在特定时点，甚至可能对短期走势产生决定性作用。

早在2006年的年报中，万科就曾经讨论过这样一个话题——在以三大经济圈为核心的中国沿海，正诞生着全球有史以来最大规模的城市带。数以亿计的个人和数以千万计的家庭将来到这里，凭借双手和智慧，最终成为城市的主人。只要对这一群体给予足够的尊重和珍惜，以及为他们提供生存的基础与技能，房地产企业就能够在这个过程中，获得近乎无限的发展空间。而这一点，才是房地产行业持续繁荣的真正奥秘。

实际上，2007年的繁荣上半段并非完全缺少合理性，但在下半程的亢奋中，一定程度上脱离了真实的购买力。即使没有外部环境的变化，2008年的调整恐怕也难以避免。但在观望气氛笼罩的2008年，真实的购买力也并未消失，只是在等待中不断蓄积而已；而企业库存不断增加的另一种表述，是可售资源也在同步累积。这两大存量在2009年同时释放，自然造就了成交量的井喷。2009年的成交量，有一部分本应属于2008年——在这样的解释下，2009年创出的历史新高其实不足为奇。如果将这两年的数据平摊一下，那么2007年到2009年，全国新房成交量的年均增长率约为10%，而这恰与经济的年增长速度相接近。

在这样的逻辑推理下发现，房地产市场其实只是经济发展的一个缩影；市场无须因2009年的成交新高而狂喜，也无须对2010年出现的市场缩量过于惶恐。无论有多少流动性进出于房地产市场，也无论购房者中有多少是投资，房屋存在最终的唯一价值和意义是有人居住。

因此，对于房地产企业来说，只有两个课题是永恒的：一是发现那些尚未得到满足的需求并设法去满足它；二是对于在交易中已经存在的需求，尝试用更少的资源消耗去满足它。

真实的需求与购买力才是一个行业复苏与持续发展的本原动力，而以最少资源消耗最大程度地满足客户需求的能力才是企业竞争力的最终源泉。在这一点上，房地产行业与其他行业并无二致。

城市的舞步

目前，中国正处于人类有史以来最快速的城市化进程中，正在发生人类有史以来最大规模的人口迁徙，这一过程给中国房地产行业带来了罕见的历史性机遇。然而，这一机遇对于房地产企业来说，仅有大方向、信心来源和畅想空间是不够的，还需要更为清晰、具体的分析和判断。

人们聚集于城市，是出于对更美好生活的向往和追求。人类的富足与幸福，不仅来自基本物质财富的数量增长，也来自生活方式和体验的多样化。无论从生产、物流、渠道还是知识、信息的规模效应来看，日趋差异化、多元化的消费需求，日趋复杂、精细的分工合作，都只有依托于密集居住的聚集效应才能得到满足和实现。另一方面，人口越聚集城市越拥挤，居住越逼仄，经济效益与居住空间之间的矛盾是永恒的。因此，在不同的背景下，在不同的历史阶段，人口聚集的方向与模式并非一成不变；而交通、物流与信息传播上的改善及技术创新，也在不断改变着城市的形态。

随着城市的分工与差异化的变化，未来若干年内，房地产行业的城市格局亦将变化。在那些时间成本最高的大都市，轨道交通甚至电梯将成为最主要的交通工具，纯粹的住宅区将不再是建筑主流，取而代之的是城市综合体。

万科中心

在过去若干年中，中国依托全球贸易迅速启动了经济成长，中国人口迁徙由此呈现从内地到沿海、从低密度地区到高密度地区的典型“马太效应”。但全球金融风暴已经对这种高度外向型的模式提出了挑战。作为一个幅员广阔的庞大经济体，中国也具备主要依托内部供求延续经济发展的必要性和可能性。在中国腹地，未来可能出现更多的产业中心、贸易中心、物流中心甚至研发信息中心。高速铁路网、城际交通网的兴建，也缩短了城市之间的距离。这将加速城市带布局，带动现有大都市周边地域的发展，甚至导致中心城市向卫星城市的逆向移民。

中国老年人口正在迅速增加，对退出忙碌工作、开始颐养天年的人们来说，是否依然居住在拥挤的都市，是一个可以重新考虑的选择。而随着基本物质需求得到满足，领略更多风景，甚至只是为了暂且远离城市的喧嚣正日益成为大众化的需求。养老住宅、旅游度假物业等细分市场正在逐渐成形。

历史上，正因为万科较为准确地把握了城市发展的方向，从而造就了万科往日的成功和今日的地位。“城市，让生活更美好”是上海世博会的主题。为此，万科也将“城市，让生活更美好”定为2010年的年度主题。这不仅是一句激动人心的陈述，更是一句引人深思的发问，需要用不懈的努力去求索和回答。

绿色畅想

2009年11月，在举世瞩目的哥本哈根全球气候变化会议前夕，中国政府正式宣布了中期减排目标。对于中国企业而言，全球变暖和低碳经济不再是见诸报端的舶来概念，而是将深刻影响几乎所有产业发展的瓶颈所在。房地产行业自然也不例外。

正处于高速城市化发展阶段的中国，是目前全球建筑行业最活跃的地区，提升建筑节能环保水平的愿望显得更为迫切。据统计，中国单位建筑面积能耗可能达到发达国家的2至3倍，新建筑中80%为高耗能建筑，存量建筑中95%以上是高能耗建筑。根据2008年《中国建筑节能年度发展研究报告》，我国城乡建筑运行能耗约占我国商品能源总量的25.5%，如果考虑建设过程中的能耗，则建筑行业相关能耗比例将更高。

节能是绿色建筑的重要一环。人类一生的大部分时间是在建筑中度过的，人类制造和使用的非自然物中，体积和重量最大的恐怕也是建筑。人类活动对自然产生的影响、对自然资源的占用，很大程度上直接或间接与建筑相关。一个建筑一旦建成，它为之服务的许多人类活动对自然资源的使用方式也就基本定型。

绿色理念的兴起，反映着人类对于自身发展的重新思考。对房地产企业来说，绿色不仅仅是一种高雅的理想，也是客户未来的利益所在。房地产企业在绿色建筑研发、制造方面的能力，以及在绿色社区的营造、维护方面的能力，都将成为产品竞争力中越来越重要的一部分；并在其他产品、服务日益同质化的情况下，成为未来市场竞争的核心要素。

绿色竞争优势要真正作为货币化的收益清晰呈现在财务报表上，应该不会在2010年，甚至不会在未来的两三年。但作为永续经营的企业，万科将努力确保当这一趋势变为现实时，万科的客户可以率先享受到最符合绿色标准要求的产品和服务，万科的股东可以从绿色经济浪潮中获得最大程度的收益。

自万科诞生以来，最大的幸运莫过于始终拥有一群志同道合的投资者。在这个不平静的年代，股东的理解与信任，是万科人坚守理想与信念不断前行的最大动力源泉。

境由心生，知止无界

关心万科的人们，仍记得2010这个年份，因为一个数字——“一千亿”。

是的，万科销售额在2010年突破了千亿。作为一串仅由1和0构成的数字，它具备某种貌似神秘的标志性特征。然而，这仅仅因为人类选择了十进制而已。经过这样的祛魅之后，其作为数量级起点的里程碑意义其实并不值得去深究。

但对千亿数字的另一种解读则值得关注，原因是这是世界房地产企业年销售额的历史巅峰。千亿级，也是迄今为止中国非国有企业抵达的最高海拔线。

这个难以平凡的时代还并未结束；这个难以平静的行业还将继续不平静下去。面对前所未有的高度，万科做得更多的是对自身的审视，回到企业逻辑的起点。

存在的理由

“天下熙熙，皆为利来；天下攘攘，皆为利往。”——这句话概括了许多人的处境与偏好，却并非全部。

人生的意义究竟何在？这依然是萦绕许多思考者毕生的问题。而对于企业来说，一个类似的问题是：企业存在的理由是什么？

人生的起点和际遇各不相同，有人因为继承而富有，有人因为幸运而成功。

对于企业来说，拥有一笔稀缺的自然资源，得到一项排他性制度安排的保护，都足以让一家企业长期存在并享受超额收益。从社会的角度来看，这样的企业存在的价值是什么？或者说，换成另一家企业，究竟会有何不同？

企业的存在，需要对社会财富的增添有所助益；而社会财富的增添，为的是使更多人的需求得到更好的满足。因此，通过生产、经营上的改善，提升产出率或者降低交易费用，使得消耗同样的社会资源，可以满足更多人的需求，这就是成功的企业；通过革命性的创新，使人类以往无法满足的愿望得到满足，这就是伟大的企业。

另一方面，企业之所以诞生，是出于股东的决定。股东将属于自己的财富交付给企业，是为了这笔财富能不断增值；股东投资于一家企业，也就意味着放弃了通过其他投资渠道获得收益的机会。从这个角度来看，能让股东获得不低于社会平均水平的回报，这就是合格的企业；使股东获得明显高于社会平均水平的回报，这就是优秀的企业；使股东回报超越社会平均，并实现永续增长，这就是卓越的企业。

此外，企业不是由一堆螺丝钉拧成的一台机器，而是由众多有思想、有感受的个人组成的团队。这个团队中的许多人，将把一生中最宝贵的一段年华留在这里，这期间，他们与同事共处的时间甚至超过家人。他们付出的不仅是时间和技能，还有青春和热情；他们希望得到的，不仅仅是一份工资，还有职业生涯的体验。他们的尊严需要得到保护，他们的理想需要得到寄托，他们的才华需要得到施展。每个人的幸福汇集在一起，才是社会整体的幸福。企业作为社会的一个单元，为提升其成员的幸福感做出贡献，自然也是企业存在理由的一个维度。

并不否认，即使不去思考上述问题的企业，也可能会获得生存的机会甚至实现辉煌。然而，那些找到了自身存在理由的企业，在没有依赖于外界恩赐的境况下，谱写出了更加辉煌的篇章。

增长的质量

“追求规模的扩张”是企业经营者的本能冲动。企业规模与经营者的成就感、资源掌控乃至社会地位息息相关。

然而，正如同企业的存在需要理由一样，企业的增长同样需要合理的依据。如果企业规模增长带来的是社会交易费用的上升、社会资源效率的下降，这样的增长对于社会来说其实是一种浪费；如果规模增长导致的是股东收益率的下降，这样的增长对股东来说其实是一种损失；如果规模增长的代价是团队成员的健康或幸福感的丧失，这样的增长其实是对人道的践踏。

正是基于这样的逻辑，万科从2004年便明确提出，公司追求的是有质量的增长，是经营效率的提升。而单纯的规模数字，不应该是万科的目标，只应是经营效率提升的自然结果。

有质量的增长应以股东回报为核心，为股东创造回报是职业经理人的天职。对股东来说，脱离回报率的规模增长没有任何意义，没有创造经济利润（超越社会平均水平的回报）就没有为股东创造价值。资产回报率是衡量经营成功与否的首要财务指标，也是经济利润的决定因素。有质量的增长，应该体现在规模效应和经营效率上，“规模不经济”是对社会资源的浪费。而快速周转是万科一贯的基本经营策略，也是确保经营安全和节约社会资源的必然选择。产品质量是经营质量的底线，是企业赖以生存的生命线。

最后，增长需要体现可持续性。财务指标反映当前的经营质量，而可持续性决定未来的经营质量。一个基业长青的百年老店，必须具备良好的内控与风险管理能力，必须为员工提供愉快的职业体验，必须成为受欢迎的合作对象，必须尊重社会与自然，必须承担社会责任。

对于万科来说，千亿并非过去成功的核心指标，而是全新挑战来临的重要标志：在行业前所未有的规模基础上，如何能始终按照有质量增长的要求，实现永续成长。

永恒的信念

从创立至今，万科还只有28岁，万科的事业其实才刚刚起步。过去的28年中，万科积累的最重要财富并不是几千亿元的总资产，而是28年来始终坚持的一些信念。面对未来的漫长道路，这些信念同样是万科勇气和动力的源泉。

这些信念包括：首先是追求卓越，敢为天下先。万科立志成为世界级优秀企业和行业标杆，以此作为永恒不倦的理想与追求，勇于并乐于率先迎接未来、面对全新的挑战。顺应人居模式的变迁，与城市同步发展；前瞻行业趋势，持续创新探索，率先提供解决方案，以引领行业进步为已任。尊重自然与环境，关注人类未来，成为卓越的绿色企业。

其次客户导向。对万科所提供的产品和服务，唯有客户评判能决定其价值。为客户创造更多价值是获得市场竞争力、增加股东回报、实现团队理想的必由之路。客户是最好的老师，不断加深对客户需求的理解，包括发现尚未被满足的需求，才能为企业持续创新、完善产品和服务、发现商业机会指明方向。

再次是报效股东。万科以股东回报作为衡量经营成果的最终尺度。作为一家由职业经理人驱动的公司，其将以加倍的自律与勤勉，致力于成为最受投资者欢迎与信任的企业，并实现股东利益与经理人事业、理想追求的共赢。

第四是共同成长。万科的成功来自员工的努力，万科的发展是团队共同努力的结果。万科相信人性有高贵的一面，相信理解与信任的力量，相信更简单的人际关系，相信更平等的组织文化有利于提升团队的活力，并吸引更多志同道合的同仁加入队伍。其以相互尊重作为基本的交往伦理，相信更开放的心态可以赢得更多的盟友。他们尤其珍惜与万科理想、追求贴近的伙伴，谋求在合作中同步发展、共同进步，以提升各自的竞争能力作为双赢的标志。

第五是效率优先。万科珍惜人才、资金、土地、原材料等各类宝贵的社会资源，希望最大限度地发挥其价值并减少浪费。他们坚持快速周转的基本经营策略，并竭尽全力提升投资的准确性，谋求以尽可能少的土地、资金占用为股东创造更多回报。他们坚持不断变革，推动行业生产方式、经营管理的进步，促进知识共享、标准化，发挥规模效应，提升组织与个人的工作效能。他们致力于依托专业能力提升产品性价比，谋求以尽可能少的资源消耗实现更好的客户体验。

第六是可持续发展。在任何情况下，万科首先要确保企业经营的安全性。产品质量、守法诚信和财务安全是企业不可逾越的底线。万科认为，企业的风险管理能力和内控工作质量应该领先于规模的增长。他们相信均好的能力优势和稳健的经营风格可以帮助企业面对更复杂的经营环境。他们相信，通过付

世博会万科馆

出更多努力、承担更多责任，企业可以获得社会的认同，实现与自然的和谐共处。

基于这些信念，万科将2011年的主题词定义为“境由心生，知止无界”。“境由心生”意味着文化、价值观、理念决定了一个组织所能到达的高度。志存高远，尊重各类相关主体有质量增长、可持续发展，这是万科一贯的追求与理念。这既是支撑万科取得今天成就的力量，也是万科继续前行的源泉。“知止无界”意味着知其不可为、懂得放下和自律，个人或组织才能获得无限的发展空间。企业存在的理由是为社会创造价值，企业的边界在于对社会需要的遵从。坚持客户导向、报效股东、尊重社会等自律原则，万科获得了可持续发展的能力，实现了卓越的理想。

变与不变

这是一个似曾相识的冬天。或许太阳之下，本来并无新事。经历过2006年以来完整行业周期的万科，对于冬日的再临不应有任何诧异，亦无须任何惊惶，原因是决定行业广阔前景与向上趋势的长期性因素并未发生改变；而驱动市场短期波动和反复调整的深层次矛盾，其实也无关系。

当然，市场周期的起伏跌宕，与天气常有的季节轮换仍存在差异。对于季节，我们不仅能洞明其交替次序，也不难掌握精确的变换时点。而要对市场周期的时间节点作出同样精准的预判，则困难得多。市场是人类事务。人类具有预期，懂得总结规律，并总会试图去运用它们。人类的观察、判断、预期和行为，各自存在差异，却或多或少都会对这些事情的发展产生影响，因此人类事务，往往并不具备自然现象那种恒久不变的规律性。

一直以来，万科主张“应变重于预测”，反对高估和迷信自身的预测能力。而比“应变”更重要的是“不变”——不变的信念与理想，对永恒商业逻辑的理解，以及尽可能稳定的经营策略。

在这些问题上，不同个体、组织可能会有不同的选择；选择一旦做出，通常都具有稳定性，甚至变成难以改变的路径依赖。然而，经营策略通常则更为灵活，大部分企业会根据对市场环境变化的判断，选择符合当前更为适宜的策略。但是，当环境短期变化高度复杂，甚至方向逆转的时间长度短于企业策略调整产生作用所需的时间长度时，频繁调整策略的结果可能适得其反。而当市场的长期发展方向远比短期波动趋势更易于判断时，经营策略的稳定性较其灵活性，可能更为重要。

万科的经营策略是比较稳定的，这些策略包括：坚持小户型和装修房，坚持快速周转和较少的土地储备，重视合作，稳健的投资策略，以及推动住宅产业化和绿色建筑。

小型化与装修房

在房地产行业领先企业中，万科的平均户型可能是最小的，而万科也可能是最先实现基本装修交房的企业。万科对住宅小型化和装修房的坚持，最初源于企业理想而非商业考量。

人多地少的中国正在经历的全球有史以来最快的城市化进程，必然导致人口流入地家庭数量、人口密度迅速上升，而城市建设、土地开发的速度，很难跟上城市化的速度。只有节约利用土地，才能用有限的土地，满足尽可能多家庭的居住需求。早在1990年，万科便一直坚持住宅小型化是必然趋势的判断；从2001年开始，万科就展开了小型化住宅的专项研究。近年来，在万科销售的产品中，144平方米以下户型占比一直接近90%。现在，万科20平方米以下超小户型住宅，已经完成研发，并进入到投产环节。

与此同时，关注节能环保与资源价值的万科也推出了精装修住宅。

目前，万科选择住宅小型化和装修房，并非出于功利性追求。当初可能并未想到的是，这一选择却也给公司和股东带来了现实的收益。在市场调整时，尤其市场因限购政策而发生调整时，小户型、装修房对应的基本自住需求更为稳定。另一方面，对股东来说，尽管装修房的利润率略低于毛坯房，但回报率却高于毛坯房。这一点，已经体现在万科近年来不断上升的净资产收益率指标上。

万汇楼

产业化的商业价值

相对于住宅小型化和装修

房，万科一直坚持推动住宅产业化。这一方向尽管看上去理想主义成分多一些，但在商业考量上，万科具有相当清晰的逻辑。

衡量企业股东价值的方法很多，但有两个指标是至关重要的，一个是企业最终所能达到的规模极限，这决定了企业长期的成长性；一个是企业在永续经营阶段的资产收益率，这决定了质量是企业的生命线，它不仅是企业长期赢利的底线，甚至是决定企业能否实现永续经营的基础。对于一个有志于成为百年老店，并不断提升股东价值的企业，必须面对的一个问题就是：如何能在确保产品质量的同时，不断挑战经营的规模极限？

随着企业规模的不断扩张，管理的复杂性与日俱增。如果采用作坊式的生产方式，生产单元越多，管理的难度，包括质量控制的难度就会越大；只有产业化，才是唯一的出路——产业化不仅能够带来规模效应，也使得管理复杂性对规模的敏感程度大幅度降低。

而近年来建筑行业的用工短缺，和人工成本的大幅上升，也使得住宅产业化的必要性不断彰显。从2009年到2011年，建筑行业的人工成本上升了一倍以上。即使如此，20世纪80年代出生的新生代农民工，愿意从事建筑行业的比例，已明显低于父辈，而新生代农民工已经占到农村外出务工者的近60%。未来相当长一段时间内，房地产施工量仍将保持增长，如果不走产业化道路，用工不足将成为影响房地产供给的巨大瓶颈。

万科的住宅产业化，已经进入到规模化实施阶段。未来几年，万科产业化施工面积，将出现快速增长。

向着阳光奔跑

万科2012年的年度主题词是“向着阳光奔跑”，意思是“冬练三九，创造健康人；日善毫厘，成就健康企业”。

万科相信，只有珍惜冬日的时光，才能更早跟上春天的步伐；只有通过每一步的积累，才能到达理想的彼岸。只有健康的体魄，才能更好适应季节的变化；只要心存坦荡，阳光就会指引正确的方向。

北京万通地产股份有限公司是在上海证券交易所挂牌交易的A股上市公司（股票代码：600246，简称“万通地产”），总股本为12.17亿股。万通地产具备一级开发资质，下设11家控股子公司和3家参股子公司，均为房地产开发公司。

作为房地产行业的创新者和开拓者，万通地产以“创造最具价值的生活空间”为使命，首倡由“香港模式”变为“美国模式”，按照“美国模式”来优化公司经营资源配置，发展以住宅开发和商用物业为核心的业务体系，成为开发与运营并重的地产公司，从而使公司具有稳定的利润来源和良好的反周期能力。

万通地产是中城联盟的联合创始企业、轮值主席单位和全国工商联房地产商会轮值主席单位，也是中国第一个系统推行绿色公司战略的房地产企业，是中国房地产行业最受尊敬的品牌公司之一。

02

第二章

万通地产

北京万通地产股份有限公司

作为一家成熟的房地产企业，万通地产的商业模式和战略非常清晰。公司的任务就是执行好万通地产的商业模式和既定战略。

万通地产仍然会坚持“美国模式、滨海新区和万通价值观”的既定战略，将继续坚持“低风险，中速度，高回报”的发展策略，成为开发与运营并重的地产公司，从而使公司具有稳定的利润来源和良好的反周期能力，万通地产整体的成长速度和发展空间前景可期。

具体来说，我们要做好三个深度：第一是坚守在滨海新区区域基础上投资深度；第二是业务模式的深度；第三是团队梯次深度。以此来确保我们的战略得到充分和有效地执行。

——北京万通地产股份有限公司董事长　许立

万通：战略导向的三件法宝

美国前国务卿亨利·基辛格博士曾说过，真正的远见就是透过迷乱的现实看到未来世界的模样。

在众多的优秀房地产企业中，北京万通地产股份有限公司（以下简称“万通地产”）因其突出的战略导向和战略前瞻而独树一帜，在21年的长跑中完成了一个“好公司”的使命，成为了行业样本。

被称为“地产界的思想家”的万通地产创始人冯仑有两句脍炙人口的话，也是万通地产的座右铭：一句是“追求理想，顺便赚钱”；另一句是“站在未来安排现在”。前者显示了其价值观层面的特点，而后者则道出了万通地产战略导向的方法精髓。

从1991年创立至今，万通地产以其21年的一贯的表现，凝结出了独特的气质与价值：在规模公司的坐标上，它并不耀眼；然而在优秀公司的坐标上，它卓尔不群，堪称行业样本。

它“吃软饭、戴绿帽、挣硬钱”，当“眼光好、手艺好、良心好”的三好学生，实现“低风险、中速度、高回报”，也为中国房地产行业提供了优而美的商业哲学样本：以守正出奇价值观为根本指引，以具有远见的前瞻战略为整体驱动，以商业模式创新为鲜明特点，坚定地朝着好公司的方向长跑。在行业普遍感到寒冷的今天，万通地产住宅业务依然可以持续提供稳定的收入，保证了企业经营的基本面；且有息负债率、净资产负债率、销售/存货等核心财务指标均居于行业领先水平。在商业地产方面，万通地产立足于财务能力和运营能力的终极竞争力，保证资本需求的同时，约100万平方米的商用物业已经形成了囊括成熟运营、推出市场、规划建设等多种阶段的立体梯次格局。

而这些举措与定位显然需要大智慧和坚韧的毅力。

如今，万通地产正通过三大核心战略法宝——美国模式、滨海新区、万通价值观，在21年的成功长跑经验的基础上踏上新征途。

“导演+制片”的美国模式

在万通地产的三大战略性法宝中，美国模式是万通地产的核心商业模式。

早在2002年，通过对全世界房地产行业商业模式的研究，万通地产发现房地产行业的开发模式主要分为两种：中国香港模式和美国模式。

所谓香港模式，即以土地运营为核心，以全能运营为手段，以高负债、高风险、高回报的财务方式为基础的房地产运作模式，具体表现为买地——卖房——买地的生产型企业特点。而美国模式则是一种开放、高度分工的房地产开发与运营模式，以能力和资本运营为核心，每一环节部门通过完成各自的任务获得收益，是一条横向价值链，真正的幕后主导是资本，开发商、建筑商、中介商以及其他环节都属于围绕资本的价值链环节。所以，冯仑说，万通地产的美国模式是“导演+制片”的模式。

万通地产还提出了另一个著名的论断：当人均GDP达到8000美元以上时，商业地产将逐步取代住宅，占据主要市场份额；到了人均15000美元以上时，商业地产的优势地位将会完全确立。而根源于商业的美国模式也必然成为市场上的领导模式，万通地产因此而提前开始商用物业布局。

目前，万通地产在北京、上海、天津、杭州等区域的商用物业项目储备已达到8个，都处于城市核心区。按照管理层的目标，5年之内，万通地产将投资150亿元，开发超过100万平方米的商用物业，持有投资型商用面积超过50万平方米，目标年租金收入11亿元。万通地产力争数年

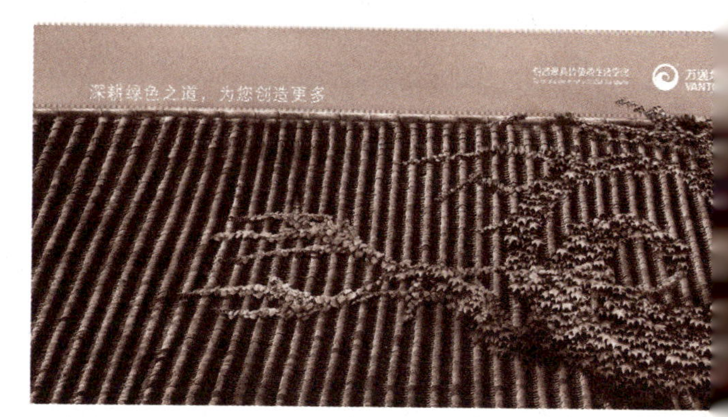

万通地产

内商用物业的收入占总收入的15%，利润占总利润的30%；投资型持有物业占总资产的20%到30%。

同时，万通地产将潜心打造自身能力，成为具有美国模式特质的好公司。万通地产认为，市场上并不缺钱，很多资本都在寻找好公司、好项目。仅以险资为例，市场上大约有4000亿元计划进入到商业地产领域。因此，只要“手艺好、良心好”，机会与资本也会跟随而来。

事实上，这些年，香港置地、中金公司、美国Durst（杜斯特）家族等众多国内、国际资本和行业“大鳄”都已成为万通地产的合作伙伴。

美国模式下，万通地产需要打造三大能力，这也是房地产行业尤其是商业地产的终极能力。这三大能力分别是指：产品能力、运营能力和金融能力。其中，产品能力的重点是以办公楼为主体的万通中心，涵盖定位、设计与研发3个阶段，产品研发与市场需求结合，完成精准的客户需求定位；运营能力是以资产管理能力为核心的服务标准；金融能力是美国模式的突出体现，需要商用物业开发与不动产金融的结合，轻资产与杠杆的结合，在未来开发项目中尝试使用更为丰富的融资方式。

这种金融能力的具体方法是：在拿地前夕，即引入战略合作伙伴，实现股权合作，共同开发，降低自有资金投入，同时可以转让大部分股权，享受土地溢价；在开发和建设阶段，引入私募股权投资基金、银团贷款或信托资金，同时整合各项资源，收取开发管理费；在持有经营阶段，对项目进行租赁和物业管理，收取相关管理费，另外可以引入商用物业孵化资金，加强项目运营管理，以提高租金和出租率为目标；在租金和出租率保持稳定后，通过各种金融产品，如REITs（不动产投资信托）等向包括保险基金、养老基金等机构出售部分或全部权益。

通过美国模式，万通地产也正在进一步朝着轻资产模式前进。以住宅项目万通台北2011项目为例，万通地产在这一项目上与当地合作伙伴签署“合建分售协议”和“委托万通全球销售协议”，原因是万通地产有运营高端项目的管理能力以及强大的营销资源，特别是大陆客人资源。这一合作协议的签署将万通地产的渠道销售能力转变成了公司新赢利渠道，实现了产品溢价分享，这个项目也成为万通地产通往“轻资产的商业模式”转型的重要尝试。

滨海新区战略

冯仑曾撰一联，曰："于云霄处执子，车横马跳，撒豆成兵；在市井地谋利，财散人聚，不争即争。"观万通地产之天津滨海新区的战略布局与落子，再品此言，格外回味。

对于万通地产而言，滨海新区战略具有三重含义：第一重是公司的区域聚焦发展策略，第二重是公司对于市场和政策的解读能力与把握能力，第三重是制度的创新能力。

第一重公司的区域聚焦发展策略是指，结合对自己实力、特点的充分认识，万通地产抵挡住了全国化发展的诱惑，选择聚焦在以滨海新区为战略高地的京津区域——环渤海城市群和大首都经济圈核心，适度兼顾成都、三亚等基础好、潜力强的区域，同时，在上海、成都、杭州等国内一二线城市核心区发展万通地产的业务布局。

这样，一方面规避了全国性扩张带来的系统性风险，降低了公司经营的人才、管理等压力，充分发挥了资源集中优势；特别是在北京和天津两个城市，在滨海新区这一战略要地凸显规模优势和发展后劲，可以使万通地产抓住发展先机，充分发挥品牌辐射能力和市场深耕能力。

第二重公司对于市场和政策的解读能力与把握能力是指，在万通地产做出如此选择时，天津滨海新区还未成为中国经济增长的第三极，也没有成为国家级战略开发区。2004年，万通地产引入天津巨型国企泰达集团作为战略合作伙伴后，数年间，万通地产已在天津滨海新区站稳脚跟，其天津板块的营收规模与利润贡献占据全公司财务报表的半壁江山。

2008年，天津滨海新区升格为国家级战略开发区，而此时万通地产已经成为滨海新区最大的房地产投资开发企业。2009年，万通地产成为滨海新区纳税额最大的民企。提前布局让万通地产占尽先机。

第三重制度的创新能力是指要发展混合所有制经济。

响应党和政府的号召，万通地产积极引入国有资本作为战略合作伙伴、作为大股东，形成混合所有制经济的格局，成为混合所有制经济的第一个公开实践的案例，引起学界和公众的广泛关注。

北京大学光华管理学院院长、著名经济学家张维迎称这种资源整合模式实质上是一种体制创新；混合所有制企业如果发展得好，甚至可能成为中国的“产业整合者”。著名经济学家茅于轼也表示，万通地产引入国有资本的做法具有开创性意义。

将价值观置于发展首位

万通地产价值观以“守正出奇”为核心，强调学习和学好，强调创新和前瞻，可以说是整个万通地产的GPS。“追求理想，顺便赚钱”与其一脉相承。

冯仑说，他自己现在是在追求人生的增量，也希望万通地产能追求行业的增量。活着，并且成为令人尊敬的民营企业。因此，自2008年起，万通地产推出了绿色公司战略，并作为公司一项长期性、基础性的战略。这也是万通价值观在公司文化和公司经营中的最集中体现。

万通地产的绿色公司战略是绿色价值观、绿色行为方式和绿色产品的系统之道，并以此来系统整合公司的价值与行为，塑造公司的长远竞争力，为万通地产未来发展的美丽新世界提供“绿动力”。

其中，万通地产的绿色价值观是把绿色公司所提倡的环保、节约、和谐及理性发展的精神奉为公司的“圭臬”。以此为出发点，对企业经营管理的全部行为进行指导，自我选择，自我约束。同时，也以绿色公司的价值观为坐标，对公司的全部经营行为进行检视、评判和完善，以系统制度的建设保证绿色公司价值观的贯彻和执行。

万通台北2011项目效果图

而绿色行为方式则是在绿色公司价值观指导下，公司对于员工、股东、客户、合作伙伴和社会采用全方位的绿色公司行为方式。这其中包括发起设立的北京万通公益基金会。万通地产每年拿出利润的0.5%、万通控股拿出每年利润的1%交由万通公益基金会进行专业化、制度化的企业社会责任实践。

2008年3月，万通地产推出

“新股东文化九条措施”，着力提升投资者关系管理，把万通地产定位为一个能为投资人带来稳定的阳光利润回报的优秀企业。对于客户，推出了“客户价值倍增计划”；对已建成小区进行“二次规划”——由万通地产自掏腰包对旗下多年前就已经交付使用的物业的公共区域进行升级改造。在员工内部，不仅推行“绿色办公室计划”，还推出“万通地产志愿者制度”，让每位员工拥有4天带薪公益假期……

而最基础、最根本的还是体系性的绿色产品之道。万通地产所有的建筑一律“戴绿帽”，其中住宅项目都要通过国家绿色建筑标准，有条件的争取达到“绿色三星”认证；商用项目都要达到LEED（绿色建筑认证）金级或以上。与此同时，万通地产还推出绿色供应链体系，打通整个绿色产品的供应脉络；每年拿出销售额的0.5%作为绿色研发与创新基金；与美国绿色建筑委员会合作，加强LEED（绿色建筑认证）标准在万通地产商用物业项目的应用，提升绿色产品执行力。

除了绿色公司战略之外，万通地产的价值观还在公司很多方面有突出的体现，比如万通反省会、企业历史陈列馆、万通龙山学校等等。在这个公司里，价值观从文化到制度、到经营、到标志性的活动，无处不在。

从容境界与持续的好日子

万通地产以“美国模式、滨海新区、万通价值观”为核心的战略驱动，不仅从容淡定，促使企业朝着专业化、前瞻创新的道路上稳步前行，并试图超越市场周期波动，超越政策调控波动，超越民营企业的增长极限。

2011年，在万通地产成立20周年的晚会上，冯仑表示，“很多人说万通地产‘说得比做得好’，这很正常，因为知易行难。思考清楚好过盲目的乐观和愚蠢的冲动”。

万通地产形成的这份淡定和从容原因有三，一是对未来有数，二是手艺好，三是少借钱、借好钱、借长钱。

首先，万通地产对于未来的发展思路清晰，多年来一直坚持战略领先、站在未来安排今天的发展策略，比如数年前，万通地产就提出了美国模式，并付诸实施。

其次是手艺好。这个手艺包括管理、产品和服务等一整套具体的执行体系，是前瞻战略有效实施的保证。时至今日，包括万通地产在内的整个万通控股集团在向服务型企业转型，这就需要企业的手艺好、专业强。

再次是少借钱、借好钱、借长钱。目前，万通控股集团负债不到30%，万通地产负债也较低。正是负债较低，才不会使资金问题总悬于企业脖子之上，使企业陷于被动和风险中。企业淡定，员工才能淡定，才有良好的心态，从容发展。

美国纽约世贸大厦的“中国中心”项目落成、欧洲“中国中心”项目的促成，以及革命性创举的立体城市的推出，都将给万通地产的未来带来更为广阔的发展空间。

而万通地产的好日子，才刚刚开始。

建业住宅集团（中国）有限公司（以下简称“建业集团”）成立于1992年，注册资本约24亿元，具有房地产开发企业一级资质。2008年6月6日，在香港联交所主板成功上市，成为第一家中西部在港上市的房地产开发企业。

在建业集团创始人胡葆森先生带领下，建业集团始终秉承“追求卓越、坚忍图成”的企业精神，将企业的使命同社会的进步与发展融为一体，坚持高品质住宅开发的专业方向，打造了一个富有社会责任感的品牌，培养了一支优秀的管理团队。开发项目累计竣工建筑面积约700万平方米，赢得了政府、专家、同行、客户、投资人和员工的一致认同与广泛赞誉。2011年，建业集团在中国房地产百强企业评比中排名提升至34位，稳居河南地产行业第一，并以稳健的经营风格和良好的财务表现荣登2011年度“稳健性TOP10房地产企业”榜单。2007年以来连续5年，建业集团以绝对优势蝉联“中国中西部房地产企业品牌价值TOP10”第一名。

03

第三章 建业

建业住宅集团（中国）有限公司

战略是企业经营“基本面”里最重要的因素之一。我经常讲，不管企业规模是大是小，有两个话题是我们必须时刻关注的，第一就是企业的战略，第二是企业核心竞争力。

在商业世界中，商业模式和企业战略千姿百态，但它们都要经受共同的检验，那就是能否带领企业走向长治久安。我们在采用“省域化战略”之后，前20年清晰可见，后20年亦有道路可循。河南省的市场空间和容量具有天然优势，16.7万平方公里，1亿人口，126个县级以上的城市，再往下还有500个中心乡镇，足以培育一个优秀的世界级企业。但我们始终要坚持产品服务观，持续向客户提供无瑕疵的产品和一流的服务，领跑市场。

从1998年起至今，我们在经历了战略构思、战略准备和战略布局阶段后，现在进入了战略纵深阶段。纵深阶段是把建业集团推进到一个简单、从容、优秀企业的关键时期。我相信纵深阶段之后的建业集团，执行力和稳定增长能力将迈上一个更大的台阶，业务将覆盖河南省70到80个县级以上城市，同时运作100个项目，完成省域化战略的二次布局，呈现出“百城建业”的发展局面。

——建业住宅集团（中国）有限公司董事长　胡葆森

建业：将省域化战略进行到底

省域化战略是建业住宅集团（中国）有限公司（以下简称“建业集团”）在2002年提出并推进的企业战略，是建业集团在中国城市化浪潮的广阔天地中的一大创举。

对于这一战略的提出与实施，地产思想家冯仑先生早年有语：“全国发展学万科，区域发展学建业。”这句话曾在中国房地产行业广为流传。

建业集团的省域化战略是指什么？在建业集团的发展规划中有这样一段描述：在中国城镇化发展的宏观背景下，结合企业资源状况而制定的“扎根中原，逐步、分级向下延伸，做专业化优秀区域品牌开发商”的定位。由于其独特性，也被称为“建业模式”。

建业集团是如何做到的？解答这一疑问，需要首先了解建业集团独特的定位战略哲学以及战略历程。

定位战略的哲学

在中国的房地产行业，建业集团一直是战略意识导向最为清晰的企业之一，这一切源自胡葆森对于企业战略的重视。他认为，企业战略必须衡量三方面因素，分别是“想做的事情”、“能够做的事情”、“可以做的事情”；综合评价后，确定一件应该做的事，这就是企业战略。

胡葆森认为，企业战略的制定取决于它的定位，企业的定位则取决于企业核心价值观的选择。在制定战略之前，首先应当树立一个明确的价值观：创办企业的目的是什么？企业发展的终极目标又是什么？

多番思索后，建业集团确立了“根植中原、造福百姓”的核心价值观。在这一价值观基础上，确定了“专业化领袖型区域品牌”的房地产企业发展之路，以及从省会城市启航“向下深入”发展的省域化战略。

在这一过程中，建业集团以及胡葆森本人都深入研究过一些战略理论。其中就有被称为“竞争战略之父”的迈克·波特的“三个基础竞争战略”理论。

这一理论指出，每一个历经千锤百炼、趋于完美的战略都必须要在三个方面体现出优势，分别是差异化、低成本以及专注化。差异化是指企业的战略能不能保证所研发的产品与服务在市场上与众不同；低成本是指规模、有效的管理结构可以有效降低成本，任何一种战略都必须保证企业的产品处于相对较低的成本状态；专注化则是要求企业目标要聚集。

对于企业战略理论体系的完整思考，以及对迈克·波特战略理论的借鉴与吸收，保障了建业集团战略抉择的前瞻性与正确性。2005年年初，经过近3年的战略实践、总结，以及对市场科学系统地分析后，建业集团制定了市场运营策略，以郑州为代表的中心市场定位为“创新+服务”的发展模式，市县市场则定位为“高速度+低成本”的发展模式。这一模式契合了市场运作的规律，也确保了企业战略目标的实现。

顺势而为

实际上，建业集团的省域化战略也有着浓厚的家乡情结和顺势而为之意。

“1998年、1999年，当企业完成第一轮原始积累、思考企业战略时，我发现朴素的家乡情结与企业未来的发展战略可以达成统一，这就有了省域化战略。”胡葆森曾在一次媒体的采访中叙述战略原点。

实际上，建业集团的战略选择与胡葆森的“中原情结”是密不可分的。随后，其又通过商业运营发酵了这一“情结”，成为了区域发展的领导者。不得不说这是一种聪慧的选择。

与此同时，建业集团也是顺势而为。一部建业集团的发展史，可以用一个“势”字串连起来解读，即应势而生、借势而起、顺势而为、逆势而上。

1992年，随着邓小平南巡，建业集团开始了创业之旅，此举暗合市场经济发展大势；选择地产行业，借助中国城市化的时代浪潮，建业集团借势而起，赢得了广阔的发展空间；建业集团的省域化战略则是顺势而为，顺应了区域发展大势、行业发展大势。

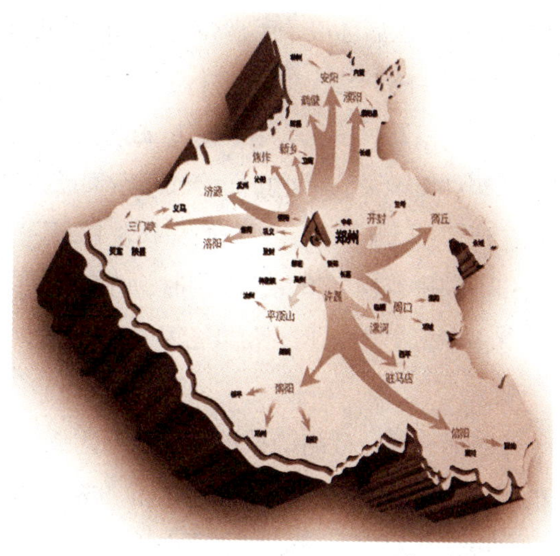

建业集团战略图

建业集团的省域化战略也是乘“势”而行。

河南省地处我国中原腹地，人口众多，2010年，其城市化率为39%，按照每年1.5个百分点城市化率增长，意味着将有近200万人进城；而伴随着“中原经济区”作为国家战略层面重点开发区域的落地，以及大中小城市相互协调、功能明晰、组合有序的城镇体系的构想，都会促使河南省二三线城市释放出巨大的房地产需求。再加上河南省城市化水平低于全国平均水平，巨大的城市化发展空间将带动市场对新增住宅的需求。

外部环境也为建业集团的省域化战略提供了基础。政策的支持、管理理念与思路变革，以及科学技术的进步，都为行业发展创造了良好的外部环境，也为房地产行业实现企业扩张和产业化提供了基础。

现在，“根植中原、造福百姓”的改善城市居住环境、助推中原城市化进程、为中原百姓造福的理念已深植于建业集团。在这一核心价值观导向下，凭借差异化的产品策略，建业集团实现了规模增长和价值提升。

把省域化战略纵深化

在2002年成立10周年之际，建业集团开始正式实施省域化战略，经过10年的实践，建业集团“根植中原、造福百姓”的企业核心价值观更为凸显。建业集团也以优质的产品和服务兑现了“五个承诺”，即每到一个城市，为城市打造一张新名片；为当地百姓创造一种新型生活模式；与当地开发商共同提高城市的建设水平；为当地政府上缴更多税收；融入城市，当好这个城市的宣传员。每进入一个城市，建业集团都为加快城市化进程、提升城市品位、繁荣和拉动经济，以及规范市场、改善人居环境、丰富和满足人民精神文化需求等起到了积极的推动作用。

10年战略的稳步推进，不仅使企业获得了可观的经济效益，也得到了河南省各级政府以及投资人、客户、员工的广泛认可和支持，取得了巨大的社会效益。截至2011年年底，建业集团的战略空间已拓展至18个地级城市和7个县级城市，拥有在建项目达到35个，销售面积超过132万平方米，位居"2011年中国房地产企业销售面积排行榜"第26位；同时，在河南省亦继续保持领先，品牌美誉度和市场占有率稳步上升，连续第5年名列"中国房地产开发企业品牌价值中西部10强"第一名。

随着省域化战略的推进，建业集团逐渐表现出"赢利、增长、持续、稳定"的发展能力，引起了国内外资本市场的高度关注。建业集团于金融危机中突围，在2008年6月6日在香港联交所主板成功上市，成为当年港交所唯一一家实现成功上市的地产企业，也是中国中西部地区首家赴港上市成功的地产企业。它的成功登陆，不仅为其打开了与资本市场对接的通道，为建业集团建立了一个良好的资本平台，也提振了房地产行业的信心。

在国家政策、法律法规不断健全和房地产业即将步入稳定、健康、理性、持续的发展时期，在河南省处于工业化、城镇化的加速期，2012年是建业集团成立20周年之际，也是建业集团开启战略纵深化的关键之年。随着国家加快中小城市建设步伐以及"中原经济区战略"的全面实施，河南省将迎来难得的历史机遇。

历史机遇下，建业集团决定将省域化战略进行到底。

建业集团在完成省域化战略布局后，正以极大的热情参与到中国城市发展的未来方向——县镇区域的建设。根据"扎根中原，逐步、分级向下延伸"的战略目标，向下深入到河南市场的各个层级包括市、县、镇三级市场，继续以提升当地人居水平为使命。

在风起云涌的2012年，建业集团将会进入更多的县级城市，着力构建"大服务体系"，通过呼叫平台9617777和"建业至尊卡"两条线，串联起物业、教育、足球、至尊服务公司、商业、酒店六大服务资源，形成为全省建业业主提供无盲点的服务网络化平台。同时，进一步提升产品品质，创新营销、工程和设计管理模式，强化完善集团总部职能，实现逆境超越，把省域化战略推向纵深。

华远地产股份有限公司（A股股票简称华远地产，股票代码600743）是拥有20余年品牌实力的综合房地产开发企业，旗下领导数十家控股及参股公司。业务涵盖房地产开发、销售、物业管理等各个领域。公司秉以“责任地产、品质建筑”为开发理念，长期致力于开发高品质、具有市场代表性的房地产产品，为市场提供全方位的专业产品与服务。

在提供专业服务同时，华远地产还以尊重和维护业主权益、树立行业规范为重要责任，以诚信为立业之首，先后推出“业权分配”、“工程保证担保”等创新理念并积极实践，成为维护市场公平和行业规范的中坚力量；华远地产“产品标准”成为华远品牌产品卓越品质的保障。

04

第四章

华远地产

华远地产股份有限公司

紧紧依靠资本市场，利用市场和银行两条脚走路，多方面解决资金问题（包括基金、信托）；强化法人治理结构，实行有效、分层式的管理模式和委托代理运作方式，以利于在不同城市扩张发展；注重内部企业文化与愿景教育，建立一支“打不垮、拖不烂”的队伍；注重产品标准与责任保证体系建立；以北京为核心，向二三线城市扩张。

——华远地产股份有限公司董事长　任志强

华远地产：十年征程

10年前的2001年，“房无一间、地无一垄”的华远地产股份有限公司（以下简称“华远地产”）开始了二次创业征程；10年后的2011年，公司总资产增长了近28倍，净资产增长了6倍多。在董事长任志强的带领下，华远地产从零起步实现了飞速增长、上市、全国拓展。

面对未来，华远地产计划通过5大战略实现新发展、新突破：紧紧依靠资本市场，利用市场和银行两条脚走路，多方面解决资金问题（包括基金、信托）；强化法人治理结构，实行有效、分层式的管理模式和委托代理运作方式，以利于在不同城市扩张发展；注重内部企业文化与愿景教育，建立一支“打不垮、拖不烂”的管理队伍；注重产品标准与责任保证体系建立；以北京为核心，向二三线城市扩张。

华远地产长期致力于成为一个令人信任和尊敬的负责任的房地产品牌企业。未来，将在业务发展规模、赢利水平、品牌实力等方面提高，进入中国房地产业先进行列。

根植于行业发展主旋律之上

2011年，房地产企业在风雨中前行。进入2012年，在经历了多年的行业政策调控后，房地产行业发展面临着经济紧缩及行业调控的双重压力，经营不确定性显著增多。

复杂形势下，房地产企业应如何发展？是坚持理性的态度和前瞻的眼光，去解读市场、调整策略、解决风险、应对环境、

华远地产

持续发展，等待市场的春天；还是盲目发展、利益为先、伺机潜逃?

实际上，当前中国房地产市场仍处于蓬勃发展阶段，一线城市因城市集群、资本积聚、人才聚集而具备高购买能力；二三线城市则在城市化进程、户籍改革、旧城改造、产业升级等因素推动下，处于房地产市场快速发展阶段；特别是处于大城市群或城市圈内的三四线城市，未来增长潜力无限。而我国高速推进的城市化进程和日益增长的居民收入催生的庞大市场需求，是中国近年房地产市场尽管起伏波折不断，但整体向上趋势不改的根本原因。

这些在华远地产眼里都是机会。华远地产决定牢牢把握行业中长期发展机遇，将战略深深地根植于行业发展的主旋律之上。

责任地产，品质建筑

“责任地产，品质建筑”是华远地产的企业使命，是华远地产基业长青的根本，也是华远地产品牌价值进一步提升、影响力日益扩大、企业健康持续发展的重要基石。

而提高产品竞争能力是有效应对政策调控，在逆市中赢得市场的关键，华远地产将继续发挥其在高端住宅市场的成熟经验和竞争优势，并力争在二三线城市的核心区继续拓展，建设更多更好的高品质产品，不断支撑华远地产“品质建筑”的品牌形象；同时，加强普通商品房及政策保障房的产品精细化研究，提升各类产品包括政策保障房的高水准精细化的打造能力；积极推进节能环保、健康生态建筑的研究和产品引入，不断提升产品建造的科技水平，增加产品的技术含量，做推动城市发展和行业进步的表率，推动产品品质向着更加社会化、人性化、前瞻性目标迈进。

在以开发品质建筑为主导的主旋律下，华远地产也将充分利用资本运营平台，通过经营市场化、管理现代化、业务操作专业化、产业规模化的发展模式，在为股东带来稳定经济效益、资本价值及保障业主权益的同时，让员工利益得到进一步保障，人才价值得到更充分的发挥，使企业和员工共同发展。

在健康持续发展的同时，华远地产还计划推动房地产行业的规范发展，为行业进步发挥积极的促进和带动作用；积极回馈社会，履行企业义务，做负责任的优秀的企业公民。

保障性住房建设是未来住宅开发的一个重要业务领域，也是实现企业社会责任的途径之一，华远地产将积极参与政策保障房的建设，为更多家庭提供更好的住房。

形成多利润增长点

为了实现突破性发展，2008年8月，华远地产实现A股上市，成功登陆资本市场。

成为一家上市公司后，华远地产坚持以突出的经营能力和赢利水平赢得资本市场和投资者的信任。同时，在当前国内资本市场偏紧的情况下，继续拓宽多元化融资途径，灵活开展基于项目层面的合作，满足公司生产经营与中长期发展的

华远昆仑公寓（北京）效果图

资金需求。同时强调内部精细化管理，加快项目开发周转速度，不断提升资金综合使用效益。

在投资拓展方面，华远地产始终贯彻“审慎投资、智慧投资”理念，拓宽投资渠道、均衡区域布局，防范局部市场风险，未来形成销售收入、租金收入、投资收入结构均衡的发展格局，以抵抗产品、收入单一的风险，形成多利润增长点。除已关注进入的区域和城市外，华远地产将抓住二三线城市的市场机会，利用未来可能的高发展空间，继续扩大在二三线城市的投资规模。

另外，针对政策变动，积极调整产品结构，适当增加商业地产投入，开拓旅游地产、养老地产新业务，寻求新的赢利增长点。通过更加丰富的产品线及可复制的产品标准化熨平市场波动，从而实现业绩的稳定性。

勇担责任

为顺应国家对于坚持房地产调控政策不动摇，促进房价合理回归，促进房地产市场长期平稳健康发展的政策主张，积极面对2012年经济增长下降将带来房地产市场的下行压力，华远地产在2012年，将以灵活的销售策略来促进业务增长，突破市场困局；加速资金的周转；控制好发展节奏，合理布局；同时，巩固品牌，提高客户满意度和客户忠诚度。

“既然选择了前行，便只顾风雨兼程”，华远地产以坚定迈进规模化发展的战略步伐，勇担对社会、对股东、对企业、对员工的责任！

龙湖地产有限公司（香港联交所股份代码：960），创建于1994年，成长于重庆，发展于全国，是一家追求卓越、专注品质和细节的专业地产公司。经过十几年的潜心发展，龙湖地产形成了集投资规划、开发建设、商业管理和物业服务为一体的全过程运作能力和系统、高效的多业态综合开发能力，产品覆盖了普通住宅、写字楼、高层公寓、花园洋房、别墅、综合商业及大型城市综合体等多种业态，每一种业态都拥有城市标杆性的代表作品。

从2004年起，通过实施“区域聚焦、多业态”战略，龙湖地产进入全国化扩张的发展阶段——即由北向南、从沿海经济圈、中心城市辐射到周边城市，利用业态和区域的双重平衡来实现可持续的发展。在每个城市，龙湖地产都坚持进行多项目、多业态的开发思路，目标是争取在每一个进入的城市都成为业内领先的企业。

05

第五章 龙湖地产

龙湖地产有限公司

龙湖：志存高远，稳健发展

持续多年的宏观调控对房地产行业有如大浪淘沙：屡被诟病的行业集中度过低问题逐渐缓解，土地、资金、人才等资源开始向实力派企业倾斜，挤入行业前十的企业的销售门槛在2011年悄然迈入300亿元。这其中，起步于重庆、布局于全国的龙湖地产有限公司（以下简称“龙湖地产”）尤为引人关注。

这家行事低调、志存高远、不肯偏安一隅的企业，在重庆本土深耕十余年、赢得民心与市场后，于2004年年底做出战略性决策：走出重庆，先成都、后京沪，从二线城市向一线城市伸展、扩张。如今，龙湖地产年销售额已达384亿元人民币，在重庆、成都、北京、无锡、常州、西安、杭州等拓展城市中名列前10，在波动的市场中实现了稳健发展。

这似乎是个谜一样的企业，走近却发现它如此简单、如此透明。近几年的快速崛起是龙湖地产18年精耕细作、未雨绸缪、厚积薄发的结果。在从重庆走向全国的加速度奔跑中，龙湖地产充满活力，但没有心浮气躁，没有脚步踉跄；它的少年老成令同行刮目，它扎实的功底及对细节的孜孜以求让业界翘楚都赞叹不已。至于它的精彩亮相带给公众的突兀感，只是源于它十多年来偏居重庆，志存高远、低调潜行的结果。

战略导引，理智“出走”

在重庆房地产市场起步之初，龙湖地产便对行业未来发展做出了基本判断：中国房地产行业的领先企业将会在多个地区开发多种产品，以实现持续的规模化增长。

于是，龙湖地产一成立便立下壮志：5年后成为重庆最好的房地产企业之一，10年后成为全国最好的企业之一。这期间，其在重庆苦练10年，之后便外拓了西部区域、环渤海区域和长三角区域等市场。在未来10至15年内，龙湖地产希望成为最受尊重和信赖的领先的房地产企业。

这18年来，龙湖地产历经了深耕重庆本土和全国布局两个阶段：第一个阶段持续了10年，这一阶段是从一个项目、一种业态做起，将全部精力放在单一业态开发的基本功锤炼上；随后尝试单一业态的多项目化运作，并进行多项目、多业态开发，不仅开发住宅，也开发商业地产，包括购物中心、写字楼、酒店等，属于“产品多元化”时期；之后，在2005年到2011年进入到新发展阶段，先在成都和北京拿地，再进上海，布局路径可谓是“西部称雄、北上渤海、东进华东”，最终完成14个城市的全国化布局，正式形成西部区域、环渤海区域与长三角区域3大百亿圈。自2012年始的未来5年，是龙湖地产第二个发展阶段——区域扩张，“南下珠江”成为其全国化布局的新目标。

实际上，龙湖地产的战略路径简洁而清晰：先产品延伸，后区域扩张。

房地产行业具有较强的地域性，从西南重庆进军到北京、上海等一线城市，龙湖地产深知面临的压力，但他们更清楚另一个现实：那就是不走出重庆，就没有更大的发展空间和机遇，甚至连生存的空间都会被逐渐挤压；他们也了解未来整个市场格局会朝什么方向演进，更清楚进入多个城市并领先是判断领先企业的一个重要指标。

在龙湖地产的全国化战略中，最重要的特征概括起来即是三个短语：产品聚焦、加大区域纵深与增持商业。

在产品聚焦方面，龙湖地产计划未来5年，将在已有的多业态、多产品基础上，根据客户和市场反馈进行聚焦，并在模块化基础上进一步标准化，形成具有产品和成本双重竞争力、有效覆盖市场的产品线。

众所周知，龙湖地产是房地产行业中产品线最长的开发企业之一，经过多年的经验累积与总结，已成功总结了4款产品类型，分别是高周转产品、低总价高业态产品、高溢价产品和商业地产。以高标准的产品满足不同地区、客户的需要。

其中，高周转产品的显著标签为“刚性需求、首次置业、小户型、近郊”，代表产品为“天街”系列的高层公寓；低总价高业态产品则是“入门级别墅或舒适型花园洋房”，密度低、远郊、总价等于市内普通公寓，以颇受精英家庭青睐的“香醍”系列为代表；高溢价产品为“高端别墅和高层”；商业地产则分为大型超区域及区域购物中心（天街）、社区型时尚生活中心（星悦荟）、高端精品家居生活馆（MOCO）3种类型。

加大区域纵深是指既围绕已进入城市加密布局，也将伺机进入新区域，从地域布局上增强企业对抗市场风险的能力。一直以来，龙湖地产奉行“进入城市不贪多，但求与同等规模的同行比较在该城市的规模是最大”的策略；每一个进入的城市都要成为公司下一步成长的根据地。

增持商业是指龙湖地产将继续发挥12年来持续积累的商业物业建造和经营优势，坚持稳步的发展持有型物业，这一规划不仅使企业在赢利方面有了新引擎，也从收入来源上进一步平衡市场波动带来的风险。在龙湖地产的商业规划中，除目前已经营的9个项目外，未来3年内至少每年开业一个区域型购物中心，如2012年重庆时代天街开业、2013年成都北城天街开业、2014年底至2015年初北京长楹天街开业。在未来15年内，将商业利润占比从不到5%提升到30%。

“我们发现，中国房地产市场中不同产品和业态均有周期性，别墅好卖时，高层建筑公寓可能不好卖。而产品聚焦就可以保证企业在每个城市的业务都能平稳、可持续地发展。所以，龙湖地产成长的速度有一个很重要的调节工具，就是新城市进入的快慢速度。我们可以在市场低潮期，通过加大区域纵深布局和良好的市场口碑，守住在这个市场上的份额，缓些进入新城市；市场好时，就抓住大好时机扩张。这样，我们的发展就会稳健，进可攻、退可守。”龙湖地产对上述战略做了如此分析，而商业地产，则是公司实现长期稳健经营的重要保障。

如此清晰的发展路径在房地产企业当中并不多见，因为这是个市场巨大、机会众多的行业，是一个不需要谋略、精耕细作就可赚取高额利润的行业。然而，从一开始，龙湖地产就不是一个机会主义者，而是头脑清醒、目光长远的拓进者。

这个主动放弃捷径、以稳健踏实发展著称的企业早在开发第一个项目时就提出了“善待你一生”的口号，清晰地表明，龙湖地产不是单纯卖给客户一套房子，而是卖一种体验，为客户提供一种生活方式，提供一种基于居住的关怀。这句口号随着龙湖地产的跨区域扩张，也出现在了北京、上海、成都等地。与一些擅长概念炒作的房地产企业不同，这家企业在北京开发的项目甫一亮相便以独特的产品形态、唯美的生活氛围，以及人们希望被开发商善待的期许赢得了市场肯定，甚至引发了冲动性购买行为。

在重庆，龙湖地产的业主以做“龙民”而自豪，伴随异地开发项目的入住，这种自豪感若能得到传导，那么龙湖地产的全国化扩张便“成功”了。这是很多本土企业向外拓展中难以做到的。

大而不乱靠“文控”

龙湖地产是通过何种策略与方法实现了在不同区域开发的产品与提供的服务的一致性？又是如何保证快速扩张中的有序发展呢？

分散式的组织架构与一体化的信息系统，给龙湖地产这个约440亿元市值的上市公司带来了高效率、低风险的运营。而这其中，龙湖地产自行研发的强有力的IT系统则一直被同行津津乐道。

从1999年开始，龙湖地产便已运用和不断完善、优化OA系统。这一系统早已超越无纸化办公层面，成为每个龙湖地产员工及时传递消息和共享信息的快捷工具，也是企业管理者高效的管理工具。

目前，尽管龙湖地产的IT系统在功能层面已经能够满足来自不同职能的业务需求，并领先于行业水平，但其正在逐步实现全业务信息管理系统向一体化协同项目管理平台升级，通过构建基于统一WBS、PBS、CBS的一体化协同项目管理平台，整合现有系统，使各业务职能协同合作。

龙湖地产的每一个员工上班首先要做的事情便是打开自己的OA页面，进入“待办事宜”工作栏，这是一个实现“事找人”的工作流向的系统，与某个员工有关的所有事项都会出现在他的“待办事宜”对话框内，无论是日常工作联系、会议安排、考勤出差，还是涉及合同审批、款项支付、计划管理等，都会一一呈现。

除了上述功能，其作用还有许多。在这个平台上，还集合了OA门户、成本管理系统、物业管理系统、CRM系统、计划系统及HR和财务管理系统等，员工工作涉及的方方面面都在其中进行运转，并以简明的新闻系统实时发布集团以及多个地区公司的各类信息，全国动态一目了然。其中，项目管理和知识管理两个平台对全国多项目规模化发展的支持作用之大超乎想象。

而这样高效的管理手段在比龙湖地产开发规模更大的房地产企业中也是不多见的。很多企业只是实现了文件会签的无纸化流转，而做到这一步也只是近几年的事。

龙湖地产相关负责人称，“在房地产行业想做到大而不乱，有个很重要的办法就是‘文控’，房地产不仅是资金密集型行业，更是信息密集型行业，信息流转的速度与准确决定能否快速、顺畅地把企业业务向前推进。OA系统就是龙湖地产投入巨大心力搭建的实现信息流转的网络化管理平台”。

这一平台对龙湖地产战略执行的作用是难以估量的。

目前，龙湖地产全国统一的运营管理平台包括进度计划管理模块、阶段性成果管理模块、成本管理模块、采购及分供方管理模块等多方面的系统平台。不同地区的项目团队在项目进行的各个阶段都可借助于平台上标准化的工具、流程、模版进行快速的运营决策和操作，并依据项目特点进行个性化的深化管理和操作。系统平台为其提供了丰富的可延伸的操作渠道。

更具特色的是，在各个不同的业务操作界面上都关联着各种不同过往项目的经验、教训、合作资源等相关知识，使任意业务点上的最佳实践在集团内迅速广泛传播，从而使业务运营在不断改进中得以创新。这种运营方式带来的突出效果是快，原因是整个模块体系在不断优化和细化，可以迅速地帮助管理者做出判断。以进度管理为例，其在系统中便分成了3级，设置了1000多个结点。在快的同时，也使整个过程得以实现精细化与柔性管理。与此同时，集团可以轻易地实现对不同地区、不同项目的进展、质量及收益的实时跟踪，使全国业务的开展更为高效有序。

借助这一网络系统，龙湖地产还构建了一个有趣而强大的知识管理平台。员工在这一平台上可将自己工作中所积累的知识经验形成可操作执行的制度、流程、指引、模版及小贴士等与同事分享，如有建议被采纳，公司便会给予相应的积分和奖金奖励，在这一平台上创造的知识奖励可高达万元。很多可直接用于改进项目管理的建议都由此而来，比如如何利用北方植物设计出南方才有的景观效果，实现“南园北移”等等。龙湖地产积累了无数个实操知识点，使企业整体运营效率和效果得以快速提升。

精细化管理是很多企业的追求。在房地产这个正在告别粗放式开发模式的行业，正是这一系统的存在，让龙湖地产在不同区域进行多业态开发的各个环节的经验得以传递，也让总部与各地区公司间的意见得以及时地上传下达，在提高效率的同时保证了管理的规范化和开发行为的一致性。

龙湖地产2011年年报显示，其IT系统的二次整合将在2012年优化上线，基于新平台的产品、成本和计划将实现一体化联动。而这，将进一步提高龙湖地产的运营效率和效果。

人才为王

“在扩张过程中，龙湖地产认为人才链优于资金链”，龙湖地产一位高管不经意间便透露了龙湖地产扩张的关键。

相对于人才，房地产企业更重视土地与资金两大资源，它们被视为企业的“命根子”，尤其在房地产金融不发达、企业融资渠道单一的年代，以及主要针对土地交易市场和地产金融市场的宏观调控政策陆续出台后，大多数企业的精力都放在了抢地、抢资金上，更有“土地为王”、“现金为王”的说法。

龙湖地产的价值观则是“人才为王”。

这一观念的由来在初始阶段是基于现实的考虑。“房地产开发的地域性较强，无论是产品的地域特性，还是客户的区域特点都非常明显，因此，要实现从一个项目开发到多项目开发，再到多区域开发，人才本地化是区域聚焦策略成功的关键要素之一。”龙湖地产表示。

开发人才的缺乏，以及企业进入快速增长期后高级管理人才的缺乏，是跨地域扩张过程中所有企业都会遇到的问题。

与众不同的是，龙湖地产一直将人才问题放到前所未有的高度加以重视，他们一直着力深化内部管理水平，并持续加大对人才的培养，强化文化和领导力培训，并在全国范围内持续多年开展面向应届毕业生的“仕官生”和面向社会的“仕官生2.0”招聘，为未来的发展培养中高层管理人员；另外，龙湖地产通过“内部造血”，大胆提拔公司内部有能力的员工，为公司发展提供熟悉业务和情况的管理人才。

龙湖地产在人才管理方面有一句话：“有企业家精神的职业经理人+操心员工。”“有企业家精神的职业经理人”是龙湖地产对高管的要求，其特征是满怀事业心，激情地做事，不仅仅是为了完成工作目标，为了赚钱而工作。“操心员工”则是希望大多数中低层员工具备“爱操心”的特点，兢兢业业，自主、自发地工作。

“北京项目能够在两小时内销售一空的背后，实在是有太多人做出太多的付出，是巨大努力的结果。当冬天树叶开始凋零的时候，怎么让大家对样板区有好的感觉？大家就出去找银杏叶子，一车一车地拉回来，铺在客户可能经过的路径上。这样的做法没有任何一个有销售经验的人告诉过员工，是他们自己想到的，这就是企业家精神的最好注解。”龙湖地产表示。

未来以“高周转”制胜

随着行业发展的成熟，市场的日趋理性，房地产行业的暴利色彩将会逐渐淡化，未来的主流房地产企业一定是有品牌、运营能力、资本扩充能力的公司。衡量企业的最终指标是能否赚到钱，龙湖地产认为未来房地产企业的高周转能力决定其赚钱能力。因此，龙湖地产理想的经营状态是实现货如轮转，龙湖地产将继续坚持“高周转”销售策略，凭借过硬的产品力和快速的市场应变力，进一步提升抵御市场风险的能力。

复地（集团）股份有限公司（以下简称“复地集团”）是中国大型的房地产开发和投资集团企业，国家一级开发资质，是复星集团的主要成员企业。

复地集团自1992年开始房地产开发和管理业务，开发项目已遍及上海、北京等超大型国际都市，天津、武汉、重庆、成都、西安、长春、太原、大同、长沙等区域中心城市，以及杭州、南京、无锡、宁波（慈溪）等长三角核心城市，并于2011年新进入海南。2011年复地在全国17个城市拥有开发项目，在建项目建筑面积近600万平方米，年度销售面积约125万平方米，销售金额约124亿元。

2010年成立的复地投资集团是国内首家房地产集团旗下的房地产金融全面解决方案提供商。复地投资集团依托复地集团在中国房地产行业十多年深耕的管理经验，借势复星国际的综合优质资源，坚持以私募融资、投资、资产管理为主要业务模式，凭借高度前瞻眼光，立足全球视野，全面满足投资者需求，致力于成为具备全球能力的、中国领先的房地产金融集团。

06

第六章 复地集团

复地（集团）股份有限公司

复地集团从1992年开始房地产开发和管理业务，到2004年在香港联交所主板上市成功；2005年全面启动全国化战略；再到2011年5月，复星国际私有化复地集团，这一系列的积淀与创新，都助推复地集团开启了新的里程。2010年，复地集团推动了另一件事，尽管与这些里程碑事件相比，并不那么耀眼，但对我们的发展却非常重要，那就是在2010年成立了投资集团，并正式启动双核战略——“开发投资双核驱动，十年实现百亿利润”。以高溢价的产品力（即精品）为核心，一方面获得产品和开发回报，另一方面获得投资能力和资金管理的回报。双核战略的实施与驱动，不仅延伸了复地集团的利润链条，培育了新的利润增长点，也降低了单纯地产开发的系统风险。

2011年，复地集团启动精品战略，大力推动产品系列化和战略供应商。我相信，在复星国际的大力支持下，以精品为立足点，配合复地集团多年来多渠道融资优势和丰富的合作整合经验，这条双核之路一定能走得前程远大！

——复地（集团）股份有限公司董事长　张华

开发与投资双核驱动，复地集团再次启航

历经20载，起步于上海的复地（集团）股份有限公司（以下简称“复地集团”），借助复星国际资源与资本市场支持，发展迅速。不仅已在全国布局17个城市，基本覆盖华东、华北、中西部等重点二线城市，并于2010年销售超过百亿。在由中房产信息集团联合中国房地产测评中心联合发布的《2011年中国房地产企业年度销售额TOP50排行榜》中，复地集团名列第32位。

下一步，一贯以“稳健”著称的复地集团计划通过“开发与投资双核驱动”，使集团在2019年净利润达到100亿元，成为国际一流的房地产投资开发商。

转型背后

起初，借助复星国际资源与资本市场支持，复地集团发展迅速；2004年，作为民营房地产开发企业率先在香港联交所主板成功上市。

然而，此后，因缺乏明确战略及高效运营体系，在未能准确把握宏观调控趋势以及厘清土地属性、产品定位、目标客户三者关系的情况下，出现了较严重的机会型投资开发倾向，导致发展速度逐渐放缓。

2010年，复地集团研究制定了未来10年战略规划：传承复星基因，形成核心战略，推进企业前行。

再次出发，复地集团梳理了发展中的问题以及已有的优势。在问题方面，复地集团首先发现，尽管全国布局基本形

成，进入的17个城市覆盖了三大区域战略圈：超大核心城市、长三角区域、区域中心城市；但受初期机会型扩张影响，在缺乏战略的系统性考虑的境况下，导致同城规模效应不突出，在大多数城市未进入市场前10位置。其次，住宅产品力表现已具备一定基础，在武汉、成都、重庆等均有一定影响，但产品积累和标准化程度较低，整体项目周转运营效率较低。

在优势方面，依托复星国际的资金实力，复地集团在融资方式、合作及整合等方面经验丰富。作为第一个与外资房地产基金合作的国内开发商，复地集团与ING（荷兰国际集团）、摩根·斯坦利、CBRE（世邦魏理仕）、CDP（专业提供人力资源外包服务的公司）等外资房地产基金均有过成功的合作。并且，投资能力较强，项目渠道丰富，有较强的机会性特征。

与此同时，在城市化进程中，房地产行业仍将维持较快增长，特别是二三线城市的改善需求将是未来市场的主要增长动力。

在已有优势及市场背景下，复地集团计划通过“开发与投资双核驱动”，使集团净利润在2019年达到100亿元，成为国际一流的房地产投资开发商。

双核战略

目前，房地产行业多数企业业务集中于住宅开发，行业领先者大都追求规模化发展，多关注于对土地的争夺，而未来行业经营模式或将演变成专业房地产投资商（针对房地产的基金、信托、私募等金融产品，如黑石、凯雷）、一般代建商（中建等大型总包发展成为一般产品的代建商，物业管理、装饰装修、清洁保养等附属房地产的产业将更加独立、专业化）以及综合型（以强势产品为龙头，自由组合资金与产品既有投融资，也有强竞争力高溢价的产品和品牌，如嘉德）的模式。资金和产品间相互促进的作用愈加明显，尤其是强势产品对资金的吸引，这是产品溢价提升带来的必然结果。

作为复星国际子公司，复地集团坚定选择开发与投资双核战略，也是发展的必然结果。

在复地集团的发展规划中，双核战略是指以高溢价产品力为核心，吸引资金及其他生产要素，在此基础上，一方面获得产品和开发的回报，另一方面获得投资能力和资金管理的回报。通过开发和投资的双核驱动，采取“自建、代建、合作、参股”等多种形式，组合产品和资本，获得最大化的利润。

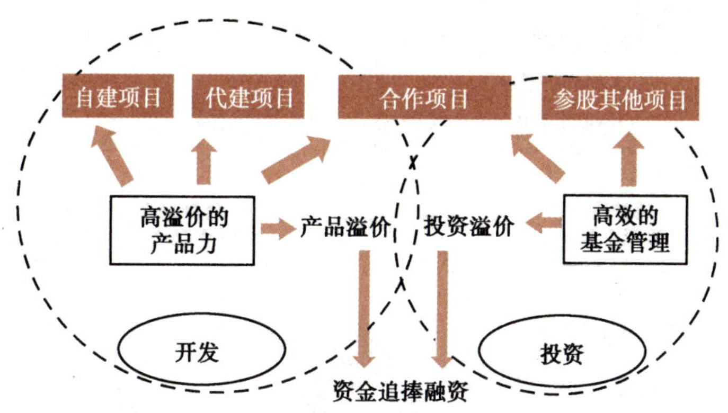

其中在开发方面，首先是仍以住宅为主。随着城市化进程的加速，未来住宅需求空间仍较大，特别是二三线城市的改善性需求是未来市场的主要增长动力。而住宅也是复地集团最擅长的物业类型。在坚持住宅开发为主的同时，也不排斥住宅配套商业开发，将适当通过合作等形式参与综合体开发运营，以学习先进的商业运作经验为主。

年度	人口（亿）	城市化率	人均居住面积（m^2）	城镇住宅面积（亿m^2）	新增需求（亿m^2）
2007	13	45%	19.3	107.7	
2020（政府规划）	14.6	55%	25（规划35）	200.8	93.1
2020（预测调整）	15	60%	25	225.0	117.3

其次是快速周转。未来土地的溢价将越来越少，因此在保证一定产品溢价的基础上，快速周转将是复地集团的战略路径。

再次是区域深耕。复地集团目前已完成了全国平均收益最高和潜力巨大的几大区域布局，在此基础上将加强区域深耕，这有利于发挥规模效应，降低管理费用，提高运营效率。

第四是精品立市。精品是实施开发与投资双核战略的立足点。资本是逐利的，在善于发现投资机会的同时，只有当产品能带来更高的回报或更有保障的时候，资本才愿意进入，甚至溢价进入。因此，在保证一定周转速度的基础上，提高产品溢价，是适合复地集团的战略路径。而复地集团倡导的精品是基于快速周转与可复制的前提下实现的。

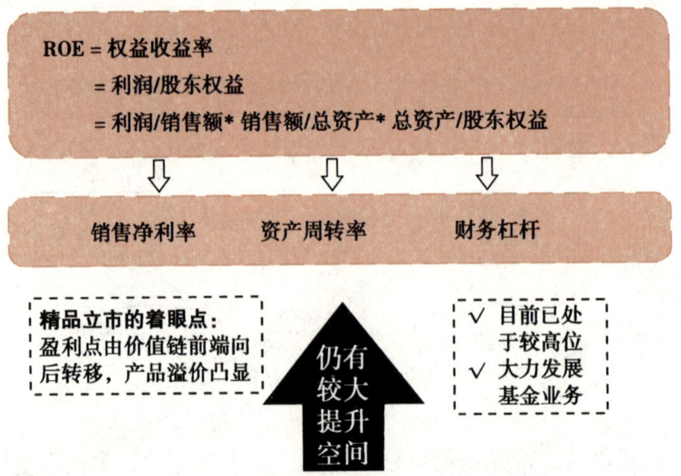

	区域特点	深耕策略
上海总部	√ 上海作为长三角都市圈的核心，经济发达，居民购买能力强 √ 房价高，辐射面广，抗跌性强，规模相对稳定 √ 城市化水平已经较高，随着四个中心建设推进，商品房精品化高端化趋势明显	
北方总部	√ 北方总部所辖城市多、跨度大且特点各异 √ 目前区域重点城市的布局已基本完成，且市场环境优质 √ 除北京周边城市外，其他城市与核心城市的经济与房地产发展有较大差距	深耕城市
中西片区	√ 中西片区已进入城市正处于城市化和房地产发展的快速增长阶段，未来量价的增长有保障 √ 周边城市与核心城市的经济及房地产发展有较大差距	
江浙片区	√ 经济发达，居民富裕，购买力强劲，房价较高，市场容量大 √ 部分富裕三线城市，容量小，房价高，呈现高质量低容量的特点，适宜快速进入 √ 以高铁、高速公路为主线，交通便利，文化相近，便于跨城开发与管理	深耕片区

在投资业务方面，复地集团也有大动作。2010年，复地集团成立了投资集团，形成了以私募为龙头，私募融资、投资、资产管理三足鼎立的发展战略。在以沪、京、深一线城市和三大经济圈为主要投资区域内，坚持以住宅投资为主，适当参与优质的办公、商业或主题地产领域。

在投资过程中，复地集团把握投资方向，以产品力为筹码，灵活组合不同形

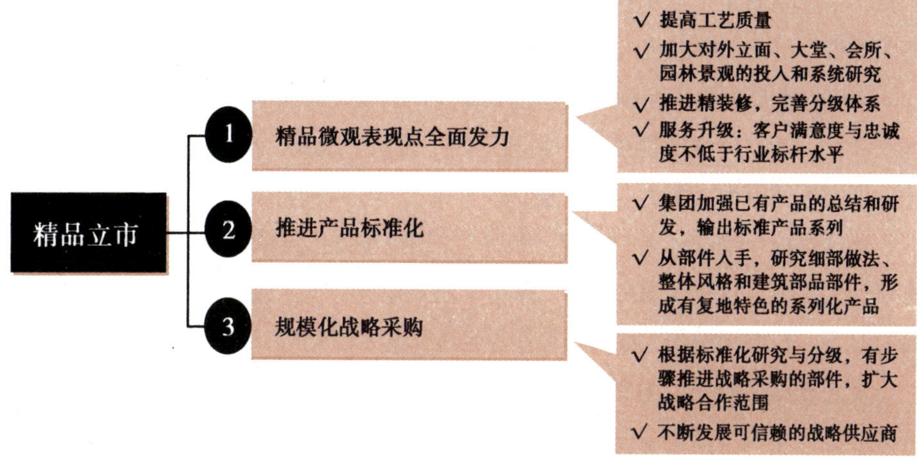

式的合资合作，尽可能最大化投资回报。投资的策略包括价值成长投资（寻求有价值成长空间的项目资源，寻求价值被低估的优质资源）、周期型的投资（研究经济周期的变动趋势，在房地产趋势低点介入，反周期操作）、整合产业资源的主题地产（依托复星产业资源、联合外部产业资源，整合政府需求、产业资本和房地产开发，以主题产业地产模式，获取项目资源）。

同时，要在取得项目的那一刻就开始借助股权置换与多元化的战略合作等手段，尽快收回项目的投资，尽快实现项目的销售，赢取利润，从而提高投资效率；拓宽融资渠道，充分利用各类资金资源（比如银行贷款，战略合作、私募基金、资产证券化等），尽可能放大集团的投资资金和项目管理规模。2011年5月，复地集团完成私有化，主动放弃上市地位，打通了进一步发展的资金通道。

此外，复地集团还将注重外延式增长，通过战略合作迅速扩大规模、提高资金使用效率、变竞争对手为合作伙伴以及在最短时间内用最少的资金撬动最大份额的土地市场等方式实现快速发展。

成为国际一流房地产开发和投资集团

经过一系列的调整与定位，复地集团在开发、投资方面均取得了一定成绩。

自2011年4月，复地集团正式启动精品战略开始，目前精品战略的7大系统已经建立，各专业条线取得了阶段性成果；工程质量和品质逐年稳定提升；并结合上海新都国际项目试点，逐步推出精装修管理标准；设计、进度、成本管理和采购招标信息系统也全面上线，使管理更加规范化。经过一系列的管理提升，复地集团的设计研发、标准化成果已在6个项目试点应用。

在区域拓展方面也持续深化。进入2011年，复地集团65%的开发项目在已进入城市获得，项目同城比例提高。目前上海、重庆、成都、杭州、南京、无锡、天津、西安等城市均有多个项目开发。

通过对项目经营计划的跟踪、预警、预测、调配与稳健投资，确保了近3年目标利润的实现，且呈现增长趋势。基金管理规模进一步扩大，2011年基金募集资金11.65亿元，投资于重庆、成都、长沙等容量及潜力较大的二线城市。

而在双核战略下，复地集团计划将利润中心下移，建立房地产投资、房地产专业开发两个端口，逐渐成为管理型的战略总部，不再涉及开发业务。

“双核”战略的推出和执行，标志着复地集团的新启程，在复星集团的支持下，下一个10年，复地集团未来值得期待！

未来，复地集团将继续致力于以人性化的视角，为客户提供最佳的人居空间和投资增值的解决方案，实践“以人为蓝图”的品牌理念，并在有关各方的价值最大化的同时，实现复地集团“成为国际一流的房地产开发和投资集团”的企业愿景。

上海南都集团有限公司前身为南都集团有限公司，经过二十余年的发展，旗下共有数十家成员企业，并形成以酒店运营与管理、电源研发和生产为两大核心产业，具有战略性的股权投资为发展重点的产业结构。

旗下君澜酒店集团（NARADA HOTEL GROUP）是中国饭店集团20强和全球酒店集团100强，始终致力于打造中国本土的高端民族酒店品牌，在全国投资管理了50家酒店，客房总数近15000间。

浙江南都电源动力股份有限公司（简称：南都电源，股票代码：300068）是国家高新技术企业，创立于1994年9月，2010年4月在A股创业板上市，已成为国内外电池行业的领导者，公司品牌“NARADA”已成为中国驰名商标和享誉全球的知名品牌。

股权投资为集团业务发展的重点，已成功投资阳光保险、东吴证券和贵州有线电视网等项目。

07

第七章

南都集团

上海南都集团有限公司

南都集团进入酒店业是一个偶然。然而，经过了这么多年的发展，我们欣喜地看到，君澜酒店集团作为南都酒店事业的平台，取得了不错的进步。究其原因不外乎以下几点：第一，国内正在进行的消费升级驱动了酒店业的发展，尤其是旅游和休闲度假逐渐成为一种全民生活方式；第二，我们坚持走差异化、规模化、品牌化的道路，致力于民族品牌的建设，团队有理想、有激情；第三，坚持不断创新，研究发展适应市场需求的产品。

展望未来，我认为做酒店和做住宅一样，都要注重品牌和产品，坚定已有的差异化战略，以正和，以奇胜，守正出奇，进一步锤炼“君澜”、“君亭”品牌的核心竞争力，抓住市场机会脱颖而出。

——南都集团董事长　周庆治

南都集团：酒店产业的品牌与创新

2006年，随着一笔国内地产界具有标志性意义的交易的完成，南都集团正式退出了住宅开发领域，转型发展。

酒店业是其转型的重要一步。2006年10月，其将旗下的浙江世界贸易中心有限公司、浙江世贸酒店管理有限公司、金华国贸大厦有限公司等多家酒店业相关企业进行了重组，成立了君澜酒店集团有限公司（以下简称“君澜酒店集团”）；原“世贸”品牌也逐步向“君澜”、“君亭”系列酒店品牌过渡。南都集团希望借助“君澜”、“君亭”系列酒店品牌探索规模化酒店投资管理模式，缔造中国本土酒店品牌。

如今，君澜酒店集团已投资管理了50家酒店，客房数量近15000间，位列全球酒店集团100强，中国10大酒店品牌集团，成为了中国本土高星级酒店管理公司的领军企业之一。

民进洋退

缔造本土酒店品牌一直是中国酒店业的“梦想”。

改革开放初期，中国酒店行业在寻求与国际接轨的进程中向外资酒店品牌敞开了大门。一时间，国内酒店行业因外资品牌抢滩布局而变得热闹非凡。

外资酒店品牌引入也具有一定现实意义，一方面可以引进先进的酒店管理理念和成熟的经营模式；另一方面，外籍宾客一度是高档酒店尤其是五星级酒店最主要客源，而拥有一个国外客源所熟悉的“洋品牌”、服务模式，无疑是高档酒店招徕境外客人最有力的策略之一。

然而，外资品牌的强势进入导致中国本土酒店企业运营前景暗淡，发展理念发生了改变，认为只有纳入外资品牌“势力范围”才是唯一出路。彼时，无论是历史悠久的老牌酒店，还是新建的高档酒店物业，纷纷傍上了外资品牌；经济繁荣的珠三角、长三角的各城市街头都成了外资酒店品牌的展览馆。

随着中国经济的发展与本土品牌的崛起，外资主导中国酒店市场的状况正在改变。

据中国旅游饭店业协会的统计数据显示，国内目前高档酒店客源中，境内客源已经占到50%以上，二三线城市的比例还要高。与市场状况相对应的是“土生土长”的本土酒店品牌优势开始凸显。相比外资品牌，在服务本土客源方面，相同的价值观与服务理念，使本土酒店品牌的服务更加到位和贴心。同时，政务接待、会议接待历来是国内高档酒店的重要业务，在这方面，本土酒店品牌的优势更加明显。除了文化背景优势外，在酒店业的另一竞争力——人力成本方面，本土酒店品牌也占据了绝对优势。当下，一个外籍员工的成本约为中方员工的10至50倍，这使得境外酒店品牌在人力资源方面比本土品牌要多付出百万元甚至千万元。

市场给予了本土酒店企业机遇，但本土品牌与外资品牌的竞争也越演越烈。

事实上，本土酒店品牌与外资品牌并没有公平地站在同一条起跑线上，国内一二线城市中的最好的酒店、最好的位置均被外资品牌所占领；与外资品牌相比，由于本土酒店品牌知名度低，加之政府对自有品牌扶持不够，本土品牌的发展步步艰辛。

良渚君澜度假酒店外景

但这一切并没有阻止君澜酒店集团探索品牌发展的脚步。

2011年5月，原三亚凯宾斯基度假酒店悄然易帜，君澜酒店集团接手管理，易名为三亚君澜度假酒店。

这一桩交易在中国酒店业掀起了不小波澜。在“洋品牌”横扫市场、处于领导地位的大背景下，民族品牌“君澜”何以异军突起，出手便是“民进洋退”？

实际上，“易帜与接手”的背后，不仅展现了本土酒店品牌正在崛起的鲜明态势，也与君澜酒店集团多年在海南的默默耕耘以及管理品质有很大关系。从管理三亚金棕榈度假酒店开始，君澜酒店集团就与海南结下了渊源。2007年，君澜酒店集团成功收购海南保亭天上人间热带雨林度假酒店（现更名为“七仙岭君澜度假酒店”），2008年，又在海南香水湾投资建设香水湾君澜度假酒店。而通过对三亚银泰度假酒店实施长达6年的委托管理中，又创造了国内五星级酒店平均开房率92%的市场奇迹。此时，定位于高端休闲度假酒店的“君澜”品牌声名鹊起。

差异化战略

回顾君澜酒店集团的品牌发展之路，差异化战略是核心战略。

经过10余年的探索，君澜酒店集团最终确立了“君澜”、“君亭”两大品牌系列，2011年完成中国酒店业多年的梦想。

在发展中，君澜度假酒店定位于顶级休闲度假酒店，强调的是相对稀缺的自然或人文资源、独特的建筑风格、原创性的室内设计及鲜明的文化主题、相对排他性的特色产品，以及高品位休闲设施与江南细腻亲切的个性服务。

君澜大饭店定位于五星级城市会议商务酒店，以浙江世贸君澜大饭店重新定位品牌形象，以目前大量二三线城市的五星级酒店为主题，形成了一个非奢华五星级城市会议商务酒店品牌。

君亭酒店定位于非完全服务的城市精品酒店，一般位居城市中心，强调的是营造私密、休闲、宁静、轻松的商旅环境。

在经营中，君澜酒店集团推行“忠诚于业主、双赢至上”的经营方针，通过实行“保证质量前提下降低成本，取得最大效益”的“三点平衡论”，为业主提供“最大满意度”，并实现社会、经济效益最大化。

而在中国酒店业面临新一轮国际市场竞争时，质量、环保、品牌已成为酒店经营管理的重要内容。

为规范酒店内部管理、加强过程控制、深化节能降耗、塑造绿色饭店形象，君澜酒店集团率先与香港品质保证局建立了战略伙伴关系，成功引入了先进的质控体系，并由此形成了集团成员酒店共同的内审标准，建立了个性化质量和环境管理保证体系、财务控制系统；同时，对公司内外部资源进行了整合，健全、完善了管理体系和运作模式，从而实现了更好地为业主提供专业化、规范化、标准化的管理模式，使管理的酒店更具有国际化水准和品位。

科学、规范、高效的管理模式，完美凸现了君澜酒店集团的管理优势。经过10年的潜心经营，君澜酒店集团秉承“变是永恒的不变”这一企业理念，在变化的市场环境中不断寻找发展契机，在现有的管理模式上不断突破创新，在本土酒店品牌的机遇与挑战中不断历练与成长。

产品创新之路

时下，国内高星级酒店大多是伴随着房地产开发而大量形成。因此，寻找酒店业与房地产行业的商业模式交集并实现双赢发展，成为了君澜酒店集团近年来产品研发及实践的重点。

一般而言，房地产与酒店结合有三种形态，分别是旅游房产与酒店、城市房产与酒店、城郊大型房产与酒店。

旅游房产与酒店。对于成熟旅游目的地来说，房地产开发不需要酒店先行，酒店的形成，对整个度假区来说是锦上添花（例如三亚半山半岛洲际酒店）；对于未成熟的旅游区域，酒店必须要有个性特色，且必须提前运作，原因是这样的酒店一般投入大、风险大、市场成熟培育时间长，需要有较强的经营能力。而一旦酒店运营成功，也会对当地房地产开发带来巨大的影响。例如，君澜酒店集团旗下的七仙岭君澜度假酒店便带动了整个保亭县旅游房地产发展，产生了较大的边际效应。

城市房产与酒店。这类酒店又分为四类，第一类是一线城市的商业金融中心，以国际高端品牌酒店为主（如北京银泰中心的柏悦酒店）。第二类是新政务中心或CBD（中央商务区），其多在城市新区，基本上也以国际品牌为主；目前，这类酒店已在一二线城市崭露头角，三四线城市亦开始大量涌现；此类物业中的酒店大多以委托管理为主，投入大、市场周期长、回报慢，但物业增值空间大。第三类是以大型商业综合体为主的物业。第四类是单体酒店连带公寓。

城郊大型房产与酒店。此类酒店位于城郊结合部的新兴小镇，在定位与建设时必须形成目的地酒店，要解决客人“为什么要来”以及“为什么再来”的课题；要具有一定规模，设计出结合会议、休闲的特色度假酒店。由君澜酒店集团与万科集团合作的杭州良渚君澜度假酒店便是城郊大型住区酒店成功的典范。

香水湾君澜酒店的镜面88米泳池

除了关注上述酒店业态，君澜酒店集团近年来同步推出了一系列创新的产品，逐步走出了具有明显品牌特色的产品创新之路。其中最具代表性与生命力的便是“奢侈品俱乐部会员酒店”及“城市精品设计酒店”。

君澜酒店集团决定打造奢侈品俱乐部会员酒店，是因为奢侈品酒店有庞大的消费群体，中国富豪的数量足以培育世界上经济效益最好的奢侈品酒店。目前，君澜酒店集团正与各方资源通力合作，打造辐射全球旅游胜地的中国奢侈品会员俱乐部酒店，打造中国自己的奢侈品酒店的品牌。

奢侈品俱乐部会员酒店是一座通过机构会员与企业（私人）搭建的会所式俱乐部式酒店，拥有稀缺的自然资源、细腻的人文特质、一流的建筑设计、优越的产品个性，以及高贵的服务。通过运营平台的方式形成俱乐部式的人脉平台，成为高端人群的资源聚焦之地。

另外，通过君亭（西湖四季）酒店品牌系列打造非完全服务的中高端城市精品设计酒店。

这一酒店产品有着广泛的需求。目前，在城市商业中心区以及新CBD区域，都需要建设高档次的酒店满足商务需求。然而，这些区域的酒店却多处于盲目开发、亏损运营状态。在这样的市场状况下，君澜酒店集团的“非完全服务的中高端城市精品设计酒店”——君亭（西湖四季）酒店系列应运而生。短短5年内，该系列酒店已发展了20余家，并取得了良好的社会经济效益。未来，随着顾客的消费经历日益丰富、消费能力日渐增强，市场将更需要“有特色、有灵魂、提供高度个人关注”的酒店产品，非完全服务的城市精品设计酒店的发展空间更大。

为理想前行

“酒店”或“饭店”一词的解释可追溯到千年之前，早在1800年的《国际词典》里便写道：“饭店是为大众准备住宿、饮食与服务的一种建筑或场所。”具体地说酒店是以它的建筑物为凭证，通过出售客房、餐饮及综合服务设施向客人提供服务，从而获得经济收益的组织。对于客人来讲，除了基本的功能需求得到满足外，客人还能得到“基于私人居留空间的公共服务场所”里所获得的消费体验。对于客人来讲，体验更胜于产品本身。为此，君澜酒店集团始终认为核心产品的不断创新与品质保证，才是竞争的最基本之路。

在这方面，君澜酒店集团设置了产品服务理念：不以豪华的香水湾君澜酒店-镜面88米泳池材料装饰取胜，以文化内涵取胜；不以硬件设施自豪，以软件、优秀员工自豪；不以常规服务自信，以差异个性服务自信。形成如“俱乐部”般的时尚氛围，如“博物馆”般的文化艺术氛围，如“家”般的温馨氛围，以此推动“君澜”、“君亭”系列酒店品牌发展。

目前，中国酒店业正期望一个本土品牌的崛起，引领行业发展。南都集团正为了这个理想而努力前行。

成都交大房产开发有限责任公司（以下简称“成都交大房产”）作为成都房地产历史最悠久的品牌开发商之一，是成都商品房时代的开创者，始终执守“科技创享生活”的人本文化理念，在住宅建设中追求建筑质量、环境舒适、布局合理和科技亮点的结合。从20世纪80年代至今，成都交大房产不断通过自身的创新与发展，以优秀的住宅作品带动区域城市化发展，持续创造城市价值，树立诸多业内第一，如全国第一个提出社区智能化理念并为之长期实践的地产企业；全国第一个引入居室新风净化系统，解决城市居家空气质量的地产企业；全国第一个应用自有知识产权之“新风、空调智能控制系统”，实现高节能与高舒适度，可有效解决系统控制范围内PM2.5问题，从而由传统开发向科技地产成功转型的企业。今天，成都交大房产正致力于将健康、舒适、节能、环保的世界居家前沿理念植入产品细节，全力打造成都首个健康低碳型国际住区，持续引领“新科技地产”方向。

08

第八章

成都交大房产

成都交大房产开发有限责任公司

应对持续的寒冷，不能再抱回暖的幻想，而必须作冬天是常态的打算。

对成都交大房产来说，现在面临的形势，仍有很多有利因素，健康低碳住宅是领先的，能有效解决PM10、PM2.5的产品是独有的，具有自主知识产权的室内环境控制技术也是有竞争力的“奇门遁甲”。

那么，交大房产现在和今后的一段时间做什么呢？主要做三件事：第一，把住宅产品室内空气质量和舒适度纳入交房标准，通过目前正在建设的第一个健康低碳的归谷项目，使之标准化、制度化。第二，在产品营销方式上，坚持客户至上，切实通过产品来引导消费，关注健康。第三，在企业发展战略上，要变以往单纯开发为技器并举。

总之，目前最重要的是把交大·归谷国际住区真正建设好，把推广真正谋划好。这些做好了，冬天不仅不再可怕，或许还能练就因纽特人的本领，成为驾驭寒冷的主人。

——成都交大房产开发有限责任公司董事长　孟刚

成都交大房产的“三术”突围

“用心做好产品，提高产品品质，制定合理性价比，是企业唯一出路。因此，我们会始终坚持科技创新，居住为本，发展企业。”成都交大房产开发有限责任公司（以下简称“成都交大房产”）董事长孟刚为企业发展定调。

恰是这一“坚持科技创新，居住为本”的发展理念，成为了成都交大房产在宏观调控中发展市场的突围之路。

被称为“科技地产教父”的成都交大房产，其力作“交大·归谷国际住区”于2010年9月便通过了住房和城乡建设部的3A住宅性能最高认证，成为四川省首个国家标杆级高尚住区，也一举奠定了成都高端低碳住宅的全国地位；2010年11月，这一项目又问鼎国家科技部“‘十二五’低碳建筑科技支撑项目”，西部仅此一例，全国也仅3例；2010年12月，其又入选国家十大“建筑节能减排‘十一五’成就盘点绿色建筑经典示范项目”。

在获得国家相关部门权威认可的同时，“交大·归谷国际住区”也得到了市场的广泛关注。科技地产魅力彰显。

一系列荣誉与成绩的取得说明，随着宏观调控深化，房地产行业必将迎来了转型与结构调整，以往依靠土地、资金、规模称雄于市场的发展模式、时代已渐渐远去，产品品质、科技含量、产业化程度以及企业的前瞻性成为了行业中领先企业的重要标志。在房地产行业迈入新发展时期，谁尊重产品，谁将成为市场真正的赢家。

成都交大房产，一个来自中国西南地区的技术化生存的践行者，正以绿色节能、低碳健康为目标推动着企业走向新未来。

第一术——科技特色避免同质化

“靓丽”用在房地产企业头上，多半是指销售面积独占鳌头，拿地规模独领风骚，或是项目楼盘全国开花。但这些均与成都交大房产无关，其头上的“靓丽”是节能减排成绩单，一份国内领先的“3A+节能+住宅产业化”的产品成绩单。

这张成绩单来之不易，背后助推的是成都交大房产的多年苦心经营与执著的技术研发。

有观点认为，当前房地产市场缺的不是房子，而是具备科技特色的好产品；缺的不是房企，而是懂得走差异化发展的智慧型企业。

从某种程度上来说确实如此，尤其是对中小型房企来说，不走专业化、专项化、特色化道路，还拘泥于同质化沼泽之中，无疑是危险的。正是有了对市场前瞻性的预判，“科技创享生活”便成了成都交大房产突围同质化的战略法宝。

与其他片面强调“科技地产”的企业不同，成都交大房产的科技住宅并不是各种建筑技术的简单堆砌，而是经过了反复研究、检测与应用，是将最适合地域特点的新技术整合应用于新项目中去。

其中，最为核心的一套技术系统是“户式一体化电中央空调+温度二氧化碳智能控制+全新风+热交换+空气净化”系统，即高舒适度与低能耗的“一体化户式中央空调”。这一系统获得了国家8项专利。这套高舒适度、低能耗的空调技术系统的诞生，绝非朝夕之功，是成都交大房产积淀了5年的结果。

交大归谷夜景

这套系统推出的5年来，仅测试式体验用房就建了5级28套，包括最初的设备性能测试、红外线与二氧化碳感应效果比对测试、既有建筑改造能效测试、归谷项目卖场样板间舒适度测试，以及家庭生活体验测试。这些测试、监测的目的只有一个，提供给社会一个真正的高科技住宅产品。

成都交大房产的努力换来了消费者的认可。一位选择在“交大·归谷国际住区”安家的建筑界专家曾说，在经过了严格技术对比与指标检测后，“交大·归谷国际住区”在墙体保温、空气净化、新风系统等方面均已达到国内领先水平。更为关键的是，这些技术与产品经过了时间与实践考验。

“用真实取代噱头，用科技取代平庸”，成都交大房产凭借科技冲出了住宅同质化的重围。就像孟刚所说，成都交大房产建造的并不是简单意义上的豪宅，而是“科技豪宅”，“豪”在科技。

第二术——舒适节能突显品质化

“交大·归谷国际住区”兼顾了“节能”、“舒适”，成都交大房产甚至许诺市场，自“交大·归谷国际住区”始，日后所有项目均要达到3A级、绿色、节能（全装修、产业化）。

承诺一旦说出，就要兑现。这就要求科技节能住宅产品所涉及的建筑技术、节能设备要安全可靠、耐久，经得起时间考验；要兼具经济性与可操作性，运行费用低，操作简便灵活；要在节能的同时，生活舒适度不能降低。

那么，成都交大房产能做到吗？

实际上，成都交大房产早已成竹在胸，“交大·归谷国际住区”便是最好的证明。这个在反复试验基础上建成的国家3A级住宅给了市场诸多惊喜。

在建筑健康舒适度指标方面，室内空气质量优，过滤≥0.5um可吸入颗粒物；室内二氧化碳含量小于700ppm（世界卫生组织规定1000ppm以上有害健康）；室内温度夏季维持25℃至27℃，冬季18℃至22℃；室内湿度小于70%（在成都等高湿地区）；室内平均风速0.30米每秒，人体基本感觉不到；室内噪音小于40分贝。在经济性方面，以空调为例，“交大·归谷国际住区”的140平方米的主力户型经测试仅需一台2匹空调；传统住宅，即使达到50%节能标准，也至少需要7匹空调。

追求低碳发展、追求为消费者提供健康生活的成都交大房产的笃行，为其带来了好业主，好市场。一大批与成都交大房产志同道合的业主纷至沓来，这些人中，有珍视家人健康、热爱生活的普通消费者，有留欧、旅美知识分子，也有见多识广、具有远见的“福布斯”上榜人物。有的企业甚至为其海归高管一掷20套。

消费者的踊跃成为了成都交大房产品质突围的最好注脚之一。

第三术——自住属性抵制投机化

房地产市场过往发展趋势表明，越是高端住宅投资价值越大。“交大·归谷国际住区”也在其列。

然而，成都交大房产却将“交大·归谷国际住区”划出了“最具投资价值”这一行列，挂上了“要自住，请选归谷”这块牌。

投资炒作一度是推动楼盘售价走高、行情看好的重要营销策略，“交大·归谷国际住区”为什么拒绝炒作呢?

这是因为成都交大房产深知这一项目的品质与优势，是凝聚了科技与科研人员心血的舒适度高、空气质量好的好房子，是保证家人健康、生活幸福的品质大宅。这样的住宅无疑是为自住需求打造的。

在行业内，一个低调投入巨资与时间去做节能健康住宅的房企已经很少见；在获得了国家数项最高奖项之后，又高调拒绝市场的投资投机，这样的企业就更少见了。

然而，孟刚却说，“这是我们的方向”。

目前，成都交大房产除了打造高科技“豪宅”，还在朝着新目标前进，首先是优化、复制、推广业已成熟的“归谷”类产品成果，将这一拥有自主知识产权、复制推广容易、新旧建筑适用的节能改造发扬光大；其次是继续组织针对不同节能方式的比对实测，取得权威确切的数据，用来指导实践，建设成全国唯一的多系统、多模式节能住宅实测基地；再次，在成都建设一座“低碳节能建筑实验室”，研究各种理论数据与实际数据的关系，进一步推动国内建筑节能事业。

实际上，这三件事中的每一件都超出了一个开发企业的社会责任，也已超出了一个企业在市场上产品突围的范畴。之所以如此执著，皆缘于成都交大房产对于科技节能产品的看好，以及对于节能减排事业的责任与使命感。而这种责任与使命感不应该仅是成都交大房产的理想，社会更乐于见到更多企业投身其中的身影。

北京锋尚房地产开发有限公司是一家以低碳绿色环保生态建筑为业务核心的集团化公司，业务涉及房地产项目开发、生态绿色建筑规划设计咨询、新建生态绿色建筑总承包项目管理、既有建筑生态绿色改造、合同能源管理、物业管理、绿色建筑基金、绿色建材电子商务等，在生态绿色建筑领域拥有多项核心技术和专利。

北京锋尚国际公寓是公司于2002年开发的中国第一个按欧洲标准建造的“低能耗”住宅项目；2006年开发的南京锋尚国际公寓项目是中国第一个“零能耗”住宅项目。项目以“告别空调暖气时代”为最大特点，在中国首创了没有传统的空调和暖气片、房屋结构采用系统维护技术和混凝土采暖制冷方式建造的高级住宅。项目自推出以来引起业内和社会的广泛关注，成为近几年来北京、南京、上海等地涌现的众多绿色住宅项目的学习典范。

09

第九章 锋尚国际

北京锋尚房地产开发有限公司

锋尚的愿景是让每个人都住在生态绿色节能环保的房屋中；锋尚的使命是为中国在人类保护地球的战争中赢得尊重；锋尚的战略是以iPhone住宅为核心业务，影响、传播、践行生态绿色建筑理念，用电子商务实现采购、建造与物业管理，孵化节能减排这一国家急需产业；锋尚的定位是左手乔布斯，右手水浒传，眼睛瞄准生态绿色建筑，因为只有专注，才有可能进入108将。

——北京锋尚房地产开发有限公司董事长　张在东

锋尚国际：中国绿色生态地产标杆

1996年，张在东靠领先的“画图手艺”，手中握有5000万元，这在当时俨然是一笔巨资。其时，搞房地产开发的人都在用资金的高杠杆拿地扩张，张在东却将设计创新的精神投向了绿色建筑。

于是，锋尚国际（以下简称“锋尚”）成立。而后，中国第一个高舒适低能耗环保项目——北京锋尚和中国第一个“零能耗”节能环保住宅——南京锋尚先后诞生。

包括这两个项目在内的锋尚系列奠定了锋尚“中国建筑节能减排领域的开拓者和领导者”的地位，但董事长张在东说，南京锋尚国际公寓还不是他追求的最终目标，新开发的南京谷里项目应该往“零碳”方向发展。

“让每个人都住在生态绿色节能环保的房屋中”，锋尚的愿景为人们描绘了一幅美好的蓝图，而这幅蓝图更深远的意义则在于，它关乎地球未来的存亡和发展。

专注绿色生态建筑

张在东是中国建筑行业中最早接近“西方技术”的人之一，也因此靠创新本事起家。

在20世纪90年代，他曾经率先用电脑设计出中国最早的DOS（磁盘操作系统）版建筑效果图和CAD（计算机辅助设计）施工图纸。由于当时建设部正在为如何让设计院“甩掉图板”而犯愁，张在东的小公司也因此获得了中国第一张民营的

南京锋尚

“甲级设计资质”，张在东本人也被破格任命为建设部勘测设计协会副秘书长，成了当时《人民日报》报道的技术模范。各大设计院络绎不绝前来参观学习，从而影响、推动了全国设计院80万从业人员采用CAD设计制图。

靠领先的“画图手艺”，张在东的公司一周能赚几十万，数钱数到手软。这让张在东决定不再受甲方开发商的气，而要去盖自己理想中的房子。

但是别人搞房地产都是先拿地，张在东却是先到处打听有没有房地产专业的研究生。在别人都在跟乡长喝酒圈地时，张在东却拎着大书包，每天在中国人民大学投资系的教室里苦苦研读了29门课程，用今天的话讲是何等的“定力”。没过几年，他又跑到中国社会科学院金融所读起了博士研究生。

而当别人都在用资金的高杠杆拿地扩张时，张在东却执拗于绿色建筑，一心一意搞技术，这和他搞房地产先念书的做法一脉相承。

“很多人是手里只有几百万，就敢拿价值上亿的土地。前十年囤地多的企业赌赢了，我们这种研究技术的赌输了，因为没下注。”虽然他承认，房企在过去的十年里大量拿地的策略有其道理，但他对这样的开发仍不认同，而是认为，“企业应该靠本事挣钱，不能靠赌博赢钱，那技术含量太低、没品位。人总不能什么钱都挣。”

张在东认为，今天的房地产调控对锋尚是一个千载难逢的转折机会，他对未来十年锋尚的发展充满信心。

做未来10年事情的超前意识

张在东有着根深蒂固的“靠本事挣钱”的潜意识，正是这种潜意识，使得锋尚国际在中国绿色建筑尚未发展起来时就专注于绿色生态节能技术，在过去的10年里干了未来10年的事儿。

2002年，作为中国第一个“告别空调暖气时代”的“高舒适”、“低能耗”项目，北京锋尚甫一出现就大受追捧。这种没有传统空调和暖气片的高舒适环保住宅，一年四季保持20℃至26℃的人体舒适温度和湿度，置换式新风对人体健康极为有利。

2006年，作为北京锋尚的升级版，中国第一、世界第五个“零能耗”住宅项目，南京锋尚的推出再度引爆行业关注。除具有北京锋尚的优点外，其还具有房间温度、湿度和CO_2排放自动控制系统，住户可按照需要自行调节，同时利用太阳能等可再生能源，使夏季制冷和生活热水的使用实现零能耗，缓解高峰用电。零排放还避免了一般的空调室外机排放的热量破坏环境。

事实上，能源危机、气候危机凸显，已经使绿色、低碳、环保、节能等话题成为全世界关注的焦点，而这同样是房地产行业及建筑行业发展的趋势。但是在中国，房地产行业依然走着粗放发展的路径，因为房地产开发而破坏环境的现象比比皆是。因此，张在东一再提醒：“房地产开发要对环境心怀敬畏！”

而除了用打造绿色生态建筑的行动践行自己的理念外，他还积极参与到推动碳减排的浪潮之中。2009年12月份在哥本哈根举行的联合国气候变化大会上，张在东宣称，中国的节能技术不落后于西方。

来自联合国的高度赞许

功夫不负有心人，锋尚的努力得到了世界的认可，也得到了联合国的赞许。

2009年7月，在印度首都新德里，由联合国人居署主办的“可持续发展城市化战略峰会暨联合国人居（中国）优秀范例奖”颁奖典礼上，南京锋尚国际公寓以先进的节能环保创新技术，受到各国评委的集体赞誉，捧得“联合国人居奖最佳范例奖”。联合国人居署专家表示，希望以此表彰锋尚在推动清洁能源解决方面作出的杰出贡献，并鼓励全球住宅开发越来越多地采用清洁能源。

2010年7月，联合国副秘书长、联合国环境规划署执行主任阿希姆·施泰纳来到南京锋尚小桃园项目。尽管只逗留了短短的四十分钟，但是该项目给他留下的印象却是深刻的。他表示："提到住房改革，很多人会说没有技术、没有钱，但锋尚通过智力和聪明智慧，向大家证实了走环保住宅这条路是可能的，环保建筑需要设计者、建设者、投资者和使用者共同对环保作出承诺才能实现。"

"实现低碳甚至是'零碳'，需要的不仅是技术，还有强烈的社会责任感。正是因为有了这两者，锋尚才成为了建筑业为遏制全球变暖的标杆性企业。"阿希姆·施泰纳在听完张在东对项目的介绍之后如是赞扬。

"你们为中国为世界环境保护做出了努力。锋尚零能耗建筑应在全世界推广，以降低建筑能耗。"这是阿希姆·施泰纳的赞许，也代表了联合国及世界对锋尚的认同。

左手乔布斯，完美结合技术与艺术

现在，张在东已经成了一个iPhone不离手也不离口的人。去年，《乔布斯传》出版后，他就读了几遍，还把一些章节摘出来发给公司员工"深入学习领会"。

"像做iPhone那样建房子。"张在东说，"未来10年，我们都会研究这个。"

"节能是一个必要条件，不是充分条件。"张在东参悟iPhone的结论是"好东西应该是技术和艺术的完美结合"。

虽然锋尚未来的产品会不会有iPhone 4那样简洁硬朗而时髦的外观尚不得而知，但张在东显然认为美的东西都是相通的。在锋尚会议室的写字板上，从阿玛尼到法拉利，国际的时尚大牌被分成第一、第二和第三阵线，都成了锋尚设计要借鉴的目标，这应该是以iPhone为起点的连锁效应。

以技术起家的锋尚，不但要搞技术，而且又及时地艺术起来了，这是锋尚未来10年的一个动向。"技术上，我们在过去的10年已经做到了最好。"张在东说，"锋尚在努力寻求工程师的头脑、艺术家的心灵，我们在提高品位。"

张在东对iPhone的另一个感悟是其对用户需求的理解和细节的尽善尽美。"凭什么iPhone可以卖四千多块，而广东的山寨机只能卖400块还没人买？一句两句它还真的说不清楚。因为它就是iPhone。"

张在东认为，自己在南京的别墅卖到9万元/平方米，这不完全是技术问题，也是大量产品细节和艺术的总和。"有些绿色地产公司学锋尚，他们学到的不过是锋尚用了哪种技术，其实那些都是皮毛。"他说。

所以，每当在书中看到乔布斯对产品的苛求，张在东都会想到自己和团队为了一个门把手的位置争论到深夜的情景，难免有得遇知音的激动和感慨。

右手水浒传，忠肝义胆搞开发

“左手乔布斯，右手水浒传”，这是锋尚现在的定位。于是，锋尚成了全国唯一一个在上班时间可以随便看《乔布斯传》和《水浒传》电视剧的公司。张在东对员工最好的褒扬，就是称其为“忠义两全之人”。

在张在东看来，新版《水浒传》里面的“忠义”就是对国家的忠诚和对同事、朋友的义气，讲义气再翻译一下就是“够意思”。“同事之间要够意思，朋友之间要够意思，同客户要够意思，对供应商合作伙伴也要够意思，对国家更要够意思，绝不能偷税漏税。”

张在东曾经号召全公司为项目工地厨师的辍学女儿捐款，让她一直念到外语学校毕业，从此这个厨师恨不得“跳起来给大家做饭”。南京锋尚项目洗手间全部贴成整砖，而且瓷砖块块对称，这是个广为人知的施工奇迹，也是业内人士参观完锋尚样板间后最佩服的地方。但背后这些建筑工人曾被张在东专门培训，部分骨干还被带到国外参观开眼的事情，却鲜为人知。

“其实全中国的建筑工人都能贴成那样，但是这些工人未必给你贴。”张在东说，“这不是个技术问题，是够不够意思的问题。”

在外界看来，张在东迷恋乔布斯的工业美学，他的“低能耗”、“零能耗”、“零排放”更是近乎激进的行为艺术，像一个很西方的“技术狂热分子”。但从《水浒传》看来，他骨子里依然很中国、很传统。

关于绿色生态的深思

在张在东看来，未来十年应该轮到靠本事吃饭的企业发展了。未来锋尚具体的规划仍属张在东的“商业机密”。不过，在他当前的书桌上，除了《乔布斯传》外，还有几本生态绿色建筑的名著，这也是他给公司员工的必读书。

这些名著提出了类似“重建与自然平衡的城市”这样的理念，但张在东却从中总结出“生产生活在一起、穷人富人在一起、垃圾污水零排放、生态农业循环链”的建造思想。最大限度地消耗最少的自然资源、最大限度地降低对自然界的负面影响，这样的思想被用在南京新开发的牛首山项目。“样板间不日即将开发，肯定还会有几万人来参观”，张在东抑制不住得意的心情。

“关于生态建筑现在有很多误区，比如认为生态就一定是低密度。恰恰相反，生态恰恰应该是高密度。”张在东说，“我们以后做的就是要让穷人富人生活工作在一起，降低对交通的依赖，减少交通造成的能源消耗，同时对自然界造成的负面影响最小。如果全世界的规划部门和发展商都能这样造房子，一定能遏制气候变化。”

张在东已经把生态和绿色建筑的细节思考总结出了十条理念，这10条理念中不但有技术，还涉及到政治、经济、社会、文化、历史、科学、医疗、教育……甚至已经思考到如何让穷人和富人和谐相处的深度。

与苹果公司的“Top 100”会议形式相同，锋尚自2007年起每年召开“头领100”团队会议。在去年结束的“头领100”会议上，公司董事会发布了重新调整后的公司愿景、未来十年公司战略、使命与定位，以及由此而形成的新的组织架构图。张在东和他的助手借这个会议把锋尚的发展方向详细地阐述给每一位成员，并与各事业部和职能部门的领导人分享其宏大愿景。会议开始前的一幕非常令人难忘：所有参会人员都通过了一次计时30分钟的网络测评，这是对之前安排的一次培训的闭卷考核。会场上100台笔记本电脑同时登录到他们的考试系统中，荧屏照亮了100张年轻的面孔，以及他们坚毅和专注的眼神……

南京新城发展股份有限公司（以下简称“南京新城”）是中城联盟成员企业之一，也是著名的环保公益组织阿拉善首批会员单位。

经过对转型期中国政府体制与经济环境的长期观察及深入研究，南京新城突破传统开发的思维模式，率先提出“城市化、产业化协调发展的创新战略——区域开发运营战略”，致力于创新空间价值、营造城市魅力、集聚产业动力、扬展文化活力。

目前主要项目包括：国家火炬计划软件产业基地和中国服务外包基地城市示范区的江苏软件园吉山基地、扬州市“一体两翼”战略核心区的扬州广陵新城、国家十大4A级海滨旅游胜地之一的海南文昌东郊椰林、镇江的“汇聚点”镇江西津湾文化博览园、环首都绿色经济圈服务中心、在行业内率先原创了SOC（共享型办公社区）模式的南京新城发展中心、国家重点文物保护单位扬州小盘谷，以及被称为江苏信息服务产业基地（扬州）的中国声谷。

截至2012年，南京新城囊括总计30平方公里的一级开发业务，6个科技园区建成或在建中，已建成研发办公物业达40万平方米，已完成4平方公里面积的一级开发任务。

10

第十章 南京新城

南京新城发展股份有限公司

通过实践和研究，南京新城提出了城市化与产业化协调发展的新战略——区域开发运营战略：以区域资源价值策划、创造与提升为核心，以资源内容经营为手段，对既定区域的土地、空间、产业、文化等要素进行综合性开发过程，最终在特定区域内完成高效率的“内生循环系统”构建，提供产业发展、城市功能和人居生活等相对平衡的空间形态。中国城市化建设的进程，必然会从“城市摊大饼模式”、“开发区模式”和“新城模式”，走向“区域开发运营”。

未来，南京新城将继续凭借先进的开发理念、强大的资本实力、成熟的开发团队、独特的运营机制，成为中国区域开发的探索者、创新者和领跑者！

——南京新城发展股份有限公司CEO　陈俊

南京新城的区域开发运营战略

21世纪是城市的世纪。

诺贝尔经济学奖获得者斯蒂格利茨在纵论21世纪世界发展趋势时宣称，“中国的城市化与美国的高科技发展将是深刻影响21世纪人类发展的两大主题”。

城市世纪的来临，无疑为中国发展中心城市、推进城市化进程提供了难得的机遇。

然而，中国的城市化进程却历经了种种困惑与问题：“城市摊大饼模式”、“开发区模式”、“新城模式”在推动城市化进程中也使一座座新城成为卧城、开发区成为孤岛，以及因规划缺失致新建筑在建成几年后就面临拆迁重建等现象。

“产业布局做晚了、开发时序做反了、规划建设做短了”，“空间规划与经济规划割裂、城市化与产业化割裂、开发成本与开发收益割裂”等给城市的可持续发展、科学发展带来了严峻的挑战。

面对这些问题，南京新城发展股份有限公司（以下简称“南京新城”）通过实践和研究，为中国城市化发展带来了新模式：城市化与产业化协调发展的新战略——区域开发运营战略，一种以区域资源价值策划为核心，以资源内容经营为手段，对既定区域的土地、空间、产业、文化等要素进行综合性开发，并最终在特定区域内完成高效率的“内生循环系统”构建，提供产业发展、城市功能、人居生活等相对平衡的空间形态。

从2002年到2012年的10年时间，南京新城相继在南京、扬州、成都、大连、海南、镇江等城市，立足区域开发运营战略，运用甲方总体模式，构建了一系列多样性的城市空间和产业综合体。

新城市发展模式

“科学到了最后阶段，便遇上了想象。”

“区域开发运营战略”是南京新城在2004年提出并实施的，是在总结南京江宁开发区和天津开发区成功经验的基础上，突破园区开发、土地开发和房地产开发传统模式，创造性提出的城市化与产业化协调发展的创新模式。

2004年，南京新城全面参与了南京江宁开发区二期的投资、开发、建设与资产管理，并与江苏省国信资产管理集团有限公司联手发起成立江苏软件园开发建设有限公司，打造生态长廊中的智慧社区——江苏软件园吉山基地，承担该项目区域6平方公里的土地整理、开发建设和招商运营。

这一次的尝试与转型，使南京新城站在城市发展的高度，明确提出区域的价值主张，并通过经济发展规划、空间规划、土地利用规划、开发实施规划等手段，对区域资源价值进行更充分、更有效的挖掘和配置。

区域开发的基本内涵在于对产业结构的优化升级，尤其是以现代服务业的发展作为城市优化发展的基础动力。通过产业驱动，及产业生态与城市空间的合理配合，促进城市优化发展，最终实现空间多中心化、功能多样化、形象特色化、环境生态化、资源集约化、生活社区化的新城市形态。

扬州广陵新城

2007年，南京新城与江苏省扬州市进行了战略合作，主导了面积为8.5平方公里的广陵新城核心区的区域开发运营。投资55亿元，先后开发了中国声谷、京杭会议中心、三间院会所、京杭之心皇冠假日酒店、幸福社等，基本完成广陵新城形态开发。“城市魅力、产业动力、文化活力”初步显现。

实际上，区域开发既适用于独立

的新城开发，也适用于现存的旧城改造；既可以变革图新，实现跨越式发展，又可以传承历史脉络，推陈出新，实现渐进式优化。2010年，南京新城在扬州市保护性开发了国家级文物保护单位——小盘谷，通过对旧园的改造以及对外发挥新用途令古建筑焕发了勃勃生机。目前，南京新城的深化区域开发运营战略，已启动了大连北方生态慧谷开发、海南文昌东郊椰林区域开发、镇江西津湾文化博览园综合开发、环首都绿色经济圈服务中心建设运营等。

政府掌舵，企业划桨

南京新城的区域开发项目主要分为三大类：新城、产业综合体、文化旅游综合体，并促成了产业发展载体、城市功能、居住功能间的良性均衡。

在方法论上，南京新城提倡生态开发、内生发展，均衡产业开发与自然保护，倡导“新5+2生活方式”，在全国率先总结出高效、创新配置资源的“甲方总体”模式。南京新城形象地称之为“政府掌舵、企业划桨”，即由政府主导并统一规划，由企业按照区域发展客观经济规律和商业规则要求，以市场化、专业化、企业化方式来具体统筹实施开发运作，政府和企业共同分享区域发展的收益。“政府掌舵，企业划桨”的运作体系被实践于区域开发中，成为公共民营合作制理论（Public-Private Partnership）参与转型期中国政府公共事业的一种创新，突破了传统园区开发、土地开发和房地产开发模式。

“甲方总体”模式有效地解决了城市建设中的体制机制性障碍，充分发挥了市场机制基础性的作用，也将政府主要资源和精力投入到社会民生和公共服务上去。

因此，无论是在规划策划阶段还是开发建设阶段，乃至后期管理运营阶段，南京新城始终高度重视“以人为本”，以提高城市居民或产业园区职工的幸福感为己任，对区域开发项目所在地方政府、企业和居民高度负责，并提升了城市形象。

扬州小盘古

以江苏省扬州广陵新城为例。2007年3月，南京新城和扬州市广陵新城投资有限公司共同投资成立了扬州泰达发展建设有限公司，全面负责广陵新城的策划规划，以及基础设施、市政配套、产业园区和商业办公配套等开发建设，并负责实施园区、商业、写字楼宇等招商、运营和管理。按照扬州市委市政府提出的要将扬州打造成为“充满活力的现代之城”和“精致扬州的典范之城”的目标，扬州泰达发展建设有限公司通过与政府的独特的合作机制，形成了企业机制与政府行政资源管理体系之间的有效对接，做到了取长补短、同舟共济、相互尊重、彼此融合。将每年两个重要的城市节庆日，“4.18烟花三月国际经贸旅游节”和“9.26运河名城博览会”，作为重大项目、市政基础设施推进、拆迁安置、重大资本节点、产业推进等等不同指标的推进节点。

经过5年多的开发建设，广陵新城已建有江苏信息服务产业基地（中国声谷）、世界运河名城博览会永久性会址（京杭会议中心）、京杭之心城市景观休闲广场、小盘谷、三间院和四水堂特色会所、网尚数字电影视听馆，建成道路18公里，完成拆迁120万平方米，建成景观30万平方米，疏浚整理河道7公里，建成各类桥梁十余座，广陵新城的基础设施建设正强势推进。

2010年以来，扬州泰达发展建设有限公司持续坚持精致规划、精致建设、精细管理，围绕“329”工程，即三大板块、两条景观带、九大重点工程，分别是商业旅游板块、行政现代办公板块和产业板块；京杭运河城市景观带和廖家沟生态景观带；五星级酒店、新城投资服务中心、2500年城庆广场、科技馆、商业水街、育才小学东区校、广福花园、地标性建筑、交行数据中心等九大工程，力争把扬州广陵新城打造成以都市产业为核心发展内涵，以现代产业为主导，集商务、休闲娱乐、文化艺术、都市居住、城市旅游为一体的幸福城市中心，一座美好幸福的新城正在呈现。

经过不断努力，至2012年，南京新城已受政府委托进行一级开发任务达30平方公里，现已完成4平方公里，在建6个产业综合体（科技园），已建成研发办公物业40万平方米。

想象突破极限，模式即走向了创新。

未来，南京新城将继续凭借先进的开发理念、强大的资本实力、成熟的开发团队、独特的运营机制，成为中国区域开发的探索者、创新者和领跑者！

协信集团，创建于1994年6月，总部设于重庆，是一家以房地产开发为主导产业的大型企业集团。下辖9家房地产开发公司，天骄物业、购物中心、商厦物业等住宅和商业物业管理、经营公司，以及7家非地产行业的全资、控股、参股公司。注册资本1.5亿元，总资产规模逾50亿元。

协信集团的愿景是："成为深受股东信赖、客户喜爱、员工热爱、社会尊重，具有重要影响力的卓越房地产公众企业"。

多年来，协信集团秉承"创造我们共同的价值"的核心价值观，以"简单"、"专注"、"持久"的经营理念，实践着为股东、客户、员工、社会"协力实现人生信念"的企业使命。

经过17年的潜心经营，协信集团的房地产项目已凭借其"精品房产"和"创新精神"而成为重庆地产界的一面旗帜。

11

第十一章

协信集团

协信控股（集团）有限公司

读懂一座城市，并让不同时代、不同风格、不同类型的建筑和谐并存，从而创造更大的城市价值，是城市运营商的责任，更是义务。

商业地产是一座城市发展的重要标志，标志着这座城市的品质和品位，传达着一座城市的气质，承载着一座城市的精神内涵。商业地产的资源又是不可多得的，其将伴随着城市的发展而承载过去、体现当下和展示未来。

因此，商业地产开发商须秉持对资源负责、对历史负责的态度，致力于将商业建筑打造成城市的雕塑，让商业能持续繁荣这座城市，提升城市品位与价值。

协信集团一直致力于以创造文明的姿态缔造精品地产，赋予城市以生命的活力，让人们享有舒适的社区，以及品质尊严的生活，为股东、为客户、为员工、为社会，协力实现人生信念！

——协信控股（集团）有限公司董事长　吴旭

协信集团：让城市更具生命力

“成为深受股东信赖、客户喜爱、员工热爱、社会尊重，具有重要影响力的卓越房地产公众企业。”这是渝派地产三强之一的重庆协信控股（集团）有限公司（以下简称“协信集团”）的愿景。

创建于1994年的协信集团是一家以房地产开发为主导产业、具有一级房地产开发资质的大型企业集团。自创立以来，一直不断开拓创新、锐意进取，取得了良好的市场效益和社会效益。经过17年的努力，凭借其“精品房产”和“创新精神”而成为重庆地产界的一面旗帜，每个开发项目都是创新的典范之作，并在重庆树立了里程碑式的建筑标杆。

未来，协信集团将重点开发及运营以持有型购物中心为核心功能的城市综合体产品，并通过收购、租赁纯购物中心项目，形成全国战略布局，成为中国地产行业具有核心竞争力、重要影响力和行业创新力的综合型地产开发和商业运营商。

起源重庆，布局全国

发展中，协信集团一直以谋求企业利益和社会利益的和谐共生为荣。

协信集团深耕巴山渝水，从精品住宅到商业地产，再到产业地产，已形成了涵盖各层次、各消费人群的完整产品线；凭借“品质”和“创新”的精神特质，其开发的项目也成为了重庆地产界的一面旗帜，为推动重庆城居生活和城市文明的进步

协信产品战略——产品线

作出了不可估量的贡献。

17年来，协信集团多次入选“中国房地产百强”、“中国房地产著名品牌”、“中国房地产诚信企业”等，而身为重庆市政府授予的十大慈善企业之一，协信集团也一直坚持社会责任与资本价值并重。在不断挑战自我、追求卓越的同时，不忘肩负的社会责任和道德义务。在健康发展、创造价值的同时，广泛地参与文化、教育、环保、卫生等领域的公益活动，通过各种方式回馈社会，持续推动社会和谐发展，努力成为中国企业公民的典范。

随着企业不断的发展和壮大，起家于商业地产经营的协信集团计划以商业推动商业地产发展，大力发展以持有型商业为主要功能的城市综合体项目，实现从租赁型物业向经营型物业转变，把单纯的商业地产开发变成一个以商业为中心的城市开发，获得更多的商业开发边界效益，打造完整的商业地产价值链，形成商业地产领域的核心竞争力。

在推进商业地产发展战略过程中，协信集团计划通过“现金流滚动资产”模式及“基金模式”进行商业地产项目循环开发，并通过收购、租赁举措形成全国战略布局，壮大持有商业项目资产规模，快速构建核心资产包，打造在业界具有卓越影响力的品牌形象。

通过自主开发、收购整合、租赁经营等多种模式，形成西南、长三角、环渤海、珠三角四大战略发展区域，同时机会性进入其他发展区域。通过整合资源，积极拓展，逐步形成从高端到中端产品线和品牌线在一二三四线城市的全国性战略布局。

目前，协信集团已进军成都、无锡、苏州等市场，从事房地产开发与城市综合体运营业务，并开始实施全国性战略布局。截至2011年，累计开发量逾600多万平方米，已完成30多个住宅、商业地产项目，正在开发20多个项目，战略土地储备逾900万平方米。

健康、持久的商业文明

“协力实现人生信念，为客户实现更高价值的生活及事业梦想；与股东共同赢得卓越企业的回报和尊崇；协同员工成就事业、完美生活以及与社会共同推动人居和谐、健康、持久的商业文明”是协信集团的使命。

使命驱赶着协信集团继往前行。

在商业模式上，协信集团秉持“模式创造价值、资本分享利润”的价值创造理念，通过创造出末端所需求的生活或生产资料，或者创造出能改变末端价值的生活或生产资料，实现商业模式的持续突破。而今，通过着力打造“精品住宅、商业地产、产业地产”三条主力产品线，协信集团持续不断地在商业模式上进行突破。

在投资模式上，协信集团致力于通过资产证券化、资本国际化、股权社会化，与银行、证券机构、国际金融机构共同形成长期战略联盟，通过资产转让、股权交易、经营权及收益权安排等多层次的融资手段，确保企业持续发展的资金链需求，形成投资控股的大型集团公司。

在人力资源模式上，协信集团认为，企业的组织架构是企业良好运作与高效经营的基石。只有拥有专业、透明、规范的企业架构机制，才能应对现代商业竞争纷繁复杂的挑战；只有拥有全面、高效、细致的企业架构机制，才能确保企业活力永葆、不断超越。协信集团早已将科学的管理融入自身，从而有效稳定地确保商业战略的高效实施。

让建筑具有生命

“永不制造建筑垃圾、建造品质地产实现品位生活以及让建筑具有生命”是协信集团的产品理念。

在产品方面，协信集团设置了三大产品线，分别是商业地产、精品住宅、产业地产。协信集团正大力发展商业地产、住宅地产、产业地产业务，成为中国房地产行业具有核心竞争力、重要影响力和行业创新力的综合型地产开发和商业运营商。

协信集团起步于商业项目经营，在经历了1994年创业之初的第一代商业集散中心Shopping Market（购物中心）、2005年第二代具有前瞻性的10万平方米量级的商业综合体Shopping Mall（大型购物中心）后，协信集团的商业地产已经形成了极具国际视野和竞争力的第三代发展模式。

而通过十几年的践行，协信集团现已形成了以“高端奢侈品中心——星光68广场、中高端都市时尚购物中心——星光时代广场，以及中高端生活方式中心——星光天地”三大“星光”系列为代表的多元化、高品质城市综合体产品。

比如，位于重庆市江北区观音桥4A级商圈核心地段的重庆协信中心内，星光68广场营业面积共计35000平方米，是西部地区最具代表性的国际精品购物中心之一，汇聚Gucci、Cartier、Armani、Max Mara、Bally等40余家国际品牌，更有Piaget、IWC、Omega、Coach、Boss等10余家国际品牌旗舰店云集，还特别引进A.Testoni、Sergio Rossi等30余个星光68独有品牌，更有Armani Exchange、Adolfo Dominguez等20余个潮流品牌以星光作为登陆西南的第一站。项目还融合大型Ole精品超市、各式环球美食、美容Spa与时尚Salon等业态。项目现已成为精英人士首选的城市购物休闲新地标。

还有位于重庆南坪商圈核心位置的重庆协信城的星光时代广场，其建筑面积24万平方米，是重庆最大的中高端都市时尚购物中心，汇集华润万家GMS、金逸IMAX国际影城、每克拉美钻石宫殿、孩子王儿童主题百货4大主力店，囊括Armani Jeans、Adolfo Dominguez、Juicy Couture、DKNY、LIU·JO、MAX&CO、Tuscan's、Iblues、Motivi等22个国际一线年轻时尚品牌；云集ZARA及旗下5大品牌，H&M、GAP、UNIQLO、MUJI等5大国际一线高街时尚品牌；更有俏江南、COSTA咖啡、汉拿山韩式烤肉、HARBOR HOUSE、MOTHER CARE等33个国内龙头品牌首入西南登陆星光时代。项目已成为西南首席都市新贵时尚生活地标，在市场中引起了巨大的反响。

而位于重庆中央别墅区核心地段的重庆金开协信中心内的星光天地近4万平方米，是继星光68广场、星光时代广场之后，协信集团星光系列又一力作，开创中高端生活方式中心先河。通过更开放、融合的环境设计，融入国际化景观街区规划理念，以便捷、休闲与亲近为特征，创造“绿色广场+花园中庭”双景观生态购物空间，汇集购物、休闲、美食、娱乐等多元业态，满足多样化消费及生活服务需求，成为优质生活方式的创导者。

目前，协信集团经营、在建、拟建的城市综合体项目近200万平方米，计划在2015年达到500万平方米，成为中国商业地产行业最具核心竞争力、社会影响力和行业创新力的综合开发和商业运营商。

在精品住宅领域，经过多年的潜心经营，协信集团的房地产项目已凭借其“精品房产”和“创新精神”而成为地产界的一面旗帜。重庆云栖谷、重庆天骄城、重庆君临盛世、重庆彩云湖1号、重庆阿卡迪亚、重庆协信Town城、协信公馆、苏州阿卡迪亚、无锡阿卡迪亚等，协信所呈现的住宅产品，都成为当地的经典之作。

产业地产已成为协信集团的三大产品线之一。产业地产构建的是产业价值链一体化平台，以产业为依托，地产为载体，实现土地的整体开发与运营，其对整个区域乃至城市的经济拉动作用不可估量。重庆总部城便是协信集团参与合作开发、共同打造的产业地产。以政府为主导、社会资金参与、市场化运作的项目。如今，这一占地面积约500亩、总建筑面积约52万平方米的涵盖企业总部园、创新经济园、电子商务园、创享生活园四大功能的项目是渝中区调整优化经济结构，营造可持续发展，培育总部经济集群基地的最新力作。

朗诗集团股份有限公司创立于2001年，是一家从事绿色科技地产及相关产业的专业性房地产开发公司。公司致力于成为一家股权结构合理、战略定位清晰、组织能力适配、企业文化健康的现代股份企业；立志成为创造客户、员工、股东、社会价值的优秀企业公民。

公司较早地立足于绿色科技地产这一细分市场，通过应用绿色建筑科技手段，实现节能、环保、健康、舒适、安全、经济等住宅功能，提升住宅产品的人性化指标。公司积累了开发节能绿色环保小区的经验和能力，具有市场先发优势，公司开发的首个科技住宅项目——南京朗诗国际街区，是目前国内最大的节能舒适、绿色科技住宅小区。该项目奠定了公司成为绿色科技地产领军企业的坚实基础。在良好的市场反应及客户认可下，公司专注开发有别于传统住宅的高舒适度低能耗科技住宅，先后进入南京、无锡、杭州、苏州、常州、上海、绍兴、武汉和成都等市场，全国化战略布局初步成形。

在未来发展目标上，公司计划以绿色科技地产为主题，继续向长三角和长江中上游目标市场扩张，形成战略布局并取得一定的市场地位和竞争优势，积蓄力量，快速完成产品的系列化和标准化，快速提高公司的市场份额、经营规模、赢利能力和品牌知名度，迅速提升产品研发、技术服务和客户服务能力，成为一家全国著名的绿色科技地产公司。

12

第十二章 朗诗集团

朗诗集团股份有限公司

朗诗集团的战略定位是绿色人居产品和服务的卓越提供商。战略目标是打造创新型组织，通过整合资源，以适用科技手段，实现绿色健康的人性化、社会化指标，形成绿色住宅产品和服务系列，满足客户需求。

朗诗集团立足于绿色科技地产这一主营业务，在业务链中形成以地产业务为主体，以建筑科技和物业经营为辅的一体两翼经营模式。地产开发业务单元以现有的地产公司组织架构运作，在现有基础上继续精耕细作，以绿色人居为着力点实施差异化竞争，形成系列化、标准化的产品，不断提高竞争优势，成为一家在全国范围内享有盛誉的绿色地产公司。建筑科技和物业经营作为两翼支持地产开发业务的发展，并逐步积累形成能力。

在坚持绿色地产不动摇的同时，朗诗集团还将围绕绿色地产进一步地探索。如绿色养老地产，绿色地产技术服务和绿色地产基金等，逐步围绕绿色地产形成专业协同的业务能力，形成专业、多元化的绿色地产集团。

——朗诗集团股份有限公司董事长　田明

朗诗：绿色地产样本

乔治·马歇尔在《戒碳》里写道："当越来越多的人接受了全球变暖和海平面上升的事实之后，关键在于如何让人们面对现实做出改变，而不是摇摆于心血来潮和义务之间。"

确实如此，节能减排并不是说说而已或是心血来潮。它需要社会、企业全力以赴。

据统计，目前全球每年新建的40亿到45亿平方米建筑面积，中国占了23亿平方米。在已建成的430亿平方米建筑中，95%属于高能耗建筑，占到了全社会总能耗的27.8%。节能减排压力与空间巨大。

当前，我国经济正处于向低碳经济转型时期，房地产行业是转型主力军。房地产企业如何在这一背景下实现转型，是横亘在这一行业面前的核心问题。

朗诗集团股份有限公司（以下简称"朗诗集团"）悄然扛起了中国房地产行业绿色变革的大旗。在公司成立的第3个年头，便决定做一家绿色房地产企业，为百姓提供绿色、舒适、节能率高的住宅产品。

这一做就是8年。在这8年中，朗诗集团研究制定符合地域特点的绿色节能技术体系，投入重金成立研究机构、培养人才，牢牢地抓紧了绿色科技这条符合时代发展需要的绳索，成为了绿色地产的革新者。未来，其还将践行这一发展战略，成为中国"绿色人居"的领跑者。

在经济转型时期，对于更多希望在绿色人居领域有所作为的中国房地产企业而言，朗诗集团的发展模式是值得参考的样本。

绿色竞争力

成立于2001年年底的朗诗集团在发展的第三个年头迎来了转型的第一步。这一年是2004年。

面对激烈的市场竞争，朗诗集团决定走差异化路线，通过开发绿色科技产品实现发展。

他们理想中的产品是，冬暖夏凉，“黄梅天”不潮湿，秋冬季不干燥以及节能环保的适宜人们居住的绿色产品。

第一个采用这一绿色理念与技术的项目便是南京国际街区。作为目前国内最大的节能舒适、绿色科技住宅小区，该项目奠定了朗诗集团成为绿色科技地产领军企业的坚实基础。在这一基础上，朗诗集团从2006年便开始相继进入无锡、杭州、苏州、常州、上海、绍兴、武汉、成都等城市，绿色足迹逐渐走向全国。

企业愿景来源于价值观。它的形成是一个日益完善的过程。

从最初的“领跑科技地产”到如今的“领跑绿色科技地产”，朗诗集团的价值观在不断成熟中从未改变。而从“科技”到“绿色科技”，既是一种强调，更是一次飞跃。

之所以是飞跃，原因是朗诗集团在多年的绿色实践中认识到，绿色不仅仅是产品层面的概念，更是在以绿色为本的核心价值观指导下，从绿色规划、绿色采购、绿色营销、绿色施工、绿色运营等方面的全方位、全流程的实施，真正以绿色为战略指导企业管理和发展。这有别于其他企业单一绿色项目的行为。

“科技地产”关注的重点是通过科技方法带给消费者高舒适度生活，以及通过节能减排技术实现对环境的保护。

“现在将‘绿色’概念加以明确并提出发展愿景，是为了更好地强调朗诗集团是通过科技手段，去实现‘绿色’的企业核心价值观。”朗诗集团董事长田明有感而发。

为了通过“绿色科技”这一手段实现企业的核心价值观，朗诗集团建立了完善的研发体系、人才培养机制。

一个成熟的人才体系，离不开企业不遗余力的投入。在人才培养方面，朗诗集团树立独树一帜的方式：“整分合一”的人才培养系统。“整”是指架构建设了科技队伍，在短短几年间，便建成了一支具备独立研发设计能力、专业分布齐全的高素质人才队伍，实现了采集、研发、整合、试验、应用、维护全链条式的科研体系；“分”是指对科技人员精心培养，集团会不定期安排科技人员到国内外考察、培训；借助朗诗集团与国内外相关机构良好的合作关系，科技团队的人员有机会接触到最前沿的建筑科技成果；同时聘请业内多名顶级专家、教授，长期担任科技团队的顾问。这些措施有效地拓宽了科技人员的研发思路，提升了个人专业素养。

除了建立完善的培养系统，朗诗集团也着眼于产品技术的提升。2006年6月，在原有技术研发部的基础上，朗诗集团成立了产品研发中心，承担住宅产品性能研究、建筑技术研发、住宅产品设计以及建造标准制定等重要内容；2008年，又成立了上海朗诗建筑科技有限公司，成立之初，便收购了一家甲级设计院，建立了博士后科研工作站；2010年9月，又在德国法兰克福成立了朗诗欧洲技术有限公司（Landsea Europe R&D GmbH）。这些举措旨在整合国内外最先进的绿色建筑技术和人才，推动绿色建筑行业的持续革新。

此外，朗诗集团还与国内众多专业机构、院校建立了长期合作关系；并分别在江苏南京、海南三亚建立了冬季、夏季研发基地，建立了综合实验楼测试房，以从事绿色建筑技术的测试和升级产品的验证性实验；近期，朗诗集团又拿下了一处有50年产权的研发基地，对新技术、新材料、新设备进行全面研发试验，着力打造着国家级绿色建筑试验基地。

目前，朗诗集团项目核心技术均由自己的研发设计团队完成，与单纯依靠从国外进口设备的同类科技住宅项目相比，已经形成了自身的科技研发竞争优势。

科研队伍的建设以及科研体系的建立不仅需要战略眼光，也需要资金的支持。朗诗集团在这方面投以重金，每年的研发费用占到了集团年度销售额的2%，绝对值不低于1亿元。

稳定、高速增长

在起伏不定的房地产行业中，执著打磨精良科技队伍和专注建造高品质、绿色住宅的朗诗集团凭借绿色差异化的发展战略，不仅取得了稳定、高速的增长，为股东提供了高效的、持续的回报，资产和销售收入也屡屡提升。

好成绩的背后原因有二：一是项目运作周期短、资产周转率高，朗诗集团从

朗诗未来之家

来不捂盘惜售，过硬的技术力量、高附加值产品以及成熟的运营流程体系使其在土地竞拍后的8至10个月便能开盘销售，这也使朗诗集团的平均资产周转率一直高于行业平均水平。二是绿色科技产品的高附加值，绿色、科技、节能产品带来的效应使项目的销售速率和销售溢价均比普通住宅高。这也证明了房地产绿色战略能够在市场上获得成功。

近年来，朗诗集团继续向市场推出了一系列的新产品。其在开发的20余个住宅项目均是节能建筑，被动节能率均达65%以上；全部采用可再生能源为主要能源供应方式；全部是精装修，有效避免了二次污染和资源浪费；同时，室内温度、湿度、空气清新度等反映居住舒适度的物理性能指标均大幅提升。这样的住宅既降低了能耗，又极大地满足了居住舒适性的需求。从南京到苏州，再到上海，项目开盘的销售业绩一次次刷新，新产品得到了市场高度认可。2011年，朗诗集团耕耘的第10年，又在上海、南京、杭州三地同步推出了新一代更绿色、更舒适、更环保的创新住宅产品。

8年的绿色坚守，已使朗诗集团由普通的房地产企业转型为特色鲜明的绿色地产企业。未来，朗诗集团还会将研发成果同专家、科研机构进行优化整合，同时将节能系统调试服务、节能系统运行管理服务等有机结合为一个技术集成系统，从为集团地产项目建设服务，逐渐扩展至在市场上开展符合企业战略的集成服务经营，实现从房地产业到房地产科技服务产业的跨越。

宏伟蓝图

天道酬勤，业道酬精。

绿色科技的发展战略不仅使朗诗集团的资产规模从10年前创业时的1000万元

增长到了100亿元以上，也使得自2006年以来交付的7000多户科技住宅均运行良好，节能效果显著。交付时间最长的小区已高效稳定运行了5个寒暑。实践证明，朗诗集团的绿色科技住宅是历经了严寒酷暑和“黄梅天”考验的成熟产品。2011年的盖洛普客户满意度测评结果显示，朗诗集团业主的总体满意度、忠诚度及品牌情感投入度等指标均为行业领先水平。而股东对朗诗集团则更加信任，并积极推动公司向前发展。

目前，朗诗集团正制定着未来的发展方向：一张覆盖地产开发、既有建筑节能改造与外部建筑市场技术输出、绿色物业管理三足鼎立的发展蓝图。

“朗诗集团的未来更像是一家技术公司，通过保持科技的前瞻性，引领绿色地产发展。”田明说。

事实上，房地产绿色低碳的进程无疑将对行业链条上的其他配套产业如新能源、新材料、新设备产生革命性的影响，而泛绿色地产行业全面的整合也蕴含着巨大商机。

这一次，朗诗集团又跑在了前面。

富华国际集团于1988年在香港成立，以房地产投资及贸易为主。多年来致力于高端商业地产、高级会所、高档公寓、5A级写字楼、高档商业、物业管理及五星级酒店的开发，同时专注紫檀木工艺品研制、国家级（私立）博物馆以及旅游、商贸等众多领域。

目前，富华国际集团在北京的地产投资已经取得辉煌的成果，持有经营和规划建设的商业地产项目总面积已超过150万平方米。其中长安俱乐部、中国紫檀博物馆、丽苑公寓，特别是独立开发雄踞北京核心地段的金宝街，涵盖了金宝大厦、华丽大厦、丽晶酒店，丽亭酒店、励骏酒店、金宝汇购物中心和北京香港马会会所等高端商业地产项目，体现出富华国际集团打造中国地产旗舰品牌的雄厚实力与聚焦时代高端的经营理念。

13

第十三章

富华国际

香港富华国际集团有限公司

秉承“在责任中实现价值，在奉献中赢得尊重”的企业经营理念，富华国际及旗下富华置地专注于高端商业地产的开发与经营，经过20余年的经营运作，已在首都核心商圈内打造了一系列高端商业地产的经典之作，并赢得了社会各界的广泛赞誉。跨入发展的第三个10年，富华国际将继续坚持高端定位、立足北京，完成从以高端商业地产经营为主转向以高端地产开发为主的战略转型；在全国范围内推行积极稳健的适度扩张战略；实施精品化、个性化产品开发策略，打造集合优势资源、具备国际品质的高端产品，进一步巩固企业品牌高端形象和全国范围内的市场知名度；借助资源优化整合、机制创新及规模增长，致力于发展成为中国领先的具备国际化视野的高端地产开发商和运营商。

——香港富华国际集团有限公司　总　裁
富华置地有限公司　董事长　赵勇

富华国际：中国高端地产引领者

富华国际集团（以下简称“富华国际”）及旗下富华置地有限公司一直以来都是中国高端地产的创造者和引领者，开创了国内高端商业地产的先河。

在“集合优势资源、强化项目品质、融会高端品牌、缔造强势地产品牌、打造市场顶级项目、创造社会经济价值”的核心理念的主导下，富华国际以“长期持有、稳健运营”的经营理念和“客户导向、资源整合、功能互补、品质融合”的开发理念，坚持投资商、开发商、运营商“三位一体”的高端地产开发模式，以获得客户、社会、公司的多方共赢，实现着企业社会价值的最大化。

在多年的发展中，富华国际坚持高端定位、立足北京，奠定了高端地产领军者的地位。未来，富华国际将不断调整优化投资结构、资源优化整合、体制创新及规模增长，完成从以高端商业地产经营为主转向以高端地产开发为主的战略转型，成为中国领先的高端地产开发商和运营商。

为了实现这一目标，富华国际制定了翔实的发展规划：在全国范围内推行积极稳健的适度扩张战略；实施精品化、个性化产品开发策略；打造集合优势资源、具备国际品质的高端产品；进一步巩固企业品牌高端形象和全国范围内的市场知名度。

宏图再展

为了实现成为中国领先的高端地产开发商和运营商这一目

标，富华国际制定了“扎根北京、开拓外埠、战略拓展、战术保守”的发展规划，在未来5年内，以北京、天津、三亚等为重点发展城市，完成区域性核心城市战略布局，并以此为中心向区域内具有发展潜力的三四线城市延伸，完善公司全国性战略扩张布局。

同时，实行总部、地区公司、项目公司三级管理模式，实现决策、执行、监督三权分立，总部负责分析、决策和监督职能，项目公司在适度授权的前提下负责项目的具体开发工作，以提高组织整体的运作效率和执行力。进一步规范公司内部运营管理、项目开发的制度流程体系，以保证内部运作各环节的通畅。另外，甄选各类高素质人才，组建较为强大的专业人才队伍和管理团队，完善尊重、培养、激励三位一体的人力资源管理机制与体系，不断提高员工的专业素养和工作效率，为全国范围内的战略扩张计划提供坚实的人才基础。

这一战略调整与规划，使富华国际宏图再展。

实际上，经过20年的经营运作，富华国际在北京已建成使用和在建的地产投资项目已达150万平方米。其中包括北京长安俱乐部、丽苑公寓、丽晶酒店、丽亭酒店、北京香港马会会所、金宝汇购物中心、金宝大厦、华丽大厦以及中国紫檀博物馆、紫檀万豪行政公寓等，无论是建筑规模还是建设品质，都堪称艺术与价值的完美结合，充分体现了富华国际致力于打造中国商业地产精品工程的雄厚实力。尤其是随着众多世界一线商业品牌与500强企业选择落户北京金宝街，金宝街已然成为以“纯高端生活方式”和“国际高端商务空间”著称的新兴核心商圈，在中国高端消费群体中有着不可替代的作用和地位。

而随着金宝汇二期和金宝街2、3号地高端城市综合体的落成，金宝街的整体功能与氛围会提升到一个崭新高度，将成为真正代表中国形象的世界级商街。通过上述商业地产的良好运营，富华国际已完成了产业布局的筑底工作，并于2010年启动了房地产业务发展的重大战略转型，即由高端商业地产运营商转变为高端地产开发商和运营商，将新开发项目的重心转移到销售型项目上。

转型产品已然推出。位于北京长安街上的“长安太和”项目作为旗下富华置地的第一个对外销售的标杆项目，自入市以来深受高端住宅消费群体认可，一直保持着市场销售的领先地位。

2012年，富华置地即将启动“长安运河”项目销售。该项目由22栋独岛独栋建筑和一栋长安俱乐部会所组成。成熟后，这里不仅会成为以全方位商业配套服务功能为主导的商业中心，其独特自然景观与建筑风格也将会使其成为城市新地标。

升级转型

“宏图”的背后除了有战略掌舵，也需要高端产品和品牌进行支撑。

在产品方面，长期以来，富华国际坚持高端定位的精品化发展路线，深入市场研究和目标客户需求研究、实施精准定位，不断优化覆盖全流程的精品标准化产业链，同时根据项目的实际状况合理安排开发建设周期，力求增长速度与增长质量同步提升；同时亦将全面强化精品战略、严格实施精品标准、保持具有国际水准的产品品质。并努力打造地产和物业整合的服务体系，依托项目的完善配套功能提供一体化的产品增值服务，以进一步提升客户忠诚度。

在坚持高端定位的同时，更注重产品和服务的专业化水平，不仅为客户提供一流的物业产品，更为客户提供专业的、高端的服务，满足高端客户的生活需求、商务需求与社交需求。

长安太和与长安运河项目就是富华国际实施高端化、专业化产品战略的经典样板。

长安太和项目位于北京天安门以东的长安街畔，由著名华人建筑大师李玮珉担任建筑设计，以“中国璞玉”与“欧洲编织纹理”为设计理念，形成了拥有“东方意境与西式唯美”的自然渗透的合璧效果。精心设计保安监控系统、周界防范系统、电梯控制系统等六重智能安保系统，以及家庭安防系统、家庭设备自控系统等智能家居系统，确保了业主的安全性与私密性。物业管理方面聘请世界级物业管理团队第一太平戴维斯，进一步提升了项目高端品质。

长安运河项目

长安运河项目则位于北京通州新城运河核心区，规划了一片独岛、独栋的水上低密建筑群，大运河、万亩森林公园、燃灯佛舍利塔等名胜古迹环伺四周。该项目会将高端生活需求、商务需求与社交需求协同考虑，以开创领袖企业家会所先河，开拓中国高端房地产业的新领域，打造“企业·家·会所”跨界物业典范。

在品牌方面，富华国际一直将品牌视作公司的核心竞争力，自从定位在高端市场发展开始，就要求所开发的商业物业在其所在行业是最高端的和领先的。未来，富华国际将继续专注于项目的质量和创新，为客户提供最优质的物业管理服务，为客户创造价值，以便进一步提升富华国际的产品满意度及品牌知名度。综合采用各种市场推广方式，打造富华国际的企业品牌及项目品牌，着重提高富华国际及富华置地的品牌知名度。

正是有了远景规划以及强有力的产品、品牌支撑，富华国际致力于发展成为中国领先的具备国际化视野的高端地产开发商和运营商的企业愿景正在实现。

大汉城镇建设有限公司（以下简称大汉城建）是大汉控股集团有限公司旗下专门从事城镇化和城市综合运营的一级子公司。下设30余家项目公司。自1998年在娄底娄星区投资修建娄星北路以来，先后在湖南的长沙市、娄底市、株洲市、邵阳市等26个市县区投资兴建了40多个项目，总投资200多亿元，带动投资近千亿元，创造就业岗位10余万个，为当地政府培植税费财源10多亿元，为我国城镇化建设作出了较大的贡献。在2006年中国500强评价中，大汉品牌价值达42.09亿元，2007年被评为“中国中小城市建设功勋企业”，2008年进入中国房地产100强。

14

第十四章

大汉城建

大汉城镇建设有限公司

县城是人类的瑰宝，大汉城建根植于县城，深挖县城的历史“古色”、民族“特色”、自然“绿色”，为县城描绘蓝图，建设未来。15年来大汉城建深耕湖南26座城市，为返乡农民工、为当地百姓能够在大汉家园“安居”、在大汉商业街“乐业”而深感骄傲，为大汉项目能够成为当地城市地标而深感慰藉，为大汉能够成为当地人的“大汉”而深感自豪。

尽管历经风雨多年，但大汉致力于中国城镇化建设的理想永不改变，因为这是大汉人无法割舍的事业，这是大汉人共同的远大理想。面对风雨多变的未来，大汉人将带着信心与力量，带着坚毅与智慧，高歌前行，去实践我们的百城开发战略！

——大汉控股集团有限公司董事长　傅胜龙

大汉城建启航百城战略

谁能择势而为，谁将成为真正的赢家。

承袭了“经营天下、敢为人先、勇于担当”的湖湘文化的大汉城镇建设有限公司（以下简称“大汉城建”）于1998年从湖南省娄底市起步，15年来在湖南省的26个县、区、镇都留下了身影：在县域经济城镇化过程中，共投入资金200多亿元，间接带动投资近千亿元，创造就业岗位20万个，为当地政府培植税费财源10多亿元。这为我国城镇化建设和发展找到了一条新路径。这条新路径更是被业内传颂为“大汉模式”。

如今，大汉城建正以“大汉模式”为发展基础，启航“百城战略”。计划到2015年实现营业收入100亿元，成为湖南省房地产行业的领跑者；到2020年实现营业收入400亿元，成为中国优秀城镇综合运营商；到2030年，实现百城战略目标，成为中国城镇建设的领跑者。

现在，大汉城建正通过五大战略举措，即市场聚焦战略、标准化战略、产业链战略、资本运营战略及本体建设战略多角度、全方位地推进百城战略的实现。

大汉模式

湖南是我国中部地区的重要省份。然而，湖南的城镇化水平比全国平均水平低5个百分点左右，在中部6省中也低于湖北和江西。

看到这些对比数据后，大汉城建决定将发展定位于推动城镇化建设方面，并提出“请农民进城”的口号。

1998年，大汉城建将目光首先投向了娄底市娄星北路的开发上。斥资800万元打通了娄星北路，也打通了娄底市的北大门，解决了娄底市人大督办了4年的难点工程，开创了娄底民营企业投资大型市政工程的先河。

娄底的试水成功，使大汉城建更坚定了这一发展路线。2000年8月，大汉城建又带资3000万元与湖南省双峰县政府签下了全面建设新城的协议。仅仅4年后，双峰城区面积扩大了两倍，城区人口由原来的3万多人增加到9万人。工业化和农业化也有了长足发展，城市化率显著提高。

“修好一条发展路，建设一座致富城，营造一个温馨园”，这是2007年6月，中央党校专家组将大汉城建“一路一市一园”的开发模式总结出的“大汉模式”。并指出，这一模式对解决城乡二元结构断层的深刻社会问题，起到了示范性的作用。

湖南“两型社会”的建设给大汉城建以更大的发展使命。大汉城建提出了县域城镇开发的百城战略，即“在100个中小城镇实践‘大汉模式’，让1亿人享益”。

聚焦市场和产品

在百城战略的指引下，大汉城建将战略重点聚焦于市场和产品层面。

在市场层面，大汉城建计划未来5年内将以湖南省为重点拓展区域，以“3+5城市群”为核心，开发覆盖到80%的三线城市（地级城市）及30%以上的四线城市（县级城市）。择机进入中西部其他省市，如贵州省、江西省、湖北省等。同时会密切关注东部发达地区及一线城市的发展情况。

在湖南省内，大汉城建将实施“省域化深耕策略”，按照9：1的省内省外项目数量的规划，深耕湖南省市场，以实现2年内销售收入进入湖南省10强，5年内稳居湖南省3强，继而成为湖南省地产王、房地产企业第一品牌的愿景。

在产品层面，将根据不同城市的经济发展水平及房地产市场特点，实施标准化产品的开发与推进。在以湖南省株洲市为代表的三线城市，将开发以“希尔顿国际”为标杆的综合体项目，项目名称为“大汉城市广场”，形成综合体产品线；在以湖南省娄底市双峰县为代表的四线城市中，将以“一路一城一园”的“大汉模式”为特色，开发“大汉新城”系列，逐步形成新城镇建设的产品线。

在这一过程中，大汉城建将以“大汉模式”为精髓，实现联动开发、多元赢利；也将参照标杆企业的发展模式，实施“精工理念”，彻底改变“低房价、低成本、低质量”的“三低”局面，为市场提供高质量的产品，从而提高企业竞争力与品牌价值，提高成本利润率，使企业步入良性循环，为企业成为湖南省房地产行业第一品牌奠定基础。

赢在标准化

对于房地产企业而言，建立并实施标准化意义重大：不仅可以提高开发效率，降低项目开发成本和费用，提升企业效益，提高企业竞争力，还可以培育企业特色和提升品牌价值。

在这方面，大汉城建早已起步。其根据标准化理论和其他房地产企业标准化体系建设的方法论、经验，按照房地产企业实现战略目标的资源要素（产品、流程、人），设置了“四个标准化”体系，即产品标准化、流程标准化、合约标准化、人力资源标准化。比如在产品标准化方面，根据不同城市的经济发展水平及房地产市场特点，推出了“2+X”模式，包括“大汉城市广场”系列的综合体产品线、“大汉新城”系列的新城镇建设产品线以及具有地方特色的产品线。在流程标准化方面，设置了流程的层级构成，包括业务流程，以及流程所属的操作规范、输出/输入成果等。通过实施标准化战略提高企业的竞争力。

产业链共荣

一直以来，房地产行业被称为资源密集型行业。而运用全产业链整合思维进行房地产开发的企业往往发展迅速，整体赢利状况和财务稳健性远高于行业平均水平，可为企业的战略转型及发展奠定优势。

为了提高开发效率以及企业产业化水平，实现资源价值最大化，未来规划期内，大汉城建将从产业链共荣的角度出发，将产业链战略作为企业发展的重要举措之一。

两年内，大汉城建九大中心将承担起30%的项目任务，5年内达到50%，10年内基本具备承担全部任务的能力；规划期内，整合设计、规划、营销、施工等资源，建立起分级、共享的供方资源平台；到2012年，战略合作伙伴占合作供方的比例达到25%，供方满意率达到60%；2015年，战略合作伙伴占合作供方的比例达到50%，供方满意率达到70%；2020年，战略合作伙伴占合作供方的比例达到

70%，供方满意率达到80%。

为了实现上述战略目标，大汉城建各级人员已充分认识到产业链一体化的重要性，特别是供方资源整合和供方管理的重要性，决定从战略高度正确认识公司与供方的关系。

运营资本

房地产行业更是资金密集型行业。安全、适量的资金流是房地产企业规避经营风险、实现持续健康发展的基本保障。

相比其他房地产企业，大汉城建具有比较明显的资本运营优势：一是大汉控股集团有限公司和大汉物流股份有限公司能够为公司提供资金支持；二是公司与主要金融机构一直保持着良好的合作，具有丰富的融资经验和信誉优势。但是，要顺利推进发展战略，实现战略目标，特别是获取新项目，对资金的需求越来越大。资金紧张将会伴随公司在整个规划期内的发展。未来规划期内，公司必须提高自身融资能力，因此必须实施资本运营战略，以在资本运营方面实现重大突破。

通过实施资本运营战略，实现内外并举，股权、债权相结合的多元化投融资模式，为企业提供可靠的资金保障，并有效控制财务费用，提高资金周转率，是公司在未来规划期内的核心战略。

加强本体建设

企业制度、品牌、文化、人力资源建设均是企业发展之本。因此，“本体建设”已成为大汉城建的核心战略之一。

目前，大汉城建正在从四个方面完善本体建设。首先是完善法人治理与内部管理。无论是上市所需，还是企业自身运营要求，完善法人治理结构、健全规章制度/流程、推动信息化管理都是必要的，是保证公司各项工作有序、高效开展的基础。

其次是推进企业品牌建设与管理。品牌是促使企业产品价格获得价值增值的无形资产。房地产市场已经进入品牌竞争时期，消费者也越来越倾向于购买品牌企业开发的物业，品牌已成为消费者投资置业首要考虑因素。品牌建设有利于树立良好的、鲜明的企业社会形象，有利于提高项目附加值和利润率，降低营销费用；有利于改善公司的公共关系，促进融资和引进机构投资者。实施品牌价值提升战略，有计划地进行品牌建设是实现企业战略目标、促进企业持续健康发展的重要举措。

再次是加强企业文化建设与管理。文化是传承“大汉血统”的载体，是大汉人的共同信仰。加强企业文化建设有利于继续发扬大汉模式的优良传统，吸收并同化外来文化的冲击，永葆大汉文化的凝聚力和传承性。

第四是加强人力资源建设与管理。人力资源是企业发展的核心资源，更是资本。将人力资源视为发展之本是大汉城建发展理念的重要提升。因此，下一步，大汉城建将建立、健全人力资源管理制度，构建积极向上、融洽和谐的氛围，这对于一个企业而言，至关重要。

2011年到2015年是大汉城建发展的关键时期。其计划在未来5年内，以推动城市化进程为使命，以品牌和文化建设为统领，以产业整合为策略，以商业地产为主线，高举大汉模式旗帜，积极实施百城战略，使公司成为名副其实的“中国城镇建设的领跑者”。

当代节能置业股份有限公司（简称当代节能置业）成立于2000年，具有一级房地产开发资质，已进入北京、山西、湖南、湖北、江西、辽宁等市场。是国内最早投身于科技节能主题地产开发的企业之一；公司打造的MOMA系列产品已成为中国科技节能地产领域的标志性品牌和代表性产品。

基于MOMA系列产品的节能建筑技术研发系统，当代节能置业始终秉承“科技建筑、品位生活”的开发理念，坚持“自然朴素、和谐健康；简单专注、生生不息”的发展哲学，围绕“爱我家园行动”的主题思想，为消费者创造了节能、绿色、低碳的住宅产品和生活体验，万国城MOMA、上品格MOMA、满庭春MOMA、御庭春MOMA、社区综合体MOMA等标准化产品得到各地消费者的认可与赞誉，实现了良好的经济效益和社会效益。

2011年10月，当代南昌满庭春MOMA荣获中国绿色建筑三星级标识，当代MOMA荣获美国LEED-ND最终认证，这两项“绿建殊荣”标志着当代节能置业及其MOMA系列产品不仅走在了科技节能的最前沿，更确立了行业标杆地位。

15

第十五章 当代节能

当代节能置业股份有限公司

我们的战略愿景：定位于“舒适而节能的科技文化艺术新建筑”的当代节能置业，在科技、文化、艺术产业家园方面创造了一种新的生活方式。这种生活方式不仅体现在衣、食、住、行、乐等物质生活，同时更体现在了辛（养）、酸（学）、甘（能）、苦（乾）、咸（爱）等教育、学术、研发、孵化产业的科教精神生活领域；不仅有节能的酒店式住宅公寓，节能的即时办公写字楼、商业、剧场、会议中心等，还有从事低碳、绿色、可持续发展的研发、技术队伍以及孵化产业基地。形成了一个能够面向国内外市场的科技教育、文化艺术产业的绿色、低碳、科技王国。

——当代节能置业股份有限公司董事长　张雷

当代节能：
开启科技、文化、艺术产业家园新纪元

“造最节能的建筑、建最舒适的房子”——这是当代节能置业股份有限公司（以下简称“当代节能置业”）从2000年成立伊始就定下的发展目标，也是企业创始人张雷的大胆探索。

作为一家靠自身能力滚动发展的民营企业创始人，张雷之所以敢确立绿色战略，并不是因为他有花不完的资金可以去不计成本地投入，而是他已较早地意识到了中国经济发展模式的转变。

进入21世纪后，随着中国经济的迅猛发展，能源短缺、环境恶化已成为制约经济发展的重要瓶颈。在能源消费结构中，人类从自然界所获得的50%以上的物质原料，是用来建造各类建筑及其附属设施的。我国单位建筑面积能耗是发达国家的2至3倍，而能源价格也不断攀升。

在这一背景下，绿色、节能、低碳产品将是当今经济社会发展的必然趋势，也将是价值性、成长性最大的产品。

于是，当代节能置业确立了绿色战略发展方向。经过十余年的发展，当代节能置业已由一家单纯的房地产投资企业转型为集研发、技术、服务及材料部品生产、输出于一体的绿色节能地产投资企业，成为国内节能置业行业中为数极少的以绿色建筑为企业战略目标的公司之一。

绿色投资与绿色机会

在张雷看来，在中国这样一个人多地少、资源逐渐短缺的市场上，只有绿色节能才是房地产企业可持续发展之路。

2000年，成立伊始，当代节能置业便确定了绿色战略发展之路。随后，其提出了企业发展的方向以及要专注的三件事：一是做节能科技的研发和技术；二是做节能科技的材料和部品；三是做节能科技的投资和开发。

当代节能置业绿色战略实践之旅，以成功推出万国城MOMA为标志。这一通过引进、消化、吸收国外先进的节能建筑技术与开发理念的绿色科技产品甫一问世，就赢得了市场高度认可。这也激发了当代节能置业在这一产品领域的热情，决定深入研究绿色建筑技术与理念，并用系统性的思维考虑绿色建筑的未来："凡是舒适的建筑，一定是节能的；凡是不舒适的建筑，它一定不节能"。不论一座建筑装修的硬件多好、装修标准多高，如果采暖、通风、采光等环节不节能，以及建筑的隔音、降噪性差，必将会给客户带来不舒适的居住体验。

此后，在引进、消化、吸收的基础上，当代节能置业开始进行大量知识产权层面的研发、设计工作。他们看来，在现代经济社会中，知识产权具有全球流动性、产业渗透性和价值倍增性等特性，谁拥有自主知识产权谁将是市场的大赢家。

在这一阶段，当代节能置业清醒地认识到了价值链对于一个企业的意义与价值。正如张雷所言，"房地产企业之间不是市场的竞争，也不是产品的竞争，而

沿湖高层住宅透视图

是价值链上的竞争。谁把握了价值链，谁就是最大的赢家”。

在价值链方面，当代节能置业已经形成了一个闭环化价值体系。比如在研发设计院、新动力公司的长期耕耘下，研究开发了大量具有自主知识产权的绿色节能技术。截至2009年6月30日，当代节能置业及下属公司已拥有13项专利，另有60项专利申请提交至国家知识产权局并已受理，其中44项是发明专利申请。比如在节能技术研发的基础上，又从事了绿色低碳的材料部品的生产与协作；自主研发生产了家居智能化和楼宇控制系统及其设备，并与供应商协作研发了外遮阳、外窗以及集分水器等技术系统。又比如对节能科技进行投资，包括在科研阶段、建造阶段、运行阶段等方面投入大量人力、物力，切实提升节能科技的整体实力和竞争力。

技术体系的成熟以及价值链条的稳定，都推动着当代节能置业的转型之路。

在2010年之前，基于整体研发系统、研发结构及知识产权保护等方面考虑，当代节能置业的科技研发主要为企业自身发展提供支撑；2010年后，其计划通过当代斯坦纳工程管理公司向外输出专业化管理、科研成果与技术体系，从一个节能材料部品的研发与生产、地产投资企业转向产品模式、管理模式、商业模式输出型企业。

2011年6月6日，当代节能置业与山西国电置业有限公司签订了合作合同，联手开发绿色节能建筑；通过这一举措把绿色节能技术及舒适低碳住宅概念推广至山西广大地区。

未来，当代节能置业将陆续在绿色建筑管理经验、技术体系等方面进行输出。这将成为当代节能置业发展史上的里程碑。

实现有质量的发展

自1992年房改启动以来，中国楼市蓬勃生长了18年。在住房制度改革不断深化和居民收入水平提高的情况下，住房成为了新的消费热点。1998年以后，住房实物分配制度取消和按揭政策的实施，房地产投资进入平稳快速发展时期，房地产业也成为了经济的支柱产业之一。

这一时期，国家主要运用宏观经济政策调控总供给与总需求，并长期依赖大规模投资拉动行业及经济发展。

在这一背景下，企业则通过融资、买地、开发等形式，即“大投资、大投入、大销售”的单一模式，追逐销售数值上的简单增长；政府也主要依靠土地财政来拉动GDP增长。但在严厉的宏观调控政策下与市场发展日趋成熟中，这一发展模式已难以为继。

过去10年，是房地产行业的粗放式发展阶段，现在及未来一段时期将是整顿休养阶段，之后将进入品牌价值竞争阶段。

当前，中国房地产行业已进入调整、转型期，即整顿休养阶段。这一阶段是企业蓄积成长力量的重要时期，是为品牌价值竞争的未雨绸缪期；在顺应经济结构调整大势的前提下，加快自身商业模式的转型与调整，将能帮助企业赢得“未来之赛”。

在这场“未来之赛”中，当代节能置业又是如何盘算的呢？

当代节能置业计划通过创造市场与加强细分市场开发能力、提高利润水平以及不再简单追逐发展速度、发展规模以及现金流等方式，实现“有质量”的可持续发展。

遵循这三方面，当代节能置业深入研究了中国主要的经济地理环境，分别是冬冷夏热的长江流域、冬暖夏热的东南沿海、西南地区以及夏热冬寒的华北地区。区域中对中国经济影响最大的则是冬冷夏热的长江流域，这一区域有近一个半月的寒冷期，温度在零度以下，湿度也偏高，给人们的生活带来了很大不便。

随着中国人居生活品质、生活水平不断提高，长江流域的人们首先要解决的正是冬季取暖、夏季制冷问题；一般采取的方式是空调制冷、制热。

众所周知，建筑空调系统能耗已占建筑能耗的50%，空调系统的节能已经成为国家能源战略的重要组成。在空调需求较大的长江流域，如何兼顾节能减排与人们的生活舒适性的需求呢？

优先解决居住舒适度的问题，是人类文明的体现。在解决实现生活舒适度前提下，降低住宅能源消耗以及运行成本是节能减排的关键。

在这方面，当代节能置业开发的MOMA系列产品，与同等舒适度住宅相比，能源运行成本不到50%。原因是，MOMA系列产品有一套科学的节能技术体系做支撑，这套体系最终实现了社会效益与经济效益的双赢。这也是当代节能置业在未来发展中的制胜法宝。

此外，秉承低碳、绿色的可持续发展的共同信念和追求，当代节能置业与加拿大UBC大学在2007年启动了“当代节能UBC大学可持续发展研究体验中心”，简称MG-CIRS。在成立的短短6个月内，已接待了大量来自世界各地的专家、学者和企业，在北美地区乃至全球都产生了深远影响。

历经十余年发展，当代节能置业计划在未来发展中积极推动“节能科技、文化、艺术产业家园”发展，推动“爱我家园行动”；从一家单纯的房地产投资企业转型成为集研发、技术、服务及材料部品生产、输出于一体的绿色节能地产投资企业，引领绿色地产发展。

上海亲和源股份有限公司（以下简称“亲和源”）创建于2005年3月，前身为上海康桥公共事业投资有限公司。2007年9月公司增资扩股，增加上海日扬房地产有限公司、上海亲和源投资有限公司两家股东单位，同时更名为亲和源股份有限公司。

亲和源在上海市浦东新区康桥地区投资近6亿元，建设国内第一家会员制养老社区——亲和源会员制社区。社区占地面积8.4公顷，建筑面积10万平方米。社区共有全装修全配置公寓834套，可容纳1600多名老人入住。

亲和源融合公益特性和感恩文化，审时度势、高瞻远瞩，以推动和发展中国老年产业为己任，坚持走社会主义市场经济的道路，探索以会员制为形式、融居家养老和机构养老为一体的全新的养老模式，致力于成为中国老年产业的第一品牌企业。

其公司战略是树立亲和源会员制社区典范，建立标准，连锁扩张；创建网络平台，整合老年服务产业链；通过资本运作，实现快速扩张。

16

第十六章 亲和源

上海亲和源股份有限公司

现代企业，要有企业愿景，要有企业战略。这是企业发展的指路明灯。

我希望亲和源通过自身的努力，通过自身的探索和创新，能够形成专业化和品质化的现代养老服务体系，能够形成适合中国社会结构和市场需求的养老模式，能够形成引领养老产业发展方向的先进理念。

亲和之路，任重道远。

——上海亲和源股份有限公司董事长　奚志勇

亲和源：领航中国养老产业

社会转型期，既是挑战，又是机遇。勇于应对挑战，抓住发展的机遇，将成为企业可持续发展的不竭动力。

国家第六次人口普查数据显示，我国60岁以上老年人口已达1.78亿，占总人口的13.26%，预计今后几十年内，老年人口将按每年800万的规模持续递增，即平均每年增长0.4个百分点。到2014年，全国老年人口将达到2亿，到本世纪40年代后期，全国老年人口将超过4.3亿，届时，老年人口将占总人口的1/3左右，我国将成为老龄化程度最严重的国家之一。

同时，我国经济社会正处于转型期，农业文明将全面进入工业文明，养老模式也会从家族养老转变为社会养老。社会养老机制的确立，必然产生巨大的养老市场需求，产生新商机，甚至改变市场产业结构。因此，伴随着社会老龄化的到来，一定会引发一场养老模式的革命。

面对转型期，面对老龄化，上海亲和源股份有限公司（以下简称“亲和源”）创新养老模式，探索养老理念，建设养老项目，提供优质养老服务，形成连锁网络式管理，已经成为这场养老模式革命中的先行企业。

创新养老模式

随着工业化、城市化进程的不断加快，核心家庭已经成为趋势，特别是在经济相对发达的大中城市。因此，单纯依靠家庭成员的照顾，很难形成优质的社会养老体系。社会要努力建立一种“积极老龄化（Positive Aging）”观念，提升老人个人独立的价值取向，从而改善老人的生活质量。上海亲和源项目就是在“积极老龄化”的理念基础上，对“积极养老”模式的一种探索，也是对传统家庭概念的一种积极重塑。

亲和源创新了养老模式，将居家养老、社区养老和机构养老完美地结合起来。

在亲和源，老人只是搬了一个家，把小家安在大家中，既有“居家养老”的舒适、自由和私密，又能生活在“亲情和谐”的老年社区里，融入集体，融入社会，同时，又享受机构养老完备的配套设施。

社区内全面无障碍化的设计，高标准全配置的老年公寓，生态宜居环境，以文娱体育为两条主线安排的活动空间，配套设施完善的护理医院和颐养院，国际一流的健康会所、中西融合的配餐中心、老年大学、图书馆、网吧、咖啡厅、门球、高尔夫果岭，以及智能化呼救和报警系统等，使亲和源成为国内较为先进的养老社区。

亲和源提供的是全新的养老产品，每前进一步都是探索，政策法规、建筑等级、配套布局、商业模式、营销手段、服务架构、资源整合等都是全新的课题。

为了项目的创新性和探索性，亲和源率先成立研究中心，形成以企业干部队伍为主的项目研讨制度，并在实践中总结出四大先行的方针：对建设来说，理念先行；对营销来说，品牌先行；对管理来说，模式先行；对服务来说，需求先行。

首创会员制

“对管理来说，模式先行”，亲和源的运营载体是会员制，同时，它也是国内会员制养老的首创者。

会员，是亲和源养老模式的主体，也是亲和源养老产品价值的体现者。当一群有共同价值观的老人走到一起来，享受高品质的养老生活，得到完善的健康呵护和个性化的服务，实现自己理想的养老生活，就构成了亲和源会员制养老的模式。

亲和源养老产品由四大部分组成：养老居住物业，养老管理，养老服务和养老资源。

购取会员卡，就获得了推荐会员的权益；办理入会手续的会员则能享受亲和源的养老产品。此外，亲和源还制定了严格的章程对会员卡制度作出规定，并从多方面加以完善，以保证会员的权益。如会员卡设置转让、继承和退出机制；规定会员卡具有投资和保值功能等。

成为亲和源的会员，绝不仅仅意味着可以入住亲和源养老社区，享受到硬件设施所带来的便利和舒适，更重要的还在于可以享受到亲和源所倡导的“养老新生活”。

倡导个性化“养老新生活”

亲和源倡导的养老新生活包括健康与快乐两大服务板块，为会员配置三大秘书：生活秘书、健康秘书和快乐秘书。秘书是会员同养老服务平台之间的桥梁和纽带。除了提供养老的基础服务，还可以满足会员个性化的养老需求。

亲和源以旗下医院为健康管理平台，为会员建立健康档案，配置专职医生，负责会员医疗、保健、营养方面的咨询服务；定期进行健康巡检，为会员提供健康指导服务，依据会员的健康档案并按照会员的实际状况，为会员作医、食、住、行方面的指导。

此外，针对需要护理的会员，亲和源护理院为他们提供分级护理，根据不同情况提出护理建议，进行护理等级评定，由专业人员负责护理照料。

临终关怀也是亲和源医疗服务体系里的重要内容，昭示亲和源的服务体系以人为本的理念。

快乐秘书则负责为会员筹划内容丰富、形式多样的主题活动，如各类节庆活动、竞赛活动、展示活动、参观（观摩）活动等。快乐秘书还会收集会员的兴趣和爱好，组建文艺类、体育类、创作类、实践类团体，开设“亲和讲学堂”，邀请专家学者，开设时政、历史、财经、文艺、科技等方面的专题讲座和各类进修班，并且按照会员出游需求，组织游学和考察。

建设高效长效的服务产业链

完成上海示范项目的建设和运营是亲和源发展战略中第一阶段的首要任务。不同于普通的社区建设项目，养老社区的开发囊括了卫生医疗、服务业、咨询业、旅游产业、房地产业、金融业、保险业、老年设施、家政服务等等产业链，是多种产业独立运作又无缝整合的全新产业。

要持续打造好养老社区，单靠亲和源一家企业显然难以为继。而在整合资源，联合各方力量共同打造养老产业方面，亲和源又一次走在了前面。

2008年，“颠覆传统养老模式——亲和源老年产业战略联盟签约仪式”举行。亲和源和美国爱玛客公司、法国索迪斯公司、香港美格菲公司、上海曙光医院等十余家战略单位，组成亲和源第一阶段的老年产业战略联盟。

亲和源将购买管理和服务，提升为战略合作关系，以缔结战略联盟的形式，联合具有共同企业理念的优秀服务商，优势互补，资源共享，共同建设高效长效的服务产业链，共同打造中国现代品质化养老服务体系。

而在建设好上海的示范项目之后，亲和源下一步的目标则是探索异地连锁项目的投资模式及品牌、管理和服务的输出模式。

输出标准，全面推广

要探索异地连锁项目的投资模式及品牌、管理和服务的输出模式，首要的是形成现代养老产品的一系列标准。因此，亲和源将其上海的项目定位为亲和源养老产品中的“旗舰店”，通过上海项目出理念，出模式，出品牌，出标准，出样本，出经验，出成果。

目前，通过示范项目的运营和服务的实践，亲和源形成了现代养老产品的一系列标准，包括：养老社区的建设标准；养老社区配套的内容标准和比例标准；养老社区的生态标准；现代养老聚居的规模标准；亲和源管理ERP（企业资源计划）标准；会员养老生活品质评估标准；生活、健康、快乐三大服务模型标准等。

这些标准的建立，是亲和源实践的经验结晶，是提高亲和源管理水平和服务质量的保障，也为亲和源的全国推广、品牌、管理和服务的输出奠定了基础。

目前，亲和源已经开始在异地复制产品，也有异地合作项目和品牌、服务、管理输出的项目。在海南三亚、辽宁大连、安徽黄山、浙江海宁等地方，都有亲和源不同模式的合作项目。当然，这还仅仅是开始，进入战略发展第二阶段后，亲和源将全面进入快速推广的阶段。

形成网络，孝行天下

打造全国养老服务网络是亲和源的战略蓝图。通过实践，亲和源将固化若干合作模式，推广到一定规模后，将在全国形成连锁网络。网点项目互补，形成联动体系，实现集约化管理。但要实现这一宏图大略，亲和源不仅仅要着眼于自身的建设和发展，更要在社会观念的革新上，起到重要的引导作用。

亲和源养老社区实景

亲和源把“养老，改变生活”写在企业的文化大旗上，提出：养老，改变生活，需要从老年主体出发，更深层次地考虑人生的价值。把老年人视作弱势群体，把老年群体社会边缘化，都是应该扬弃的观念。首先，老年人应该自尊自强，不放弃对生活的追求和理想，特别是在社会的转型期，敢于颠覆传统的养老生活，敢于实现自我价值。

为了倡导这一理念，亲和源推出了一系列活动，组织全国性的以“养老，改变生活”为主题的征文和摄影活动，并举行颁奖大会，通过电视、报刊等多种媒体手段，让“养老，改变生活”成为老年群体的时尚语。

这些活动并不仅仅是为了亲和源自身的品牌建设和宣传，更是为了社会观念的更新，只有老年群体的想法改变了，养老产业才会有活力。

在思索未来的发展之路时，亲和源将“孝”字放在了首要的位置，认为孝是亲和源一切的根源，唯有孝道相伴，亲和源的路才可能越走越宽。但是，随着时代的进步，社会结构的优化，家庭模式的改变，孝，将被赋予全新的含义。孝，将成为社会化的孝，是社会大孝。而亲和源已经在身体力行“社会大孝”的理念。

根据亲和源的发展战略，在全面推广，形成管理网络之后，亲和源还将向纵深发展，向二三线城市拓展，延长养老服务产品线，进入老年用品市场。

“有多大的理想，就有多大的成功”，将“孝行天下”作为理想的亲和源，将在弘扬孝道的道路上持续领航。

亿城集团股份有限公司（000616.SZ，股票简称“亿城股份”）是一家在中国深圳证券交易所主板上市的专业化房地产企业。其前身是成立于1993年的大连渤海饭店集团，2000年重大战略调整，确立房地产为主业。2005年为适应全国化、跨区域地产经营的上市公司市场形象，更名为“亿城集团股份有限公司”。

12年来，秉承“尊重创造价值”的企业信念，亿城集团以前瞻眼光挖掘土地价值，在深刻理解客户需求的基础上，成功开发了北京万城华府、亿城·西山华府、亿城·燕西华府、亿城·西山公馆、碧水云天·颐园、卡尔生活馆、亿城·天筑、万柳亿城中心、三里屯3·3、天津亿城·山水颐园、亿城堂庭、苏州亿城·新天地、亿城·左岸香颂、秦皇岛阿那亚度假地产等知名项目，逐步形成差异化发展路径与品牌优势，并多次因优异业绩获评中国最具价值创造力上市公司。

17

第十七章 亿城集团

亿城集团股份有限公司

面临新的形势，亿城集团将在以下几方面对现有战略进行调整，首先是“实惠高端”和“首置”产品两手抓，一方面推售追求现金流的“首置”产品，快开发、快销售、快周转；另一方面，继续推售公司享誉市场的“实惠高端”产品，发挥该产品在差异化细分市场上的竞争力，争取在市场波浪式出现的景气时间窗口内去化，取得较高利润。其次是追求高净资产收益率，房地产市场的规模效应正在弱化，公司不会单纯追求规模增长，公司的目标是高净资产收益率。再次是保持财务稳健，未来公司将积极促进销售增加现金回款，合理安排拿地、开工等投资，以有效控制自身的杠杆比例，保证财务安全。第四是丰富赢利模式，“快周转自营+房地产债权投资”，在现有房地产开发业务发展外，适度增加房地产债权投资业务。

——亿城集团股份有限公司董事长　张丽萍

亿城集团：以变驭变，稳中求胜

过去数年，房地产行业在紧缩经济环境与严厉调控政策夹击下，可谓艰辛。未来，人口红利耗尽、投资拉动的增长模式无以为继、经济发展速度放慢、通胀中轴上移、货币政策趋向稳健，以及与未见放松迹象的房地产调控政策相叠加，中国经济逐步“去房地产化”、房地产行业被长期调控已成共识。

面对外部环境的变化，亿城集团股份有限公司（以下简称“亿城集团”）以变驭变，对既有战略进行优化，力求稳健中谋发展。

“实惠高端”和“首置”产品两手抓

随着调控的层层深入，房地产已不再是投资者首选的投资品种，投资、投机客户全面退场，行业的周转率将随之往下一台阶，快速去化的时间窗口将间歇性出现而非持续性敞开。在这种形势下，采取单一产品定位的企业都将处于不利地位。如果仅定位于高端市场，由于周转率太低，企业很难生存，遑论发展；如果仅做“首置”产品，在大规模保障房的挤压下，企业又很难保证利润水平。

此时，“骑墙”战略可能是最好的应对之道，靠“首置”产品来维持周转，靠差异化高端产品来保证利润。这也正是亿城集团未来的产品战略：一方面，积极推售“中小户型、低总价”的“首置”产品，快开发、快销售、快周转，追求现金流尽快回笼，保证公司的资金安全；另一方面，强化并发挥公司

“实惠高端”产品在差异化细分市场上的竞争力，争取在市场波浪式出现的景气时间窗口内去化，取得较高利润。

亿城·燕西华府

经过本轮调控，不动产在过去10年作为中国家庭投资超配资产的历史已经结束，中国房地产“去投资化”是大势所趋，将逐步回归住房本性。国家政策也明确表示，将支持居民的合理住房需求，优先保证首次置业购房需求。亿城集团将顺应大势，贴近市场和客户，重点推售针对首次置业者的产品。

事实上，尽管亿城集团素以“实惠高端”产品享誉市场，但在“首置”产品开发上早有成功实践，苏州亿城新天地已成为当地“首置”市场有口皆碑的标杆项目，显示出公司对这一市场以及客户的深刻理解和良好的把握能力。亿城集团目前在售的天津倍儿幸福、苏州亿城天筑、西山公馆，以及下半年计划入市的亿城堂庭二期等，也均是“首置”类产品。未来，公司将以开发“中小户型、低总价”产品为原则，对“首置”产品的户型、定价等进行合理设计，并积极调整销售策略，快速去化，保证现金迅速回笼。

同时，亿城集团会进一步强化公司借以成名的“实惠高端”产品在细分市场上的竞争力，以此获取较高的利润率。旗下的“华府”系列产品，从“万城华府”到“西山华府”，再到“燕西华府”，经过长达8年的精雕细琢，以高品质和高性价比的理想结合，在全北京乃至整个环渤海地区都赢得了大量忠实追随者。在高端住宅这一细分市场上具有突出的比较优势，实现了与一线品牌房企的竞争。

亿城集团在这一细分市场上的独特优势，在于对特定财智人群的居住需求的深刻理解，并通过“华府”系列产品的实践不断进行修正和深化，真正把握住了客户的价值敏感点。未来，亿城集团将继续加强产品打造工作，增加产品的附加值，提高溢价能力，为客户提供更多高性价比的优质产品。

净资产收益率比单纯规模增长更重要

对于扩张、规模、速度、市场占有率、行业地位以及风险，诸多房地产企业有着天然的内在冲动和偏好。这是中国企业的通病，并非房地产企业独有，背后也有不难理解而且未必无理的缘由。“大”能产生一定的规模效应，也意味着更多的资源、更强的议价能力、更低的发展成本。

但是，单纯的“大”，不是亿城集团的追求。

一方面，在目前形势下，只有在市场极端调整时取得的土地才有足够的安全边际，这意味着安全投资机会将大幅减少。不恰当的扩大规模，意味着成本、风险的不合理增加。市场出现过太多盲目追求规模而导致的失败案例，大至国家，小到企业，足以为戒。

另一方面，亿城集团迄今为止仍然是一家成长型公司，所做之事无法脱离现有资源、能力限制，不切实际的目标也无法提供真实的行动动力，对企业有害无利。无论是基于自我认知、资源限制，还是基于敬畏心、谦卑意识，单纯的规模增长都不是亿城集团的首要考虑。

亿城集团认为，做一个让股东觉得“很能赚钱”、物有所值的公司，比一味追求做大更有意义。他们希望企业规模适度增长，但规模的增长应该是经营效率提升的自然结果，而非企业提前预设的首要目标。相对于单纯的规模增长，亿城集团更看重净资产收益率的高低，其实质是增长质量的高低、股东回报水平的高低。

为了实现不断提高净资产收益率的目标，公司将把贯彻落实快速周转战略、严格控制成本、提升资金利用率等作为近期和未来几年的工作重点。

保持财务稳健，坐稳“2012的诺亚方舟”

作为典型的杠杆驱动型行业，过往10年房地产行业的飞速发展很大程度上得益于预售杠杆和银行信贷杠杆。如今形势有变，一方面销售速度下降，预售资金监管趋严，预售杠杆日渐弱化；另一方面信贷杠杆逐渐呈现从私人企业向国企和地方平台转移的趋势。进入去杠杆周期后，房地产企业如何从高杠杆率实现高成长性的经营模式，转向依靠内生增长和精细化管理保持财务稳健，便成为各家当务之急。这同样是亿城集团的发展方向。

过去，在房地产这个高风险行业中，亿城集团一直是个财务稳健者，历年来平稳且相对较低的资产负债率足以为证。未来，有效控制杠杆比例，保证财务安全，仍将是公司坚持的方向：首先拿地要坚持战略导向，防止机会导向，只拿符合公司战略和实际需要的土地，不盲目“抄底”或“追高”，不囤地；其次是根据动态的销售情况和资金状况来安排项目开发建设；最后是积极销售、不捂盘，以市场能够接受的价格销售房子，尽快回笼资金，使公司现金流保持在一个比较高的水平，以抵御未知风险。

“快周转自营+房地产债权投资”的赢利模式

房地产行业过去10年的发展经验说明，在中国目前的制度环境和市场条件下，“开发——售出”模式优于“开发——持有”模式，“快速周转”模式优于“捂盘——惜售”模式。在目前的特定环境里，高周转尤其是硬道理。各种类型的住宅开发商，无论定位中高端的还是主要面向刚需，都在强调快速周转；做不到快速周转只有死路一条。因此，无论是“首置”产品还是“实惠高端”产品，亿城集团都将采取快周转自营模式。

亿城集团认为，房地产业在去杠杆过程中，各公司投资意愿下降，但资金需求反而会大量增加，市场上将大量出现高回报、相对低风险的房地产债权投资套利机会。这一方面是“债务反转”效应，另一方面也是由于前期各房地产企业均“短贷长投”，目前需要大量资金衔接债务展期。因此，未来公司将在做好房地产开发的同时，积极把握这类投资机会，在控制风险的前提下，适度进行房地产债权投资。

厦门海投房地产有限公司（以下简称“海投房产”）成立于1997年，系厦门海沧投资集团有限公司下属子公司，国有一级房地产资质开发企业。截至2011年，公司注册资本3.98亿元，总资产约64.59亿元。自成立以来，海投房产即以城市运营商的姿态，秉承“上善、不争、厚天下”的企业文化理念，积极参与厦门海沧新城的规划和建设。

截至目前，海投房产已完成开发项目32个，建筑面积259.61万平方米。海投房产致力于房产开发的同时，也积极加强内部管理，强化品牌创新，全面提升企业价值。

海投房产正以国有企业的公民责任专注城市运营，缔造人居梦想，争创厦门市房地产龙头企业，坚持以房地产主业为龙头，促进商业、物业管理等相关业务发展，全力打造主营业务突出、经营结构合理、竞争优势明显、集产品与服务为一体的、拥有专业化、规模化经营优势的大型国有房地产开发品牌企业和城市运营商。

18

第十八章

海投房产

厦门海投房地产有限公司

作为厦门市的龙头地产企业，海投房产应该走在市场前面。而作为国企，海投房产正在尝试向“以消费者为中心”的市场角色转变，真正投入“以顾客满意度为中心”的品牌资产工程建设中去。如何深化、完善地去理解从资本积累到品牌积累的转型，如何寻找一条可持续发展的品牌价值之路，如何科学合理地构建企业服务机制、做好终端服务，如何完成企业战略品牌载体的优化，如何实现品牌价值的互动，如何推动海投房产品牌建设的战略定位、孕育积累海投房产品牌资产，如何建设顾客满意度管理体系，如何深度梳理城市运营价值、推广实施整合营销，如何构建和打造别具特色的产品线，是海投房产所需要面对的一个新的课题，也是海投房产未来发展的必由之路。

——厦门海投房地产有限公司总经理　王万生

海投房产：理想人居缔造者

在“民生为本、稳定为先、发展为上”的发展理念下以及“上善、不争、厚天下”的文化理念下，厦门海投房地产有限公司（以下简称“海投房产”）在发展的15年里，实现了一次次飞跃。截至目前，海投房产已完成开发项目32个，建筑面积259.61万平方米。

对于未来发展，海投房产计划通过“立足海西、深耕福建、把握省外，结合机会型业务形成战略型布局，在发展中平衡企业利润与社会责任”三大战略，力争5年内实现“百万百亿”目标，并以国有企业的公民责任专注城市运营，缔造理想人居。

稳定为先，发展为上

根据房地产企业运作流程分析，为了实现企业最终的结算收入，需要有稳定的合约销售量作支持。而合约销售量的稳定离不开土地的提前部署和充分储备。

合理的土地储备需要根据合理的销售目标来规划，而结算收入因受建设工期影响，并不能真实反映房地产企业业绩，对结算收入的要求更多的是从企业现金流规划的角度来设置目标。

因此，依据三大指标之间的逻辑关系，海投房产选择合约销售指标作为首选战略目标，并在该指标基础上，依照“稳定为先，发展为上”的原则设定其他指标的各年目标值值得尝试和期待。

根据对自身战略发展资源的分析，结合对未来5年我国房地产市场发展趋势展望，海投房产未来战略规划的总体原则是“稳定为先，发展为上”。

“稳定为先，发展为上”包含两层含义：一是既不盲目扩大规模，又保证企业在激烈竞争中不被淘汰；二是既不盲目增加储备，又能确保海投房产土地储备处于安全值。

依据“稳定为先，发展为上”的原则，海投房产设置了具有递进关系的战略目标：一是在2011年至2015年，海投房产的合约销售额达到2006年至2010年平均水平；二是到2015年，实现过百万平方米的合约销售面积目标。

其中，“到2015年实现过百万平方米的合约销售面积目标”是整套战略目标体系的根本指标。

从对全国百强房地产企业年度合约销售面积的统计来看，目前百强企业中的70%企业的年合约销售面积都集中在25万至100万平方米间。可以说，未来行业的新秀将出现在这70家企业中。而从对房地产企业长期的研究跟踪情况看，这一区段的企业也更容易因为“不进而退”，被兼并或淘汰。

数据显示，成功的大型房企要达到几十万平方米的销售规模要发展5年，才能形成一定的资源，形成高效的规模化运作体系。而过去5年，海投房产销售面积始终维持在30万平方米的水平上，未来5年势必是海投房产迈向新发展阶段的重要时期。

因此，海投房产采取的“到2015年实现合约销售面积破百万平方米的战略目标”，将促使其每年实现合约销售面积28%的年均增长率。这一增长符合海投房产对各项业务未来5年内实现10%到30%增长的范围。

而根据“稳定为先、发展为上”的“既不盲目增加储备，又确保海投房产土地储备处于安全值”的原则，海投房产设定了当年合约销售面积4倍的土地储备水平。

与此同时，海投房产也计划通过合理负债带动企业发展。随着今后5年销售结算收入逐年增加以及新增土地储备基本维持在30万平方米的水平状况下，海投房产的现金流将为正数。在此状态下，企业对于融资将没有新要求，整体现金流较好。然而，负债水平的维持也意味着企业发展的止步。

根据“海投房产计划到2015年实现过百万平方米的合约销售面积目标”的发展规划，假设新增土地的土地款需当年结清，则由于企业每年新增土地面积的增加，企业的融资需求也将不断增加。

为了缓解企业融资压力，可以采取改变拿地方式和加快收入结算速度。改变拿地方式是指，利用企业自身背景优势，积极与政府合作，通过新城开发、旧城改造项目获取土地，或在二级市场上收购优质土地，从而避免在一级土地市场通过竞拍拿地造成的土地价格过高，减少土地储备支出。加快收入结算速度是指企业每年保持较高的结算比例，确保企业现金流基本保持平衡。

另外，海投房产也计划通过提高效率保障周转。其计划每年实现的合约销售面积基本保持稳定，销售金额的增长主要依靠市场价格增长。因此，海投房产预计未来5年结算收入主要着眼于当前的已售未结算和未销售资源基础之上，结算金额规模维持在30亿至35亿元间。

而在“计划到2015年实现过百万平方米的合约销售面积目标”的规划下，无疑对资金运转提出了更高要求。为了缓解这一融资需求，海投房产将在2014年到2015年继续保持25%左右结算收入增长水平。如此，2015年企业的融资压力将下降13亿元左右。

立足海西、深耕福建、把握省外

然而，即便按照“稳定为上”的发展战略，海投房产未来5年仍需要补充近140万平方米的土地储备。

随着厦门海沧区房地产开发的日趋完善，本地的房地产建设开发需求已经不能满足企业的发展需要。海投房产需要走出去，将自己的开发经验、管理经验和资本实力应用于新的区域和市场。

目前，房地产企业的区域发展模式主要有四种，分别是根据地模式、区域深耕模式、跳跃性布局模式和全面开花模式。

根据地模式即企业聚焦于总部所在地，以总部所在地为主要拓展目标。这是许多与海投房产有同等规模的企业目前主要采取的开发模式。企业规模的差距主要取决于企业覆盖区域的房地产市场规模和潜力。

由根据地模式进一步扩张就是区域深耕模式，即以企业总部所在地省份及周边省份的临近区域为主要开发区域。这一模式是以根据地为主要开发区域的房企进行区域扩张的初步尝试。比较成功的企业包括河南建业和江苏新城。

无论是根据地模式还是区域深耕模式，企业受区域市场、政策的影响都很大。走向全国是每一个房地产企业的最终梦想。然而，全国性布局不是一蹴而就的，很多企业在此过程中多采用跳跃性布局模式，把握各地出现的优质项目机会，快速跟进。在这方面比较成功的房企代表当属花样年，花样年于1996年在深圳启动房地产开发，凭借丰富的经验和卓越的能力，已成功扩张至中国增长最快的四个经济区，即成渝经济区、珠三角、长三角以及京津都市圈，布局房地产业务。进而实现从根据地模式向区域深耕模式发展，继而通过跳跃性布局实现全国布局的房地产区域发展路径。

未来5年，海投房产的区域布局战略也将通过立足海西、深耕福建、把握省外共同实现。其具体土地储备原则是“立足海沧、巩固大本营、外拓岛外三区”完成城市战略围合；审时度势，走出厦门，布局海西。

另外，随着国家经济的进一步腾飞和发展，将带动更多地区和城市的房地产建设与发展走向成熟，未来的市场和区域布局对企业来说将更具挑战。

海投房产计划在战略规划指导下，把握市场出现的机会型业务，形成“以新的机会城市带动一个区域开发，以新的产品机会带动一个产品系列”的发展模式，借助机会型业务形成系统的、有条理的、有规划的战略性布局。

上善、不争、厚天下

一直以来，海投房产秉持着“上善、不争、厚天下”的企业理念，道家的利他观点的核心价值取向和“胸怀天下、造福于民”的人本思想，致力于为当地居民建设舒适且价格合理的住宅项目。

2002年，海投房产打造了南中国首个超百万平方米滨海社区——“未来海岸系”，开启了厦门品质生活的新时代；2005年，“未来海岸系”战略版图亮相，实现了“从项目上升到体系”、“从品牌上升到品牌集群”的超越；2008年，海投房产整合“海投物业”、“未来海岸系”、“绿苑”三大品牌，进一步升级了其城市运营商角色；2011年，海投房产第一次以城市综合体运营商形象出现在了消费者面前，进一步巩固了海投房产城市运营商的角色和地位；这一年，其又开发了“民生盘”，有效提升了品牌的美誉度。而在宏观调控下，海投房产又以超高性价比赢得了良好口碑，获得了市场广泛认可。

未来5年，海投房产仍将秉持这一发展理念，打造高性价比住宅产品，以为购房者提供舒适住宅为目标，严格控制产品质量，努力通过提高内部效率降低成本，实现让利于民的发展目标。

核心战略能力打造

自1997年成立以来，海投房产一直致力于厦门海沧区开发建设，为当地居民提供了大量舒适且价格合理的住宅项目。2005年以来，海投房产的“海投物业”、“未来海岸系”、“绿苑”三大品牌相继问世，为企业在厦门海沧区域的发展奠定了基石。其中的“未来海岸系”打造了南中国首个超百万平方米滨海社区，开启了厦门品质生活的新时代。

过去几年，海投房产的项目大都集中于厦门本地，随着海沧区建设不断成熟，海投房产势必需要将建设区域拓展到更有潜力，也更有房地产需求的区域中去。这就要求企业能够从目前的单区域、多项目管理模式，逐步过渡到多区域、多项目的管理模式。而这一管理模式无疑对海投房产的内部管理提出了新课题和新挑战。

对于这一挑战，海投房产计划通过打造优秀人才队伍、先进管理制度以及标准的开发模式来迎接。

首先，未来5年，随着房地产行业的不断发展和市场环境的变化，房地产行业的整体竞争将从最初的资源占有型，转向专业化运作与资本实力的较量；人才、资金和土地等资源将向规模型、专业型开发商积聚。在这样的背景下，人力资源管理对海投房产未来5年的战略发展至关重要。

海沧湾全景

随着对项目开发数量增长和区域覆盖规模的扩张，外派人员将迅速增多，海投房产需要一大批能够独当一面、深刻理解企业文化以及战略方向的资深员工。因此，为了支持未来3到5年的业绩规模跨越式增长，人才梯队建设工作刻不容缓。

在打造优秀人才队伍方面，未来5年，海投房产人力资源管理工作的两大重点分别是人才培训和梯队建设。

为了保证上述人才培训方式，通过分析当前领先企业的人才管理投入以及企业现阶段经营发展情况，海投房产每年会固定地根据营业收入提取千分之一至千分之二的比例作为员工培训基金。此外，加强员工梯队建设对海投房产未来5年发展也至关重要。

其次，在打造先进管理制度方面，海投房产计划完善制度，降低消耗。

随着一波波宏观调整政策的落实，房地产行业的微利时代势必到来。这也要求房地产开发企业必须做到：更好！更快！更便宜！

对于海投房产来说，未来意味着机遇，也意味着竞争。在诸多占有规模优势的大型房地产开发企业面前，海投房产必须不断努力完善内部管理制度，克服外界客观的不利因素，降低成本，控制费用，才能实现又好又快的发展。

为了降低成本、控制费用，海投房产计划在“十二五”期间建立起系统的目标成本动态管理体系。结合市场状况与公司经营计划，根据预期销售价格和目标利润，确定所要实现的成本指标，并以经济合理性最大程度地提升产品竞争力，形成行业成本优势的成本管理宗旨，为企业顺利实施以高性价比平衡企业利润与社会责任的战略路径奠定基础。

再次，在打造标准的开发模式方面，海投房产计划统一标准，提高效率。未来5年，海投房产计划逐步由“机会导向下的差异化开发模式”转向“战略导向下的标准化开发模式”。未来，海投房产发展的趋势必将是覆盖多项目、多区域、多种物业类型的发展模式，要解决在这一过程中的潜在运营问题，必须推行标准化的开发模式。

海投房产的标准化体系建设工作首先要从标准化产品线入手，并逐步建立起全面的标准化体系。在产品标准化过程中，技术标准和开发操作标准是产品线制定工作的重中之重，相应地也是必要的两项成果。

打造产品标准化、流程标准化、人力资源标准化以及计划与合约标准化四大标准化体系，将助推海投房产在未来5年的快速运转，确保企业在规模快速增加的同时，保持高效率运转。

在“立足海西、深耕福建、把握省外，结合机会型业务形成战略型布局，在发展中平衡企业利润与社会责任”的三大战略下，在国有企业公民责任的使命驱使下，海投房产将坚持以房地产主业为龙头，促进商业、物业管理等相关业务全面发展；全力打造主营业务突出、经营结构合理、竞争优势明显、集产品与服务为一体的拥有专业化、规模化经营优势的城市运营商，成为理想人居的缔造者。

上海三盛宏业投资集团（以下简称“三盛宏业”），主要投资业务为房地产、海洋运输、生物科技等。

房地产业是三盛宏业的主要投资业务之一，截至目前共投资下属房地产公司19家，分布于上海、浙江、江苏、广东、山东、安徽、沈阳等地。其独创的“颐景园”品牌具有中西合璧的特色，在全国享有较高的知名度和美誉度。

三盛宏业已确立了“以建设‘以人为本’的现代化和谐企业为根本，以促进社会进步为己任，以企业效益为中心，以完善企业激励机制为动力，以成本控制和品牌建设为突破口，以现代企业制度建设和执行力为保障，以资本运作为杠杆；以产品品质和服务提升为重点，提高企业综合素质，使企业再上一个台阶，实现健康、快速、持久发展”的战略目标，并正在朝这一战略目标不懈努力。

19

第十九章 三盛宏业

上海三盛宏业投资集团

我们认为，在一个较长时期内，房地产业前景依然看好。但是随着形势的不断变化，房地产市场已呈现出空间不平衡、时间不平衡、业态不平衡的新特点，且这种新特点仍在不断加剧。针对上述市场新特点，我们将采取积极有效的措施妥善应对。针对“时间不平衡”，我们通过“反周期运行”来解决，在行业低潮时抓住良机，投资项目；针对“空间不平衡”，我们通过在二三级城市发展来解决；而对于“业态不平衡”，则通过开发商业综合体、养老地产等来应对。

2012年，三盛宏业将以“强化优势，提升素质，危中寻机，稳中求进”的运营战略为指导，努力实现今年既定的计划指标和工作任务，一步一个脚印地朝着打造一流企业的远大目标扎实迈进！

——上海三盛宏业投资集团董事长　陈建铭

三盛宏业：危中寻机，稳中求进

作为2005年至2011年连续7年被中国房地产业协会、国务院发展研究中心评为中国房地产百强企业，并荣获“2011中国房地产住宅项目品牌价值TOP10”的房地产公司，上海三盛宏业投资集团（以下简称“三盛宏业”）多年来一直保持着稳健的增长。

然而，当下严峻的行业形势，对于任何一家房地产企业而言，都是巨大的挑战。如何在夹缝中求生存，寻求后续可持续发展的动力，取决于企业在关键节点上的决策与作为。

三盛宏业认为，对形势进行研判，认清形势，顺势而为，正确决策，才能使企业得到健康、稳健、持续的发展。

根据对外部形势及企业内部态势的综合分析，三盛宏业将2012年的运营战略确定为16字箴言：强化优势，提升素质，危中寻机，稳中求进。字里行间，体现的正是三盛宏业多年发展的积累以及追求可持续发展的决心。

复兴建筑文化，专注园林地产

三盛宏业以复兴建筑文化为历史使命，从“生成于自然、贡献于生态、亲和于人类，尊重于历史，经营于文化”的理念出发，致力于“颐景园”品牌楼盘的开发。在开发过程中，公司恪守“精致、精细、精密”和“高品质、高品味、高品位”原则，用中国古典园林艺术美化人居环境，用欧式建筑提升人文主义精神，将中国传统居家理念与现代生活方式有机融合，形成了“中西合璧，聚美为一”的独特建筑风格。

专注打造园林地产，使三盛宏业连续七年荣膺“中国房地产园林地产专业领先品牌”称号，也使其建造的项目实现了逆势热销。

2011年5月，三盛宏业下属房产公司最北项目沈阳三盛颐景园和最南项目佛山桂丹颐景园均在当月开盘，在两地均取得了不俗的成绩。在如今的市场形势下，颐景园园林地产的品牌魅力再加上高端的产品品质无疑是逆势热销的重大砝码。同时颐景园热销也揭示了一个市场真理：一旦适合市场购买能力和兼具优秀品质的楼盘出现，购房者就会不失时机地即刻拥有。

事实上，经过多年的努力，三盛宏业已在成本控制、战略把控与决策、诚信合作、较高性价比的产品打造等多个方面积累了一定的优势。在当下刚性需求凸显的市场中，这些优势将得到更为充分的发挥，创造出实实在在的效益。

寻求营销创新与突破

在发挥产品性价比优势的同时，三盛宏业还坚决执行加快销售的基本思路，积极寻求新形势下的营销创新与突破，确保各阶段销售指标全面完成。此外，其还高度重视市场研究，根据形势变化，灵活应对，做到精准策划，确保应有的经济效益。

2012年2月3日，三盛宏业下属的上海三盛房地产公司销企部就开展了一场学

上海泗泾颐景园实景图

习，邀请上海市著名房地产学者、第一财经特约评论员范伟国为员工讲解当前的房地产市场形势及应对策略，以利于更好地了解市场、把握市场运行动态，寻求逆市营销破冰之道。

面对2012年严峻的市场形势，上海三盛房地产公司积极与中介开展合作，利用中介的资源开展营销工作。在掌握现有周边竞争楼盘的基础上，上海三盛房地产公司还听取合作中介公司的意见，让销售团队对周边楼盘有了更深入的了解，知己知彼方能百战百胜。

事实证明，只有以清晰的市场形势为依据、以扎实的销售功底为保障，灵活机动地制定销售策略，才能在当前的低迷市场环境中取得令人振奋的销售成绩。

加大融资力度，抓住“反周期运行”良机

诚如硬币的两面，“危”与“机”总是并存而行，危中有机，机会中同样潜藏着风险。

三盛宏业认为，虽然2012年经济形势严峻，上半年经济下滑已成必然，但是在“稳中求进”基调的指导下，国家会实施灵活调控，确保经济“软着陆”，到下半年经济会趋于回暖。因此，2012年“危”中有“机”。

与此同时，三盛宏业在多个方面已具备了一定的优势，有能力进行“反周期运行”，在当前比较严峻的形势下，正好可以乘势发展。因此，在2012年，三盛宏业要求干部员工清醒地看到“危”中有“机”，用敏锐的眼光从“危”中识“机”，同时还要以敏捷的身手“危”中抓“机”，从而获取最大的成功。

加大融资力度，是“危”中抓到机会的重要保证。因此，2012年三盛宏业的一项重点工作是积极创新融资方式，拓展融资渠道，并加强资金结构分析，强化资金计划管理，保持充足的现金存量，为企业发展提供有力支持。

此外，三盛宏业将“反周期运行”作为发展的良机和突破点。本着“巩固既有区域，适度开拓新区域”和“优化产品结构，加大商业地产、养老地产项目比例”的原则，其正在加大房产项目拓展力度。在浙江舟山全力打造“鼎”级城市综合体，正是这一战略的完美诠释。

在浙江舟山继开发“东港颐景园”、“檀东颐景园”等高尚住宅之后，三盛宏业择位舟山城市核心引擎——普陀东港，正以跨时代的眼光全力打造集大型居住区、体验式商业、海景SOHO、创意办公、五星级酒店为一体总建筑约37万平

方米的城市综合体。

其中的海景时代广场移植国际时尚休闲文化商业样本，以定制舟山生活、休闲、娱乐、餐饮、观光于一体的鼎级城市会客厅为目标。继2011年12月首次开盘创造舟山房地产淡市销售神话之后，2012年2月新春伊始，海景时代广场开盘再度引爆舟山房地产市场。

作为一家多元化经营的集团，三盛宏业还大力推进旗下的海工船业务，积极开辟海运新航线和新市场，适时介入一程运输，努力实现业务转型；拓宽发展思路，充分发挥成本管控优势，积极承接“交钥匙工程”项目、造价代管业务、城建工程项目，构建崭新的商业模式；并探索围海造田、土地一级开发和房产开发的有机联动。

提升人才素质，完善管理模式

三盛宏业取得的各项成绩，均得益于其团队的优势。经过近年来的用心经营，该企业综合素质和实力都有了很大提升，核心竞争力的作用不断显现，企业运行状态健康、良好。企业综合素质有了很大提升，干部“人文化、职业化、专业化、年轻化”正在落实。中高层干部在继承集团优良传统的同时，大局观念、协同作战意识有了较大增强，工作主动性和积极性，管理能力和业务技能都有了较大提高。

2012年，三盛宏业还将在企业文化的落地、高素质人才的引进和培养、执行力的不断强化、激励机制的完善、客户服务水平的提升等多个方面狠下苦功，力求实现较大突破，从而使综合实力更上一层楼，使既有优势得到更有效的发挥。

此外，它还不断优化各项管理，努力提高工作效率。进一步加强制度建设，不断寻求管理模式的突破。而为了实现管理模式的突破，三盛宏业正在通过强化责任成本管理，落实考核与奖惩，加强成本的动态监控，完善现代化管理手段，推进成本后评估，科学设定限额设计指标等措施，巩固和强化成本控制优势。

三盛宏业早在2000年就开始进行信息化建设，目前，其正在持续优化OA系统和ERP系统，大力提升办公自动化管理水平。除此之外，其还在不断优化项目进度管理，努力赶超先进水平；全面推行目标计划管理，深化目标计划信息化建设，强化对目标计划的考核和奖惩。

而人才素质的提升，团队能力的提高，管理模式的完善，无疑将是三盛宏业未来进行战略把控和决策，打造优质项目，通过成本管控打造高性价比产品的进一步保证。

追求卓越，稳中求进

三盛宏业的核心价值观是“追求卓越，止于至善”。“追求卓越”，具体阐释，就是追求生命历程的卓越，创新意识的卓越，工作效率的卓越和生活质量的卓越。

2011年，三盛宏业举办了普陀山“人格修炼”学习会，组织“人格修炼”专题培训。其对员工的要求是，形成勤读书、善反思、正言行的良好风气。2012年，公司将继续拓宽“人格修炼”的内涵，将学习内容从佛学扩展到儒学、道学等中国优秀文化，持续弘扬“树正念、讲正话、干正事，做真人”的理念。

“办企业就是做人”，只有勇于修炼人格，追求人格上的完善，而后才能谈卓越。也只有基于“树正念、讲正话、干正事，做真人”的理念，也才能谈得上为客户提供卓越的产品和生活质量。

稳中求进，则是三盛宏业2012年运营战略的落脚点。其中“稳”是关键，“进”是核心。2012年的形势错综复杂，国家经济以稳为主。三盛宏业也在顺应形势，首先确保“稳”字。然而，要真正稳住，则必须积极求进。

因此，三盛宏业将灵活应变，把握好“稳中求进”的三个层面：一是稳步渐进，二是加快推进，三是突飞猛进。如果形势恶化，三盛宏业会小心翼翼，稳步渐进；如果形势有所回暖，则积极行动、加快推进；如果形势逆转，市场反弹，就大赶快上，突飞猛进。

但无论是稳步渐进抑或是快步猛进，卓越品质，都将伴随着三盛宏业的征程。

信义企业集团成立于1981年，目前在台湾已拥有超过300家直营店，自1994年以来连续成为台湾房地产中介业中营业额最大的公司，也是台湾唯一一家股票上市的房屋中介公司。

多年来，信义企业集团始终秉持着“以人为本”的信义精神，以踏实稳健的经营脚步，伴随着创新思维的企业文化，屡屡创新房产中介市场的经营模式，建立消费者对信义房屋品牌的信赖。为了应对全球房产中介市场快速成长及国际间对房产中介服务的需求，信义企业集团于2007年斥资12.5亿人民币购买并进驻位于台湾顶级商圈的“信义大楼”，全球运营总部正式成立，这标志着信义企业集团已步入品牌国际化的新阶段。随后其以一连串的行动，展现跨足全球市场的决心。除开启与日本跨国人才培育的交流计划外，更计划将经营版图从中国台湾、中国大陆延伸到日本，未来更将透过专业经理人才之培育，将信义房屋在台湾成功的发展经验，输出到全球每个角落。

目前信义企业集团的事业版图，以信义房屋为起点，采取以不动产为主要经营范畴的垂直化经营策略，发展出中国台湾地区核心事业群、中国台湾地区关系事业群、中国大陆地区信义事业群以及文化公益事业四大发展基础。

20

第二十章

信义房屋

信义企业集团

今年年初，信义房屋发布了设置“伦理长”及成立“建设开发事业”这两项重大决策。其中“伦理长”由我本人担任，代表信义房屋将持续提升企业伦理的实践层次，更进一步巩固以企业伦理为核心的经营思路。“建设开发事业”则延揽了全台湾有关城市综合体开发最具经验的陈庆洪总经理负责，未来将结合信义房屋既有之中介代理资源及大陆优良的企业合作伙伴，共同创造崭新的发展模式。

展望未来，信义房屋除了持续在两岸及日本发展中介及代理事业外，建设开发事业将是另一个亮点，初期将锁定在长三角地区，并结合优良的企业共同发展，而联盟的伙伴们将是信义房屋最大的后盾，也是最优先考虑的合作对象。因此，在此正式表达欢迎联盟伙伴共襄盛举之邀。

——信义企业集团董事长　周俊吉

信义房屋：信义立业，止于至善

30年前，在创办人周俊吉的领导下，台湾信义企业集团（以下简称“信义房屋”）的诞生彻底改变了台湾房产中介产业的生态，更把台湾房产中介市场从早期的丛林法则蜕变到目前的法制中介，成为一个在台湾受人敬重，且优秀人才愿意投入的优质产业。

30年来，信义房屋董事长周俊吉一路坚持理想，秉持着创新原则持续优化服务，打造出了横跨中国台湾、中国大陆等地区以及日本的房产中介版图。

展望未来，周俊吉表示，信义房屋将以更稳健的步伐，结合其他服务业的参与力量，带动大中华区服务业共同成长，一举实现信义房屋2020年愿景——“坚持企业社会责任，成就世界级服务业”。

“信以成之，义者，宜也”

自1994年以来，信义房屋连续成为台湾房产中介业中营业额最大的公司，也是台湾唯一一家股票上市的房屋中介公司。它是台湾最高荣耀“台湾品质奖”获得者，它不仅是台湾房产中介业唯一获奖企业，也是历年来唯一获此殊荣的连锁服务业品牌。

如果要探寻信义房屋成功的关键，还要从当年其命名说起。《论语》一书中，子曰：“君子义以为质，礼以行之，孙以出之，信以成之，君子哉！”又曰：“义者，宜也。”因此

“信义就是该做的事，说到做到”。

短短数言，构筑成信义房屋经营的基石。换言之，信义房屋的经营架构就是以儒家传统所强调的企业伦理为基础，针对各利害关系人做该做的事，并且说到做到，进而实践企业社会责任的过程，而利害关系人则包括了顾客、同仁、股东、社会、环境等。也由于这样的经营思路，信义房屋会从利害关系人关心的议题，找出创新的方向，以满足各利害关系人的需求，并不断地坚持与创新，进而改变了台湾的房产中介业。

改变台湾房产中介环境

二三十年前的台湾，当时房产中介业尚未法制化，某些不肖中介业者将客户视为待宰羔羊，赚价差、牟暴利。

当时，信义房屋提出了令人费解的主张：保障底薪，不灌坪数，不索回扣，不赚差价，更破天荒地提高业务底薪、降低奖金比例，之后更大力推行不动产说明书、重金聘请知名会计事务所建立财务制度、成立企业总部吸引优质人才等，同时发展一系列保障消费者权益的制度与服务。

虽然当时信义房屋的这些举措并不被同业看好，但秉持着“清流终究会成为主流”的理念，信义房屋逐步建立起品牌信赖度、稳健的财务制度、优异的信息系统与优秀的团队等，点点滴滴汇聚成巨大的力量，为信义房屋日后壮大奠定了坚实的基础，也成为台湾地区得奖的常胜将军。无论是企业社会责任、诚信企业、公司治理、人才发展还是产业创新等各层面，信义房屋的出色表现均广受各界肯定，并成了唯一获得台湾质量奖及台湾创新奖的房产中介企业。

创新研发，产业先行

在站稳脚跟后，信义房屋并不满足于现状，而是不断进行各类创新研发，相继推出漏水保固、成屋履约保证，并把海砂屋保障、辐射屋保障、漏水屋保固与成屋履约保证结合为“购屋四大保障”，同时运用信息科技，包括网络互动看屋、网络3D样品屋、智能型手机看屋应用程序APP（加速并行处理技术）等。

初创时期，信义房屋的创新总是让其他同业不解与侧目，但现在房地产业界都知道必须赶快跟上，以免被信义房屋大幅拉开竞争差距。

在台湾地区获得成功的发展之后，信义房屋也积极拓展其事业版图，将关注点投向大陆和其他国家。

复制成功经验，拓展事业版图

由于两岸通商交易频繁，房产中介业需求蓬勃兴起，为满足中国消费者对房屋租赁买卖的需求，1993年，信义房屋正式进军大陆，在上海成立了上海信义房屋中介咨询有限公司，这是当时上海最早的外资房地产服务企业。

1999年，信义房屋以战略眼光取得了世界500强企业Cendant（美国胜腾集团）旗下著名的房产中介品牌Coldwell Banker的中国地区商标特许经营权，并共同设立了Coldwell Banker信义房产品牌，强强联合为消费者带来了更加全方位的先进服务理念。

2010年，信义房屋进军日本市场，也获得空前的成功。周俊吉说，到大陆是必需的布局，到日本则是为了学习，能在服务业竞争最激烈的国家占有一席之地，那表示信义房屋已提升到另一个更高的层次与境界。

随即，中国信义版图逐步扩张到上海、杭州、北京、重庆、苏州等地，百家门店植根于中国大陆。主营的中介业务包括二手房买卖租赁、商业地产买卖租赁、一手房营销代理。而周边事业方面，信义房屋也已经建立了与房地产相关的代书、咨询、担保等方面的独立运作的子公司，初步形成了面向全国的，以房地产中介业务为核心的，并不断向房地产周边事业拓展的经营格局。

抓住转型契机，深耕中国市场

过去这十几年，中国房地产经纪行业处于快速发展阶段。据统计，全国房地产经纪机构逾5万家，从业人员超过100万人。房地产经纪机构在搞活二手房市场方面发挥了积极作用。

但令人忧心的是，房地产经纪业在快速发展的同时，产生诸多问题。由于房地产经纪行业门坎低、人员流动性大、市场秩序不规范，一些经纪机构存在发布虚假信息、吃差价等不规范行为。同时，由于房地产经纪管理涉及多个政府部门，各部门之间缺乏有效整合，导致政府对房地产经纪行业的监管产生落差。

因此，在这样恶劣的产业竞争环境下，信义房屋的经营模式在过去几年面临了若干严峻的考验，但政府部门及时出台的若干重要法令规章，成为了信义房屋后续发展的极大利好。

青岛信义之市南店开幕

2011年4月1日，由住建部、发改委、人力资源社会保障部联合出台的《房地产经纪管理办法》开始实施。这是中国第一个专门规范房地产经纪行为的部门规章，明确对房地产经纪机构和人员采取多种管理手段和监督措施。2011年7月，住建部又发布《关于加强房地产经纪管理进一步规范房地产交易秩序的通知》，对商品房预（销）售行为、二手房中介经纪行为等予以规范，政府对房地产中介业的监管力度明显加大。因此当市场机制日臻完善之际，“有理念、讲诚信”的中介机构将成为未来中国中介行业的主流，而信义房屋正是这个转型时代的最佳领头羊。

此前，为了不断提升服务品质，更为了展现信义房屋在中国深耕经营的决心与实力，2008年2月，信义房屋中国总部乔迁新址，正式落脚于上海市中心商圈淮海中路甲A级办公大楼力宝广场26楼。此次搬迁，是信义房屋不断跨越的又一次里程碑。

2008年7月，从品牌国际化角度出发，中国大陆地区所有信义房屋直营门店全面换装，采用与台湾地区信义房屋统一的企业标识。至此，信义房屋将品牌发展定位为“精致中介”。在信义房屋千店计划及全球化布局中，将有70%的开店数字集中在中国大陆市场，足以看出集团对中国大陆房地产市场的重视以及全力经营中国大陆市场的坚定信心。

而该集团除了将中国大陆地区作为品牌国际化快速发展的基地外，更将此视为人才养成基地，并作为信义房屋全球化发展的先锋部队，立足于国际视野，力争成为来自华人世界的全球第一不动产连锁品牌。

目前，“科威国际”及“住商不动产”两个加盟体系使得信义房屋得以凭借直营与加盟两大体系共同深耕中国市场。

诚信伦理，善尽责任

除了以“信义”信念拓展市场以外，信义房屋还将“信义立业，善尽责任”的信念淋漓尽致地写在了其所从事的慈善事业上。

自2004年起，信义房屋推动共2亿元新台币的“社区一家赞助计划”与“小区一家幸福行动计划”，8年来协助台湾923个小区收获了改变的力量与圆梦的理想。在这8年期间，信义房屋还同时发起“伦理教育扎根计划”，协助台湾的大专院校推动企业伦理教育，8年来共赞助129位教授发展“在地之企业伦理教材”项目，获得学术界的高度肯定。

因为坚持企业社会责任的作为，信义房屋连续获得台湾最具影响力的《天下杂志》及《远见杂志》颁赠奖项，包括连续5年获得《天下杂志》“企业公民奖”及连续六年获得《远见杂志》“企业社会责任奖”。

为带领集团迈入“诚信伦理”的新里程碑，信义房屋在2012年设立了“伦理长”一职，并由董事长兼任，同时成立“企业伦理办公室”。信义房屋表示，“诚信”、“伦理”与“公司治理”息息相关，也是未来全球化企业经营的趋势。经济不景气时，消费者对于房产中介品牌的挑选更谨慎，在整体房市明显衰退时，信义房屋市场占有率不降反升，便是归因于“诚信”、“伦理”理念已有效落实到第一线经纪人，并反映在对消费者的服务质量上。

打造华人世界的全球第一不动产连锁品牌

金融海啸的余波还未远去，2011年全球又笼罩在欧债风暴的危机中，大陆及台湾近几年相继采取措施抑制高房价。但以经营稳健著称的信义房屋董事长周俊吉对于未来充满信心，他表示，实践企业伦理及贯彻企业社会责任的经营模式不但成就信义房屋获选为诚信企业，也是2012年及未来公司的营运方针。

展望未来，在信义房屋全球化布局中，将有70%以上的开店主力集中在中国大陆市场，足见其对中国房地产市场的重视以及全力经营中国市场的坚定信心。

另一方面，信义房屋在大陆事业的发展也从中介代理扩展至建筑开发事业，于2012年初正式成立建设开发事业部，延揽台湾前日胜生集团总经理陈庆洪担任总经理。陈庆洪在任职日胜生集团总经理期间，曾参与多个地铁联合开发与BOT项目，包括位于台北火车站附近的交九（京站）BOT与美河市等知名建筑案例，堪称台湾城市综合体开发领域的佼佼者。信义房屋借重其建筑开发事业专长与资深法律背景，可望在房地产相关事业再创高峰。

宁夏中房实业集团股份有限公司前身系中房集团银川房地产开发有限公司，成立于1982年3月，是宁夏回族自治区成立时间最早、累计开发规模最大的房地产企业。截至目前，宁夏中房在银川、西宁、河北香河各拥有一家综合性房地产开发企业，拥有一家运营资金1亿元的小额贷款公司、一家占地4300余亩且计划投资20亿元的大型物流公司等10余家下属企业，经营范围涉及房地产开发、物流、物业服务、建筑装饰、房屋租赁、百货商业、宾馆等多个行业。另外，公司还跻身金融投资领域，以大股东身份参股宁夏黄河银行。

21

第二十一章

宁夏中房

宁夏中房实业集团股份有限公司

规模和速度从来不是我们企业追逐的核心目标，健康和可持续才是我们关注的焦点。或许我们的规模不是最大的，但只要我们方方面面的工作都走在别人前面，我们就是最棒的；或许我们的增长速度不是最快的，但只要我们有跑“马拉松”的良好心态和体魄，我们就一定是跑得最远的。

所以，只要饱含锐气的领跑基因不灭，只要坚持到底的长跑决心不灭，我们就一定会在“百年企业”的赛道上跑出我们的风采！

——宁夏中房实业集团股份有限公司董事长、总裁　方陆

宁夏中房：做中国西部房地产标杆企业

宁夏中房实业集团股份有限公司（以下简称“宁夏中房”）前身系中房集团银川房地产开发有限公司，成立于1982年3月，是宁夏回族自治区成立时间最早、累计开发规模最大的房地产企业。

30年来，宁夏中房累计投资逾百亿，累计开发面积800多万平方米，企业地方纳税额连续多年位居宁夏包括电力、矿产开采、电信等各大企业前列。

30年来，从创建宁夏回族自治区第一个“优良样板工程”，实现具有里程碑意义的“零突破”开始，宁夏中房一次次刷新宁夏建筑质量纪录，在宁夏回族自治区首推“诚信五项宣言”，首推“工程质量零缺陷”管理，首推“业主预验房”、住宅项目“全装修”开发模式；开创性地推出了囊括多项抗震、减震先进技术的“中房·磐石行动”，在宁夏回族自治区率先推行国家绿色建筑标准体系；以及在宁夏回族自治区率先采用和推广室内新风技术、建筑隔震技术、太阳能技术等一系列行业前沿的“四新”技术成果，深得客户和业界高度认可。对此，曾有媒体评价说，宁夏中房引领区域房地产行业迈上了健康和持续发展的快车道。

而在宁夏中房的战略发展中有这样一段描述：绝不盲目追求体量、规模上的第一，不做“短平快”的“百米冠军”；秉承百年企业的发展理念，不贪快、不冒进；抵制诱惑、稳步前行，以“马拉松”之决心致力于成为所在区域的领军者，成为西部企业的标杆和榜样。

"冬天不冬眠"

2011年，面对前所未有、极其严厉的国家宏观调控以及急转直下的房地产市场销售形势，宁夏中房逆流而上，作出并快速推进“逆势扩张”战略决策，积极开拓陕西西安、咸阳，内蒙古自治区首府呼和浩特，以及河北香河等区外市场。

目前，河北香河项目相关洽商工作已经落地，正在着手建设当地规模最大、档次最高、功能最全的商业地产项目。这既是宁夏中房进军商业地产的新实践，也是集团经营拓展战略的新布局……

同时，进一步调整产品开发结构，逐步实现住宅和商业项目的合理配比。实际上，早在2009年，宁夏中房就着手产品结构的调整工作，根据企业的资金规模、偿债能力、开发规模、周转速度等制订并逐步实施住宅产品和商业产品的配比计划。

2011年，饱受宏观调控政策挤压的住宅产品市场一片萧条，量价齐跌。然而商业地产发展繁荣、回报稳定，印证了宁夏中房产品结构调整战略的前瞻性。

随着房地产调控步入深水区以及市场成熟度的提高，房地产企业迎来了转型发展期。在这一时期，宁夏中房将2012年确立为“管理提升年”，通过持续深化制度和流程建设，做好风险防范、资金管理、计划管控、成本控制、营销客服、研发设计等工作，练好内功，强健企业体魄，增强企业抵御风险能力。

要做"好房子"

在宁夏中房看来，企业的竞争力最终取决于产品力。产品领先，市场才能领先。因此，自2008年开始，一场紧紧围绕“产品力”提升的内部革命拉开了序幕。从全面提升产品抗震性能到贯彻落实“零缺陷”工程质量目标，从为建筑注入文化灵魂到首推绿色建筑标准体系，从率先制定并落实“全装修四年规划”到探索创建“恒温恒湿恒氧”的舒适型科技住宅……宁夏中房把“筑家”作为一种事业，将全部精力和智慧毫无保留地放在了品质管理上，放在了产品力提升上，使其成为了宁夏绿色建筑、科技住宅的先行者、倡导者、领跑者。

2008年，宁夏中房首次推出了以抗震为核心目的，包括5项技术措施的“中房·磐石行动”。2009年，宁夏中房开始实施“工程质量零缺陷”管理；“零

宁夏中房在西宁开发的以音乐为主题的萨尔斯堡

缺陷”是指完全符合国家建筑工程质量标准，具体包括户内房间所有实测实量允许偏差值实现质量零缺陷、施工图中设计的所有具有防水功能的部位实现无渗漏等四项技术标准，即以“零缺陷”的标准进行工程质量验收；验收一旦出现“缺陷”，将对相关工程管理人员实行“军法处置”。

宁夏中房认为，好建筑不仅质量好，还要有文化内涵。2009年，宁夏中房就文化主题展开研讨，本着对本土文化热爱、尊重和传承的基础上，确定了“西夏文化”主题。

2010年，宁夏中房又全面推行“绿色建筑”技术标准，在宁夏回族自治区首发“绿色倡议书”，向广大业主印发绿色生活手册——《绿典》，制定并落实《全装修住宅四年工作目标》等等一系列行动，在宁夏回族自治区住宅建筑开发上掀起了一场“绿色革命”。这一年，宁夏中房部分项目通过了住房和城乡建设部绿色建筑设计标识二星级评审及国家3A级住宅性能认定；同时多个项目荣获国家行业大奖——广厦奖、鲁班建筑品质奖，创宁夏回族自治区之最。

2011年，宁夏中房在全区首家推出舒适型科技住宅——中房玺云台，率先实现了银川室内人居环境的恒温、恒湿、恒氧。

宁夏中房用心筑家，让品质成为了市场的信仰。

三产并举

目前，宁夏中房正积极培育新的经济增长点。首先是进入了金融业，其以大股东身份参股了宁夏黄河银行，并拥有一家已经跻身金融行业全国100强的小额贷款公司，面向微小型企业和个体工商经营户、三农等融资弱势群体提供融资服务；其次是进入物流业，2009年，占地4300余亩、总投资预计超过20亿元的宁夏中房宁东物流园区项目正式获得宁夏回族自治区发改委批准，开工建设。

自此，宁夏中房走上了房地产、金融投资及小额信贷、物流三产并举的跨行业发展道路。这条道路将在宁夏中房的“百年企业的规划”中越走越宽。

江苏中大地产集团有限公司成立于1998年，历经10多年发展，目前已经形成了包括工程建设、房地产开发、物业租赁、建筑工程材料等业务为一体的综合性建筑地产民营企业集团。拥有国家房屋建筑总承包一级资质、房地产开发二级资质。建设开发的物业形态涵盖住宅、商业、工业等。

公司注册资本金2.2亿元，近5年年均增长率超过18%。公司项目开发立足长三角，项目总开发量近80万平方米，年均销售额约20亿元。目前，公司基本形成房地产营销企划、开发设计、施工、物业管理一体化解决方案，形成相对完备的人才体系，成为地区行业中具有一定影响力的民营企业集团。

为适应行业发展的需要，目前公司正在向养生养老地产、现代工业地产、现代物流等业态转变，发展模式由开发型向持有型转变，以实现可持续发展。

22

第二十二章

江苏中大地产

江苏中大地产集团有限公司

企业战略是什么？在我认为，企业战略就是对未来的一种思考，以及随之而来的布局行动。也可以说，企业战略是面向未来的资源开发与整合。古往今来，我们能够找到许多成功和失败的案例，经过分析之后，我们找到一个共同点：战略决定最终的结果！

只有最优的战略才能引导我们走向成功。最优的战略从哪里来？从实践中来，从对实践的深思熟虑中来，从深思熟虑的实践中强大的执行力中来，从微观和宏观因素的精妙结合中来。

在一个最优的战略框架下，一个小的失败或者成功，只是局部事件，很少影响到全局。小到个人，大到国家，莫不如此。

因此，我们可以说，赢在战略。

——江苏中大地产集团有限公司董事长　谈义良

打造华东地区一流的物流仓储工业地产
——江苏中大地产战略转型纪实

江苏中大地产集团有限公司（以下简称“中大地产”）成立于1998年，历经10多年发展，目前已经形成了包括工程建设、房地产开发、物业租赁、建筑工程材料等业务为一体的综合性建筑地产民营企业集团。公司始终保持较快的增长速度，走出了一条稳健的企业发展之路，近5年年均增长率超过18%。

尝试转型

过去数年，借助房地产市场快速发展机会，中大地产在建设、开发等方面形成了强大的区域优势。

积累了一定基础后，中大地产开始思考如何实现战略转型，进入新的领域，进入到具有广阔前景的行业，以避免因经济周期性波动带给企业发展的不利影响。

一次偶然的经济形势分析会，让中大地产的当家人谈义良看到了商机。

故事发生在20世纪90年代。

1999年，江苏省昆山经济技术开发区兵希配套区还刚刚成立，“筑巢引凤”成为了当地政府运作这一配套区的思路，开始加快基础设施建设和厂房建设。中大地产是第一家进入兵希配套区的企业。彼时，中大地产成功“试水”工业地产，有力地支持了兵希配套区的发展。

实际上，从成立之初，中大地产就制定了“立足昆山开发区，为外资企业进行配套服务”的发展规划，在做好建筑施工的同时，逐渐把重心放在工业房产的开发上，开发标准厂房。此举开创了兵希开发区标准厂房建设的先河。2000年，其在车站路、景王路一带又建造了近5万平方米厂房；在开发区太湖路、昆嘉路也开发了大量标准厂房。截至2007年4月底，中大地产已经开发出的标准厂房达到了50万平方米，出租率达到了95%以上。

大渔河路厂房

然而一个新问题出现了：怎样才能谋求工业地产的进一步发展？是继续沿用过去的开发—租赁（出售）模式，还是进行资源整合，向着产业链的高端迈进？公司高层陷入了深深的思考中。

做强物流仓储

每年的10月份是江苏省昆山市委市政府的金秋招商月。在2007年10月举办的招商月活动中，传出了一个重要信息：昆山市所需的物流仓库供不应求，市场需要更多仓储设施服务。

“借助上海将要成为国际重要物流中心的机会，以及昆山经济转型升级的需求，物流仓储工业地产将成为重要的配套产品，前景可期。”听闻这一消息后，中大地产董事长谈义良分析指出。

至此，谈义良迅速与公司高层展开了讨论，并确定了企业下一步的发展目标——物流仓储工业地产。

在谈义良看来，中大地产在仓储物流方面优势明显：手中握有大面积的工业厂房可供改造；并且靠近昆山保税区、昆山经济开发区、昆山花桥国际商务城，地理位置优越，交通便捷。

2008年春节刚过，中大地产关于“物流仓储工业地产发展规划纲要”便新鲜出炉：立足昆山、面向长三角，争取10年内完成在南通、盐城、无锡、苏州4城市布点，总物流仓储面积达到100万平方米，力争成为长三角地区名列前茅的物流仓储工业地产开发商。

从2008年至今，中大地产的仓储物流地产已发展到了一定规模，其间虽受金融危机影响，曾放慢脚步；但在经历了市场危机后，从市场调研到产品设计，从投资规划、开发规划到招商设计，中大地产的一整套的物流仓储工业地产运营管理体系正日渐成熟，现代物流概念也日渐形成。

“十年磨剑锋自出，踏尽高山路无边”。短短5年间，中大地产的工业地产模式不仅实现了转型，还取得了好业绩。

然而，在谈义良眼中，路似乎还不够宽广。如今，中大地产又在考虑，如何利用现有在物流仓储方面的优势，向高新科技产业园进军，将市场前景广阔的高新创投企业引入园中孵化，再一次引领工业地产业的升级。

显然，这是一个大胆的设想，中大地产将再一次面临重大挑战。他们能否成功？让我们拭目以待。

泰禾集团成立于1996年，涉足房地产开发、金融证券、化工等领域。16年来，泰禾集团在品质当先、战略制胜、运筹帷幄中实现企业的稳步发展；同时责任天下，投身公益感恩社会，树立起脚踏实地、远见从容的品牌形象。

在房地产开发领域，泰禾集团取得了卓越的成就。现已成功开发福州天元山庄等“天元”系列精品项目；泰禾红树林、泰禾红峪等“泰禾红”系列高端豪宅项目；北京“运河岸上的院子”和“泰禾红御”纯独栋顶级别墅项目。除精品住宅外，泰禾集团还大举进军高端商业地产领域。在福州先后开发五四北、东二环两个泰禾城市广场，总建筑面积超过100万平方米。同时，泰禾集团还于2011年10月成功竞得宁德市富春东路南侧、高速公路西侧的2.93万平方米的商服、住宅用地。

集团旗下的泰禾地产于2010年9月30日成功上市，迈入全新里程，朝着规范化治理的现代化企业进发。

23

第二十三章

泰禾集团

泰禾集团

泰禾多年以来始终拼搏不止、精进不息，以打造“高端精品”为己任，潜心于代表未来绿色、低碳地产方向的“全面精装”深度研究，并且颇有建树：“运河岸上的院子”首倡的定制“精装院落”理念，已然成为国宅典范和行业标杆；“泰禾红”系列项目的“精装社区”实践，也走在了行业前列。

企业上市后的泰禾，在商业地产、金融证券、化工、医药等领域多元发展，而“精品路线”依然是始终不变的航向，“精进不息”是始终不渝的追求，“精彩无限”是我们希望带给股东和客户的最终回报。

——泰禾集团董事长　黄其森

谋定而后动，泰禾集团“进中求稳”

2012年，泰禾集团发展的第17个年头。17年间，泰禾集团成功占领了中国海西地产高地，在北京乃至全国打出了响当当的“中国第一豪宅品牌”；成功上市，并多元发展四大产业，大举进军高端商业地产。

无论房地产调控如何，泰禾集团总能“胜似闲庭信步”，稳步前进并实现跨越式发展。对此，泰禾集团掌门人、以儒商著称的董事长黄其森认为：“走一步看百步，谋定而后动，方能逆境制胜、步步为赢。”

高端精品战略

做，就要做到最好；品质永远是第一。

在中国地产界，泰禾集团素有“完美主义者”之称。从福州到北京，从住宅到商业，始终秉承精益求精、精品制胜的理念，铸造了一个又一个标杆典范项目。

每一个项目的推出，都会热销于市场，瞩目于业内同行，在地产界竖起了一面红色的旗帜。在以领先的精装理念和造园思想，实现了中国别墅史上前所未有的成品私家园林，终结了别墅市场多年来驻留在建筑层面的产品之争后，也为中国别墅史续写了飞跃性的一笔。

2011年11月，中国豪宅研究院的“首家豪宅研究基地”落在了泰禾集团在北京开发的顶级、纯独栋别墅“运河岸上的院子”与“泰禾红御”头上。

这一头衔，不仅印证了项目的自身价值，更标榜了这些项目对于中国豪宅发展趋势的指导意义。

从最初张永和的新中式建筑轮廓，到如今独门大院的私家园林，“院子”历经的是中国居住文化的不懈探索与创新，激起的是地产界对中式建筑的思考与复兴。“院子”对于泰禾集团而言，不仅仅是产品亮点，更是文化的传承。

荣膺“中国十大超级豪宅”之首的北京“泰禾红御”与“运河岸上的院子”中西合璧，共融一园。“运河岸上的院子”可谓中国别墅界的传奇项目。“运河岸上的院子”不仅做到栋栋大院子，更追求院院好风光。根据每座大院的自身特点，单独设计景观方案，亭台楼阁、绿树红花、流水潺潺……穿林听风打叶声，明月清泉花弄影。“院子”的东方神韵与“红御”的欧陆皇家气质被泰禾集团融合得那么大胆，又那么无懈可击。东方园林的静隐，欧洲宫廷的瑰丽，当两种文化做到纯粹、和谐，碰撞出的自然是市场的赞许与肯定。

运河岸上的院子

一流的团队、顶尖的建材工艺，泰禾集团在造就传世建筑珍品外，成功实践了“精装院落”理念，开创了中国别墅院落精装的先河。“院子”的独有性，也令其在北京豪宅别墅市场中，独步江湖。

在中国楼市“严冬”中，北京无疑是最冷的，而“运河岸上的院子”却依然高调，不打折、不降价，泰禾集团要做的是把产品和服务做到极致。

而今，两大项目的12席楼王震撼入市，每一栋都由世界级建筑大师亲自设计，精装定制；每一栋都是天地间独一无二的艺术收藏，一栋售价高达2至3亿元，成就中国“墅王”。

从最初的天元高端系列住宅起，泰禾集团一炮而红，被誉为海西地产的品牌领航者。自从于北京成功开发“运河岸上的院子”、“泰禾红御”后，泰禾集团总结经验，整合资源，承袭北京国宅品质，深耕福州本土，专注于定制式豪宅开发路线。在福州乌龙江畔两幅近800亩土地上，擘画了福州第一江景豪宅——“泰禾·红树林”和“泰禾·红峪”。

沿江一线排开的建筑规划，已然是前所未有，豪气十足。而凭着多年来对市场的远见、对产品的执著以及作为一个城市运营商的责任心，泰禾集团大举进军精装房，又一次开创了福州豪宅史的新纪元。2010年，泰禾集团项目在福州热销逾30亿元，成为福州销售冠军，也成了这一区域内耀眼的明星。

开创商业地产新篇章

物竞天择，适者生存。每一次调控都是一次机遇！

而企业能否基业长青，取决于三点：做对的事情，把事情做对，坚持做！

2009年，借助国家4万亿经济刺激计划，房地产市场涨幅惊人、火爆异常；被利润充斥的市场，处处洋溢着盲目和乐观，房企疯狂拿地、地王层出不穷、“面粉比面包还贵”的现象屡见不鲜。

彼时，泰禾集团并不为所动，在感受到了背后隐藏的巨大风险后，他们将目光投向了资本市场，加快了上市步伐。

运河岸上的院子

2010年伊始，国家对房地产市场的调控政策接二连三，号称“史上最严”，楼市进入寒冬。而这一年的9月30日，泰禾集团成功借壳福建三农，一举成功登陆深圳股票交易市场，成为当年唯一获准重组上市的地产类企业，这体现出了管理层以及市场对泰禾集团的认可。

对于发展，是一战而罢还是一战而霸，取决于准确的、前瞻性的战略规划，以及适宜的战术。反弹琵琶，也能够灵活自如。

在这方面，泰禾集团显然已作好了准备。对于房地产行业未来发展，他们认为接下来的10年将是商业地产发展的繁荣期，也是房地产企业发展的绝佳机遇。目前，中国将消费增长作为经济增长的全新动力，提出消费拉动经济增长、扩内需促消费的发展规划，这就意味着消费型产业有着巨大空间，商业地产迎来发展机遇。

自2009年房产政策渐隐渐现时，泰禾集团便已开始筹划商业地产，在“严政”之下，泰禾集团以成熟的战略布局恢弘地迈入了商业地产领域。

2011年，泰禾集团以前瞻性的规划，又进军高端商业地产，在福州一举拿下两个城市综合体即五四北泰禾城市广场、东二环泰禾城市广场，总建筑面积近100万平方米，总投资超过100亿元。

缜密的前期市场研究和商业概念定位，美国LLA、RTKL、HZS及英国思邦、伍兹贝格等国际顶级商业地产设计大鳄的加盟助阵，沃尔玛、中影院线等强大的商业品牌联盟，无不为泰禾城市广场的成功运作加上了有力砝码。

而早在3年前，泰禾集团就已成立商业地产设计研发中心，并特别组建了商业地产公司、商业运营管理公司，网罗了国内外一流商业人才，力求专业，做到专人专事，最大限度地保证了泰禾城市广场的运营成功。

初战便大捷，泰禾集团也成为调控期成功转型的先行者。泰禾集团“高端精品、一鸣惊人”的开发精神，也必将开创福州乃至全国高端商业地产的新篇章。

对于2012年，泰禾集团计划在全国开发三四个大型城市综合体，及数个高端精品住宅项目；未来5年内，泰禾集团的系列精品项目将布局全国。

深耕海西，拓展全国

树大必定根深，根深所以叶茂。

泰禾集团起步于福建省福州市。在这里，顺畅的融资渠道和金融脉络，良好的人脉关系和土地资源，使其在土地储备量、市场占有率以及销售量上都名列前茅。泰禾集团犹如一棵大树，根系紧抓海西大地，蓬勃的枝叶却伸向四面八方。

对高速成长的房地产企业来说，走出本地、拓展全国市场是必然过程。泰禾集团全国化战略的第一步，选择了北京。

在泰禾集团看来，要实现全国性的发展，就要使品牌立足于北京；这样，全国性拓展之路就会事半功倍。

北京作为中国首都，有着较强的辐射作用，资源集聚、信息发达、人才荟萃，这些资源都有利于品牌塑造，有利于管理团队素质的提升，有利于企业的发展。

有人说，地产是眼光与资本的博弈，这场盛宴，比拼的多是远见。早在第一枚棋子落下之前，胜负就已分晓。数年后，泰禾集团潜心营造的亿级别墅——“运河岸上的院子”和“泰禾红御”，以无可挑剔的品质力压全国其他同行，摘得了“国宅典范大奖”、“中国十大超级豪宅”。因此，福建的开发商，首次走入了全国顶级豪宅之列。

2009年，泰禾集团与远洋、华润、华远、富力等知名地产企业入选“2009年中国房地产企业品牌价值20强”，品牌价值16.8亿元人民币，是入选地产企业中唯一来自福建的开发商。

2011年，泰禾集团以北京为核心，在北京设立投资发展中心和设计研发中心，高度整合北京资源，推广人才战略，拓展全国。

多元化发展

屹立江湖，需要十八般武艺。

如今，泰禾集团已成功转型为综合性开发商，不论是深耕已久的精品住宅地产，还是刚刚涉足的商业地产领域，都呈现出非凡的专业深度和影响力。

在未来的宏观调控中，“防风险”将成为重头戏，这其中的关键就是要化解地方融资平台债务风险和房地产泡沫风险。对于品牌企业除了打造品质，更要懂得生存和发展。在目前中国经济不会出现硬着陆的环境下，发展实体经济已经成为了企业抵抗风险的生存和发展方式。因此，除了在地产领域的多元化发展外，成功上市后的泰禾集团还涉足金融证券（海峡银行、东兴证券）、农药化工（福建三农化学农药有限公司）、医药（福建汇天生物药业有限公司）等领域，大量注资扩大企业规模，专注产品研发，使集团逐步趋向四大产业并重的发展格局。

谋大事者，必先有大局观。在上市之前，泰禾每次都能在关键时刻对房地产市场作出精准的判断，通过科学决策，确保企业良性健康的发展。上市后，泰禾集团的资金更加充裕，决策更加科学，产品更上台阶，品牌更加深入人心，企业发展必然“乘风破浪”加速前进，集团的壮阔远景呼之欲出。

居易国际集团控股有限公司（以下简称“居易国际”）是一家在香港注册的投资控股机构，专业从事对中国旅游休闲地产综合开发的投资与管理。通过天津盛诺金、北京泊爱和深圳大道三个全资投资平台，对私募股权基金、泊爱易会、地产开发、建筑安装和物业服务五个领域进行投资与管理。居易国际凭借团队成员在旅游休闲综合开发领域的卓越见解，系统地将项目的投资评估、尽职调查、前期规划、市场调研、产品定位、工程管理、营销管理、物业服务等环节进行完美整合，形成规范化的投资管理运作模式，在旅游休闲综合开发方面具有丰富经验和多个成功案例。

24

第二十四章

居易国际

居易国际集团控股有限公司

为了抓住有利商机，探索与尝试新商业模式的转换，我们居易国际在2012年提出重点发展环首都绿色经济圈，设立环首都绿色经济圈镇域发展基金，募集投资环首都绿色经济圈并建设9个有机生态城镇。

通过发起并设立环首都绿色经济圈镇域发展基金，连同境内外金融机构达成战略合作，促进环首都绿色经济圈项目融资渠道的多元化。

通过与政府合作，选择目标一致的开发公司，通过参股、控股或联合开发的形式，对项目的经营管理进行全程控制。

——居易国际集团控股有限公司董事局主席　刘向阳

居易国际：环首都绿色经济圈战略

环渤海经济圈这步棋子落定之后，环首都绿色经济圈又将成为京津冀发展的新启航点。

2010年10月份，河北省提出环“首都经济圈”战略，后改为“环首都绿色经济圈”战略。2011年3月份，国家“十二五”规划纲要提出推进京津冀一体化、打造首都经济圈。消息一出，各方振奋。

据悉，该战略涉及河北省环绕首都的廊坊、保定、张家口、承德4个市，其下辖的14个紧挨北京的县市区悉数列入其中。这些地方被分为京东、京南和京北三大新区，要进行4区6基地建设，即建设高层次人才创业、科技成果孵化、新兴产业示范、现代物流4类园区，发展养老、健身、休闲度假、观光农业、绿色有机蔬菜、宜居生活6大基地。

可以预见，未来，环首都绿色经济圈将迎来一个快速发展期。根据河北省政府预测，2015年，环首都绿色经济圈的地区生产总值将由2010年的1196亿元达到4784亿元，城区总人口由2010年的165万达到300万，形成一个中等规模的城市群。在区域协作以及环首都绿色经济圈效应的促动下，镇域建设作为经济发展的重要载体也将迎来一个快速发展期。

借助此轮国家调控房地产市场的大好时机，居易国际集团控股有限公司（以下简称“居易国际”）计划以城镇发展基金、有机农业基金方式进入环首都绿色经济圈，推动镇域经济，实现新腾飞。

环首都绿色经济圈战略

下一步，房地产的高成长性将紧紧围绕城市化进程展开。在这一进程中，居易国际锁定了环首都绿色经济圈。在这一经济圈层内，实现新腾飞。

众所周知，都市圈是城市化发展到较高阶段的产物，是中心城和邻接城镇分工协作、互动发展的结果，具有高度集聚性、高度开放性、高度协调性、高度自组织性等主要特征；其最大的优势就是可以突破行政区划的约束，使空间资源得到优化配置和整合。其在宏观区位上具有中枢支配地位，是区域社会经济最发达、经济效益最高的地区，具有发展国际间联系的最佳区位优势；对国家、地区乃至世界经济发展具有中枢支配作用。从纽约、伦敦、巴黎、东京等大都市圈的发展历程可以看出，都市圈决定着经济圈，它们都是当今世界最活跃的区域经济中心。一般认为都市圈有多种地域尺度，其中最重要的是通勤半径一般在100公里左右、以单一中心城市为核心的“日常都市圈”和通勤半径300公里左右、内部包含若干个日常都市圈的“大都市圈”。

大都市圈的形成、发展不仅决定和改变着一个地区的人口和产业空间分布格局，也有利于形成合理的区域城镇体系，推动区域城市化和城市现代化建设进程。

环首都绿色经济圈

在城市发展的必然趋势与经济需求下，环首都绿色经济圈战略被河北省以及北京市提到了议事日程。

环首都绿色经济圈是指在北京周边的13个县（市、区）即涿州市、涞水县、涿鹿县、怀来县、赤城县、丰宁满族自治县、滦平县、三河市、大厂回族自治县、香河县、广阳区、安次区和固安县，建设高层次人才创业园区、科技成果孵化园区、新兴产业示范园区、现代物流园区，以新兴产业为主导的经济圈。

2010年底，河北省委、省政府相继召开全省加快推进环首都绿色经济圈建设工作会议和规划编制座谈会，把打造环首都绿色经济圈作为振兴河北省的“核心战略”和“一号工程”；计划举全省之力加快环首都13县（市、区）建设发展，使之成为河北的“经济特区”。

河北省政府在2011年的工作报告中指出，要力争2012年3月底前编制完成环首都绿色经济圈产业发展规划，加快与北京在规划、交通、通信、金融、市场、社保等方面的对接，确保11个新兴产业示范区、5个养老康复基地、8个休闲度假基地、13个观光农业基地开工建设。

构建都市圈的本质在于淡化行政区划，从区域角度强化城市间经济联系，形成经济、市场高度一体化的发展态势；协调城镇之间发展的关系，推进跨区域基础设施共建共享；保护并合理利用各类资源，改善人居环境和投资环境，促进区域经济、社会与环境的整体可持续发展。

锁定镇域经济

环首都绿色经济圈的强力拉动将使圈层内的镇域经济发力。镇域经济也成为居易国际在环首都绿色经济圈发展的着力点。

在这方面，居易国际计划与政府携手，通过打造有机生态小镇，促进镇域经济的综合开发，促进城乡一体化进程，打造新型生活模式。

在具体的发展方面，居易国际计划首先通过有机农业、有机场镇、微农场、有机生活体验塑造乡村都市生活。其中，居易国际旗下的奥伦达部落有机农业公司将与环首都绿色经济圈中的9个乡镇签订有机小镇开发协议，与镇村签订土地租赁合同，发展有机农业，打造有机场镇与微农场；通过出售农业公司经营股权，获取利益。其次是一级土地开发整理。再次是新农村建设，拆村并屯、空心村改造。第四是进行二级地产项目开发。第五是通过并购，通过多种形式的合作获得项目。

北京奥伦达有机小镇项目是其环首都绿色经济圈镇域经济的发展样板之一。小镇位于环首都绿色经济圈中13个县市之一怀来县的北辛堡镇，与北京市延庆县接壤，距北京市区60公里，距县城沙城镇25公里。

小镇以山、水、田园为“生态”基底，旅游、休闲、度假产业及绿色产业作为“生产”之源，度假服务为核心和居住配套作为“生活”之源，在交通枢纽的串联下，共生共荣，和谐“生长”。以生产、生活、生态“三生共赢”为理念，寻求镇域经济发展契机。

与此同时，居易国际也计划在这小镇的基础上推出奥伦达部落，一个为富人成功后实践幸福梦想的部落族群；“有机健康”、“艺术尊享”、“爱的循环”是奥伦达部落幸福三部曲。它向世人描述了这样一种生活：一群曾经成就辉煌事业的社会精英，一群放下诱人的名欲物欲而回归原野的田园儿女，用辛勤与智慧撰写着农耕的新价值；在依山傍水之处，建造居所，与同好者为邻；日出而作，日落而息，找回生活的真谛。

为了抓住有利商机，探索与尝试新商业模式的转换，居易国际在2012年提出重点发展环首都绿色经济圈、设立环首都绿色经济圈镇域发展基金、募集投资环首都绿色经济圈并建设9个有机生态城镇的战略规划。

通过发起并设立环首都绿色经济圈镇域发展基金，连同境内外金融机构达成战略合作，促进环首都绿色经济圈项目融资渠道的多元化。凭着战略发展优势，在地区发展差异巨大的前提下，弥补大都市需求，奥伦达小镇应运而生。奥伦达小镇将无缝对接环首都绿色经济圈，通过整体镇域开发、打造有机小镇，创建新绿色农村样板。

旅游、养生、农业一个都不少

下一步，居易国际将重点发展旅游度假地产、农业地产、养生地产。

随着国家对工作及假日制度的调整，我国公众享有的休闲度假时间普遍增多，有力地促进了人们多方面的休闲消费需求，为休闲度假旅游发展提供了必要条件。养生休闲度假旅游的兴起，居住文化与生态、养生、旅游的结合，进一步为新的生活模式提供了可能性，也为打造休闲度假体系提供了更坚实的基础。

根据研究结果，在旅游发达国家的旅游消费构成中，休闲度假游占到了旅游消费中的50%；反观中国现阶段旅游消费构成，休闲度假游占比仅为20%，存在着巨大的发展空间。因此，休闲度假游将成为未来旅游区域发展的重头戏。

另外，随着中国社会人口结构老龄化的到来，养生产业也迎来了发展契机。

原乡美利坚，高端度假美式别墅

我国是世界上老年人口最多、增长最快的国家之一。20世纪80年代以来，60岁以上的老年人口平均每年以3%的速度持续增长，预计到2025年，中国老年人口将达到2.7亿，2030年将达到3.1亿，2040年达到3.97亿，2050年将达到4.4亿左右，届时约占亚洲老年人口总数的36%，占世界老年人口总数的22.3%。

日益庞大的老年群体，使老年消费在社会总体消费中的比例持续上升；有专家称，“老年经济”将是继“假日经济”后又一经济增长点，并预计老年事业为未来50年十大热门投资之一。

而有机农业是遵照一定的有机农业生产标准，在生产中不采用基因工程获得的生物及其产物，不使用化学合成的农药、化肥、生长调节剂、饲料添加剂等物质，遵循自然规律和生态学原理，协调种植业和养殖业的平衡，采用一系列可持续发展的农业技术以维持持续稳定的农业生产体系的一种农业生产方式。

发展有机农业，可以向社会提供无污染、好口味、食用安全的环保食品，有利于保障人民身体健康，减少疾病发生；可以减轻环境污染，有利于恢复生态平衡；有利于增加农村就业、农民收入，提高农业生产水平。有机农业也为旅游、休闲、度假塑造了一个自然、田园的生态环境。

新跨越

通过主营业赢利模式调整，居易国际发展定位在了投资控股，主要从事对中国休闲度假养生地产综合开发的投资与管理，通过天津盛诺金、北京泊爱和深圳大道三个全资投资平台，对私募股权基金、泊爱易会、地产开发、建筑安装和物业服务五个领域进行投资与管理。并由开发商转变为全程开发管理服务商。在未来的1到3年，完成全国初级土地整理，并引入战略投资伙伴、实现战略复制；未来3到5年，进入二级开发阶段通过销售物业收回投资；未来5到10年，长期持有优质物业并进入二级资本市场。

可以预见，以泊爱易会俱乐部为平台、以奥伦达部落品牌发展为核心的居易国际，在五个业务板块相互协作的基础上，在“以正合、以奇胜”的指引下，必将跨越千亿目标，实现新腾飞。

东渡国际集团（以下简称“东渡国际”）始创于1989年中国深圳，主营业务为房地产投资开发，目前在中国上海、南京、苏州、无锡、常州、连云港、成都、香港等城市及美国等国家拥有全资子公司和合资公司，用以打造东渡国际青年人居系列产品，集团总部设在上海。

20年来，东渡国际始终专注于青年人居产品研发，已成为国内青年人居文化领跑者，迄今为止已针对不同时期不同层次年轻人的个性化需求成功开发青年人居系列产品。目前，东渡国际正在长三角沿线打造大型国际化青年社区，为实现当代青年通过居住族群提升自我的新梦想而努力。

主要荣誉包括：2007中国房地产50强企业；中国房地产20年20强企业；2008房地产行业十佳雇主企业；2006中国房地产百强企业等。秉承“以人为本、创造价值”的理念，东渡国际致力于成为国际青年人居文化领跑者。

25

第二十五章

东渡国际

东渡国际集团

3年前，董事会提出把集团战略发展指导思想由“做大做强”更改为“做精做强”。现在看来，这个转变，正是因为预见到这几年行业的严峻形势，以及房地产市场竞争规范化、精细化发展的趋势从而采取的顺应现实之举。对于集团长期战略下的近几年规划，我想，可以用几个梦想来总结：

第一，梦想人居。青年人居，是我们的安身立命之本，也是东渡国际发展的基石。这几年市场需求最旺盛的是刚需和改善型需求产品，我们要继续快速复制，巩固这部分市场。

第二，梦想网络。东渡国际将致力于发展网络房产，用现代科技真正改变传统的房地产开发模式，让开发商和业主共同感受到科技进步带来的居住革命。

第三，梦想海外。虽然受各种影响，我们的海外梦想还未能开花结果，但是，我们相信，只要坚持不懈，梦想终能成为现实。

——东渡国际集团董事长　李海林

东渡国际：放飞青年人居梦想

面对纷繁复杂的经济社会环境和日益激烈的行业竞争，房地产企业，尤其是中小企业，如何在竞争中寻求发展、选择什么样的发展道路至关重要。而要选择适合的发展道路，除了认清企业自身发展的条件外，首先就是要对行业所处的环境和发展趋势有清醒的认识。

刚刚过去的2011年，是中国房地产行业波涛汹涌的一年。史上最严厉的调控政策持续加压，限价、限购、限贷等限令当头，成交量整体下滑，楼市委靡，信贷闸门紧缩，开发商资金链紧绷。展望2012年，行业内的悲观情绪依然浓重，甚至有观点认为房地产行业已经进入下行阶段。

但是东渡国际集团（以下简称“东渡国际”）却对形势有着清醒的认识，其认为，从长远看，城市化推动房地产市场需求增长的趋势并不会改变，房地产市场还会有较大发展。但未来房地产发展主要以满足刚性需求为主，如何根据市场环境选择正确的产品线和投资区域，成为东渡国际发展的主要着力点。

在激烈的竞争中，东渡国际一直专注于青年人居产品研发，并提出为年轻人打造“第一个家”，这一差异化竞争策略使其在当下以刚需为主的市场中优势凸显，保持了稳健的增长。

主打刚需和改善型市场

最新的统计数据显示，不同区域、各级城市人口数量仍在急剧增加，对房地产有持续性的巨大需求，而从目前发展趋势看，这种需求还将保持较长的时间。

从本轮政策调控看，主要是抑制和打压投资性和投机性需求，在此情况下，受到调控政策影响最大的就是高端物业等非普通住宅项目。而对于一般的刚需和改善型产品，无论有无政策调控，都表现出强劲的市场需求，尤其在整体市场较为低迷时，如果性价比较高，这类产品更是表现出较高的市场接受度。东渡国际开发的苏州相城“2+1”洋房产品在逆市中热销，就有力地证明了这一点。

审时度势，择势而行。基于上述形势的分析，东渡国际提出，重点开发满足刚性需求的产品，为各个发展阶段的青年阶层提供高品质的生活空间和增值服务，从而建立清晰的客户梯度，提高客户忠诚度，实现东渡国际品牌价值最大化。

事实上，自成立起，东渡国际就提出“为青年提供高品质的生活空间和房地产增值服务”的目标，致力于为年轻一代提供“第一个家”及后续的改善型产品，以青年人居产品为主的准确市场定位和独特产品创新能力，使其开发项目较周边同质产品价值高10%至15%。

诠释人生成长史

透析东渡国际开发的产品系列，仿若看到一部人生成长的历史。

其第一代产品是青年城系列，这一系列凝聚了东渡国际20年的开发经验。其充分分析了青年人群的特性：梦想、便捷、科技、时尚、运动、国际化……针对青年人的个性化需求开发产品。

南京国际青年城正是这一系列产品的典型代表。通过这一项目的实践，东渡国际认为，可以以南京国际青年城、相城产品为基础，实现产品的快速复制和对成本的有效控制。提供高性价比、符合市场需求的产品，受到政策调控的影响和销售阻力相对较小，销售前景并不成问题。目前，东渡国际正在长三角沿线打造大型国际化青年社区，为实现当代青年通过居住族群提升自我的新梦想而努力。

东渡国际的第二代产品则是丽舍系列，它定位于满足我国一二线城市商务居住需求，其中最具代表性的就是苏州枫桥银座和东渡名人大厦、南京东渡锦江丽舍、成都东渡时代凯悦等。该系列产品通常位于城市中心CBD区域，拥有完善优越的周边商务环境，户型相对商务，装修品质较高。它是中国城市发展中比较贴近现代商务居住需求的产品，具有与国际接轨的巨大发展空间。

此外，东渡国际还开发了满足城市新贵品位生活的第三代产品——海派青城系列，其定位于满足我国一二线城市都市新贵或白领家庭的居住需求，其中最具代表性的就是松江海派青城、常州海派青城系列产品以及苏州海派青城。该系列拥有完善的包括公寓、别墅、会所、学校、配套商业等在内的基础生活设施，户型相对紧凑实用，建筑设计新颖，品质较高。

而惊艳世博会的青筑系列作品和国际企业家俱乐部系列产品则定位于高端。青筑系列作品定位于将我国青花艺术国粹与建筑结合运用，开发出适合中国人审美情趣的艺术人居作品。其利用我国著名的青花艺术为蓝本，聘请著名青花艺术大师王锡良和张松茂作为艺术顾问，在建筑上融合了青花应用，将艺术结合房产开发，力求创造一座经典的人文艺术社区。

国际企业家俱乐部系列产品则通常位于城市中心逐渐形成的新CBD区域，利用绿色生态的设计理念提升商务综合体的使用环境和扩展城市土地利用资源。

不同的产品系列，是东渡国际为满足青年人不同阶段的需求，承载他们对人生的梦想而设计的。丰富的产品线，也使得东渡国际的客户可以在其人生发展的不同阶段有更多的选择，提高了客户的忠诚度，同时也见证了东渡国际发展的历史，实现了其“为客户提供价值，与客户共同成长”的理念。

审慎拓展商业项目

而要说到产品线的拓展，就不得不提当下房地产开发向商业进军的热潮。由于对住宅产品的政策调控，商业项目受到市场的热捧，在2011年，商业用地的推出数量有了明显增加，同时成交价格也水涨船高，个别地块甚至出现了较高的成交溢价。

东渡国际分析认为，对于商业土地需求的大量增加，部分地反映了第三产业内在发展需求能量的释放，但同时也应该清醒地认识到，商业用地的推出和成交数量的大量增长，对于住宅项目调控造成的资金挤出和避险效应，也是造成商业项目空前火爆的主要原因。从微观的角度看，相比住宅项目，商业项目更具挑战性，对于业态、户型面积、招商、后期运营等都有较高要求，资金的投入量较大，投资回收期长。

因此，对于进入商业地产领域，东渡国际保持了理性和审慎的态度，认为在现阶段，即使要进入商业地产领域，也应该尽可能选择中心城市的核心地段，以减少市场风险。

专业化拓展，科学化管理

东渡国际能保持冷静和理性，并非出于偶然，而是得益于其高素质的管理团队和科学、规范的管理体系。

目前东渡国际共有五名董事，均为知名商学院工商管理硕士，且具有房地产十年以上的经验，在管理方向、年龄结构、学识结构等各方面具有相当的优势和互补性。此外，其还有两名独立董事，均具有海外高等教育、工作背景，在财务、法律、资本运作和房地产领域有着丰富的实战经验，并享有很高的声誉。而除了高层以外，中层、技术人员及普通员工也大多具有高学历。

除此之外，东渡国际在战略和人力资源、财务、技术等各方面均采用了科学的管理体系。以技术管理为例，该集团内部有一套非常规范、标准的体系和流程。在设计管理上，建立了集团设计及工程管理的业务流程和标准，持续进行建筑理论和技术、产品创新的研究。在成本管理上，其建立了集团供应商体系，引进战略合作伙伴，降低采购成本。在工程管理上，集团的《工程管理策划》规定，进入施工阶段前，对项目在整个建造阶段的全过程进行全方位的统筹安排和计划；在施工过程中，严格按照国家规范的工程质量标准，进行周密的工程管理策划，保证高质量、快进度、低成本地完成项目。

打造满足刚性需求的产品，绝不意味着牺牲品质，通过科学的管理，可以实现高性价比、高质量，东渡国际的实践有力地证明了这一点。

推进标准化，提高产品技术含量

着眼于房地产行业发展的未来，东渡国际给自己提出了更高的目标：推进产品标准化，提高产品技术含量和舒适度。

而引入价值工程的理念和方法，以满足功能和价值匹配为原则，去除不必要的附加，理清客户最关注的产品要素，对这些要素进行重点研究和总结，形成能被市场接受的高性价比产品的标准就成为东渡国际当下最重要的工作。

由于未来将主打刚需和改善型产品，东渡国际正在总结在市场上获得成功的项目经验，包括相城洋房产品、南京国际青年城等，在此基础上，积极吸收其他企业的优秀产品特色，形成具有东渡特色的普通住宅产品系列。

由于气候危机和能源危机凸显，环保、节能已经成为社会发展的趋势，同时也是青年一代关注的热点。无论是从满足客户需求的角度抑或是履行企业公民社会责任的角度，东渡国际都在用环保、节能的指标去衡量自己的产品。其提出，在新的产品标准中，重点考虑节能、节水等客户的关注点，引入适合的技术和材料、建设标准和工艺，提高产品的舒适性、经济性。

走出长三角，创造最大化价值

目前，东渡国际的投资区域立足于长三角。这是中国经济最发达、城市数量最多、城镇体系最合理、最有可能成为世界第六大城市群的区域。其认为，整个长三角区域交通发达，未来要容纳更多的人口，无论是核心城市，还是次级城市，都充满了市场机会，仍然应该作为未来投资的重点区域。

但东渡集团也在长三角以外的区域进行积极拓展。其现在已经在成都有项目，正在考虑以此为基地，逐步向重庆方向拓展，在成渝地区逐步做大，远期向以武汉为中心的长江中游城市群发展，在沿长江的中国东、中、西部最发达的城市群轴线（长三角城市群—长江中游城市群—成渝城市群）上布局发展。在此基础上，再向南北方向其他的城市拓展。

此外，从2004年起，东渡国际就一直梦想能打破传统地域制约，把房地产开发拓展到海外，下一阶段，海外也将成为其努力拓展的方向。

“梦想建筑，建筑梦想，做中国最有价值的地产企业”，是东渡国际发展一以贯之的理念。而无论是努力实现青年人居的梦想，还是通过深度和广度扩张相结合的方式进行拓展，为股东和投资者创造最大化价值，为员工创造广阔的发展空间，抑或是通过对节能、环保理念的实践承担企业社会责任，东渡国际都在行进中实践着自己的理念，实现着自身的价值。

西安高新技术产业开发区房地产开发公司（以下简称“高新地产”）是西安高科（集团）公司旗下的全资子公司，创立于1991年5月，注册资金为9亿元。高新地产累计完成西安高新区集中新建区4平方公里的开发建设，累计开发面积达600多万平方米，积累了38亿企业资产，综合实力位居中国地产企业第49位，在中国服务业500强评比中名列第391位，荣膺“中国地产二十年·最具影响力品牌”称号。

高新地产成功塑造了“高新地产”企业品牌、“枫叶家园”产品品牌、“高新物业”服务品牌，是全国工商联房地产商会常务理事单位，中城联盟发起人之一，也是西北首家通过ISO9001国际质量体系和ISO14001环境管理体系认证，荣获国家一级开发资质的房地产开发企业。在近20年的企业发展历程中，高新地产开发的枫叶新都市、枫叶新新家园、“曲江·枫林溪园”、枫林华府、“高新·红枫林”、“高新·水晶岛”、“高新·水晶城”等项目产品已成为西安人居生活的典范之作。服务业主达10万人，占到西安高新区常住人口的60%以上。

26

第二十六章

高新地产

西安高新技术产业开发区房地产开发公司

经历了房地产行业曾经盛极一时的繁荣，面对现在严峻的政策压力和市场环境，高新地产未来的发展必须进行战略转型。作为有20年房地产行业开发经验的高新地产，中长期的企业发展战略就是依托高新区和西安高科集团，结合西安市及周边区域发展规划，以专业化、差别化、区域化为主，采取渗透整合战略，提升房地产行业竞争力，形成以房地产业为基础产业、以城市基础建设为发展产业两轮驱动的战略模式。

高新地产人将秉承“专业、创新、学习”的经营理念，抓机遇，促发展，“不求最大，但求最长；不求最强，但求最好”，着力于绿色、科技、低碳，追求高档产品“由期房向现房转变”，硬性需求“由现房向精装修转变”，努力朝着“品质生活家”的目标奋进。

——西安高新技术产业开发区房地产开发公司总经理　张彦峰

高新地产：实现“诗意生活”人居理想

2011年，对西安高新技术产业开发区房地产开发公司（以下简称“高新地产”）而言，是难忘的一年。这一年，它迎来了自己诞生20周年的纪念日。20年来，它一直秉持“专业、学习、主创”的核心理念，从单纯地解决“住”到“诗意栖居”，在追求“自然·建筑·人”和谐的同时创造有品质、有品位的生活方式，旨在实现“诗意生活”的人居理想。

从“绿色生活”到“健康成长”，从“用心建筑生活”到“品质生活家”，再到“生活艺术家”，高新地产理念的转变，象征其从追求品质上升到对人居方式的引导上，在改变城市面貌的同时也改变着城市的人居环境，实现了数万人的品质生活梦想。

用心建筑20年枫叶成林

中国房地产业从20世纪90年代开始飞速发展，逐渐成为中国经济发展的重要力量之一。“居住改变中国”的时代命题推动着房地产企业从小到大，从弱变强，在这个宏大的时代叙事中，高新地产身居其中，一走就是20年。

回首20年前，西安高新技术产业开发区被国务院首批批准为国家级高新区。高新地产的前身——高新区建设开发公司在成立之初，就肩负起了高新区的城市基础设施配套和建设。高新区的每条道路、每个厂房、办公楼、宾馆、学校、住宅区都留下了高新地产人的汗水，高新路、高新中学、高新小学、火炬大厦、金融大厦无不凝结着高新地产人的智慧。

如果说高新地产早期开发的枫叶南北苑、枫叶别墅区、枫叶新都市、高新国际商务中心还处在完成高新区城市配套的建设中，那么，2001年12月24日，公司正式更名为“高新技术产业开发区房地产开发公司”后，高新地产已不再满足于仅仅完成高新区基础配套建设的使命，而是将眼光投向了更加长远的未来，希望能用建筑语言来表达对历史的敬意、对城市的尊重、对诗意生活的探索和对人性的深析，真正成为有追求、有品位、有理想的房地产开发商。“高新·枫林华府”、“曲江·枫林溪园”、“高新·红枫林”和“枫林·九溪”等项目成为高新地产创造性地寻找发展机遇，积极投身到楼市大潮之中最好的见证。

打造“品质生活家”

业主利益在高新地产的企业宪法中被置于首位。20年的企业发展历程中，从枫叶系列经济住宅产品到枫林系列高端住宅产品和水晶系列商务产品，片片温情服务着10万业主，他们占到了西安高新区常住人口的60%以上。

高新物业也因热情贴身的服务态度和追求高品质的管理精神，成为国家住建部首批认定、西北首家具有物业管理一级资质的物业管理企业，同时它还是中国物业管理协会、陕西省物业管理协会和西安市物业管理协会副会长单位。

但高新地产并不满足于现状。其分析认为，当前物业管理行业正处于由初级阶段向高级阶段过渡的关键时期，客观环境的变化迫切需要物业管理行业创新，需要物业管理企业进行角色转变，由过去的小区“管理者”转变为小区的“服务者”。业主更多地需要物业为其提供以服务质量、服务价格和社区有偿服务为中心的生活服务。

因此，2012年，高新地产着力于改变原有的单一物业服务模式，物业公司将拓展生活品质配套服务，深度发掘业主日常衣食住行的需求，利用物业公司平台，结合自身服务资源，除了直接向业主提供有形服务以外，还通过提供间接服务、人文服务和信息服务，为业主提供高层次、高水平的服务，更好满足业主需求。此外，高新地产还将做好项目规划，组织和利用社会服务资源为业主提供全方位的、及时贴心的、专业化的服务，增强物业公司家居服务集成经营能力，使物业公司逐渐转变为服务集成商。

磨炼“高性价比”必杀技

从1998年到现在，房地产行业经历了15年的成长兴奋期。过去资源的极度短缺，导致房地产呈现疯狂的高增长：地价猛增、房价猛涨、需求量深不可测。这种疯狂的状态导致了房地产的产品和服务性价比与汽车、家电及电子等行业相比差距巨大。

如今，面对严峻的市场形势，非理性的高增长已经一去不复返，购房者越来越趋向于通过对楼盘地段、质量、环境、配套、景观设计、户型设计、物业管理等各方面综合因素进行评定，最终决定购买行为，高性价比成为衡量楼盘品质与价格是否对称的指针。

目前，随着一线开发商登陆西安，西安本地房地产市场竞争日趋激烈。要在激烈的竞争中脱颖而出，高新地产认为，必须要比拼谁的产品和服务定位更准确、更人性、性价比更高。性价比是否优质成为未来决定房地产企业成败的唯一标准，只有为大众消费者建造实惠的高品质住宅才会愈发受到消费者青睐。有效提升产品性价比，将成为市场必杀技。

为打造高性价比的产品，一方面，高新地产提出，时刻以客户需求为导向，尽心尽责尽力，牢固树立“产品等于人品，质量就是生命”的品质观，深刻认识品质是质量、信誉、责任和文化的集合，全面提升公司的产品品质和服务品质。

另一方面，高新地产淬炼了产品定位、项目规划、产品品质、园林景观、成本控制和物业服务六大核心竞争力，力求通过提供有品质的产品和服务，让高新地产的每个产品都领先于市场，成为时代的表征、生活的典范，力争在两到三年内使高新地产成为西安市房地产业第一品质的代表。

合作共享，转型商业地产

当住宅市场受到政策调控时，房地产企业开始把目光投向其他领域。商业地产由于受政策影响较小，已经成为房地产企业转战的重地。目前，商业地产的发展主要得益于国内经济的高速增长，城市化率不断地提高，旧城改造等利好，都带来了对商业地产的需求。

高新地产向商业地产进行战略转型，同样不忘其“品质生活”的理念，从某种意义上而言，商业地产项目的运作，是对实现“诗意生活”的有力支持。

目前，高新地产力争在一到两年内，通过水晶城商业项目的运作，尽快打造水晶城商业品牌，使水晶城商业品牌立足水晶项目的成功开发，迅速提高知名度和美誉度，延伸高新地产品牌价值，整合架构商业管理品牌。

高新地产清楚地认识到，商业地产不同于传统的住宅开发，必须通过合作共享，实现合作共赢。其表示，在未来，一是要引进想持有长期性商业物业的大投资商，引入城市运营的理念；二是要借助专业的商业地产经验，引进大型的知名的有实力的商业管理公司；三是要引进一批有实践经验和成功案例的商业管理人才，通过项目的积累形成自己的商业开发模式和专业的商业管理队伍。这三者密不可分，缺一不可，将成为高新地产成功转型为商业地产的重要保证。

多元化融资，持续前行

未来3到5年，高新地产的宏伟蓝图是：经营持有型物业收益和开发销售型物业收益要各占到50%，持有型物业每年创造5000万到8000万的净收益，销售型物业每年创造8000万到1亿的净收益。

而这无疑需要充足的资金作为支撑。企业的生命在于现金流，如果企业所生产出来的产品和服务、所打造的商业、所提供的生活服务形成不了很好的现金回报，企业运营就会出现问题。

2012年，房地产调控政策的效果更将显著，资金形势会让企业面临生死抉择。在这样的关键节点上，高新地产提出了“现金为王”的理念。其将加强行业内的交流，与各家金融机构尤其是资产管理公司建立紧密联系，适时了解行业动态，根据自身经营情况，适时对有价值的待处置不良资产、资源进行整合。

此外，其还提出，要加强与行业间企业的交流、取长补短、采取合作或并购的方式，资源共享，降低经营成本和风险。与此同时，还要跟进金融行业知识，更新换代金融工具，构建合理的融资模式，合理控制投资规模，加快库存去化，尽可能多融资、快融资，形成多元化融资，谋求企业的长足稳健发展，自加压力，主动创造。

2012年，被高新地产定为“健康成长年”，“健康成长”概念的内涵，归纳起来就是八个字：健康、智能、低碳、幸福。而资金健康无疑是其中重要的体现。

展望未来，高新地产提出，在未来3到5年内将专注于房地产业，一业为主，多元经营，主业强大，专业精干，生产、资本两种经营并重。在保持房地产业核心竞争优势的前提下，形成多元化的、具有利润潜力的房地产开发经营业务组合，坚持走创新与发展之路，高水平地参与合作与竞争。

而在新的征途中，为居住者、为城市提供“品质生活”、“诗意生活”的理想将一如既往指引着高新地产前行。

陕西西安新大陆集团有限公司是一家全资民营企业，1988年创立于海南，1993年迁入西安，同年创建了西安雅荷房地产开发有限公司。

历经近20年的艰苦创业，形成了以房地产开发为主体的5家独立运作项目子公司为一体的现代化企业集团。该集团注册资本1亿元，雅荷地产注册资本1.5亿元，集团各子公司注册总资本15亿元。

集团公司创立至今，始终坚持以消费者为导向的管理理念，以满足客户需求为目的，保持永续经营的“均好性”企业；以持续地服务于人们高品质的生活为使命，追求的是赢得社会尊重的企业核心价值观。

27

第二十七章

雅荷地产

陕西西安新大陆集团有限公司

你不情愿地发现，这个世界总是在变，一刻也不肯停留。该来的，早晚都会来，谁都挡不住。这就是人们常说的：大势。

如何应对？对于企业的战略发展来说，有规划才有发展、要发展就要有规划——这是成功企业家的共识。对于资金密集型的房地产企业，“变革求新”的发展规划更具战略意义……

然而挑战与机遇并存。面临激烈的市场竞争，我们在中国房地产市场长期向好与中国城市化进程的大机遇下，敢于并有信心面对挑战，希望通过进一步完善企业内部管控、提高产品定位，在依靠多地域、多业务组合的情况下，实现企业经营的稳定和持续。并积极完成资金、土地、人才三方面的储备，实现公司可持续发展。

为适应市场的发展趋势，及保持企业市场地位、完成收益目标，公司在加强品牌管理、关注产品质量的同时，也将对多项目运作开发进行周期安排，慎重选择商业地产、写字楼、文化地产、旅游地产项目的开发。依靠组织机构、流程规范、营销模式、产品创新、人才保障、资源共享等方面来保障发展战略实施。

——陕西西安新大陆集团有限公司　董事长兼总裁　徐束萍
雅荷房地产开发有限公司

雅荷地产，做“均好型”企业

古城西安，北城，雅荷地产，20年。寥寥言语勾勒出了一个企业辉煌的发展历程——拓荒北城，带动区域发展，开启草滩古镇的新风韵……

是的，在这20年中，以“持续地服务于人们高品质的生活”为使命的雅荷房地产开发有限公司（以下简称“雅荷地产”）和它的“掌门人”徐東萍在西安这片热土上，早已家喻户晓。

自1993年起，隶属于西安新大陆集团的雅荷地产作为第一个进驻西安北城的本土房地产企业，20年来以“西安城建为主体，立足北城，服务于三秦大地”的定位，在以消费者为导向、以满足客户最终需求为目标和关注品质的战略规划下，现已形成了以房地产开发为龙头，集物业管理、园艺绿化为一体的现代化专业公司。先后在西安成功开发了以“雅荷”为品牌的雅荷花园、雅荷翠华大厦、雅荷香颂、雅荷盛世名城等系列房地产项目，累计竣工建筑面积约300多万平方米；在建项目6个，总建筑面积为200多万平方米。雅荷地产在西安占据了良好的市场份额，具有很强的示范和引领作用。

2012年，适逢雅荷地产成立20周年。这一有纪念意义的日子不仅是雅荷地产发展历程上的里程碑，也将是它的新起点。

保持永续经营

保持永续经营，做“均好型”企业、赢得社会尊重是雅荷地产的战略目标。达到这一目标需要企业在管理、品牌、产品品质以及文化建设等方面均有过人之处。

品牌是企业实力、产品质量、管理水平等指标的综合体现。在资讯发达和行业诚信日益缺失的今天，品牌已越来越被消费者关注和重视；对于有实力的房地产企业来说，实施品牌战略无疑已成为增强自身竞争优势和提高行业竞争门槛的利器。

在品牌策略方面，雅荷地产品牌战略的实施主要依靠组织机构、流程规范、营销模式、产品创新、人才保障、资源共享等方面保障。具体包括建立职责分明的组织结构，加强品牌管理。从规范化流程设计开始，逐步迈向精细化运营管理；建立符合行业发展趋势的品牌营销模式；发展产品研发与创新能力，为高效的内部管理和快速持续发展打下坚实的基础；以人为本，发挥各种专业化人才的作用，实行人力资源的动态管理；通过资源优化、资源共享机制，培育竞争优势。

为此，雅荷地产首先成立了雅荷党支部。尽管雅荷地产为民营企业，但高度重视党建工作。目前已成立党总支，下设3个支部。党员75人，同时还有18名预备党员。集团公司党支部多次被上级评为“先进基层党组织”，多名同志获得“优秀党员”称号。这提升了企业凝聚力、向心力。

其次，加强企业培训。在培训方面以最终服务客户、客户满意、创造效益为目的，对员工素质、精神面貌、专业技能等进行深化培训，以提升“雅荷”品牌的美誉度、满意度、知名度。

再次，进行服务升级。通过设立雅荷客服专线及时有效地解决业主问题，并定期进行“客户满意度调查”了解客户需求，以便对工作进行及时调整；同时，开办雅荷幸福会，开展精彩活动，真实体现雅荷关爱，切实为业主提供有效服务的发展理念。

第四，设立雅荷地产20年品牌形象展示专区。引导公司内外对20年雅荷品牌建设之路有更为直观的认识，切身体会雅荷地产在产品品质、服务质量、公司发展、战略布局、人才储备等方面的提升及发展。

在产品策略方面，为了应对国家政策局势与市场环境变化，推动雅荷地产的相关资源与外部环境相匹配，从而实现效益最大化，早在2009年，雅荷地产在发展战略上便进行了调整，除了继续专注住宅领域外，还要向商业地产、旅游地产、文化地产方面转型。

2012年，雅荷地产将重点开发雅荷春天国际广场和西安雅荷国际文化艺术中心两个大型商业广场项目。雅荷春天国际广场定位为城市级复合型商业综合体，集住宅、酒店、商业、剧院为一体；位于西安市政府新区中心地带——未央路与凤城五路十字西北角，总占地面积47.83亩，总建筑面积24.05万平方米，总投资约13.7亿元。该项目目前处于设计规划阶段。

西安雅荷国际文化艺术中心则是由雅荷东方百老汇和雅荷台湾城两个大板块组成。雅荷东方百老汇位于西安市北二环内朱红路西侧，总开发面积为64万平方米；其中一期开发约23万平方米，二期开发约41万平方米；整体呈矩形，自南向北纵向排列，沿街面长800余米，分为文化、商业、商务等三大区域。文化产业板块以百老汇歌剧院为核心、以动漫产业孵化中心为中轴，配合百老汇、梨园文化博物馆、梨园文化广场等展示属性较强的业态。

雅荷台湾城项目的总建筑面积约7.5万平方米，其中商业面积约4万平方米，公寓面积3.5万平方米；定位为台湾主题风情商业街，主营台湾美食、台湾小吃、台湾糕点、水果、各类台湾风情小商品、台湾咖啡家庭式影院。

建成后，雅荷国际文化艺术中心既能满足周边城改居民商业消费需要，同时还能兼顾未央区域乃至整个西安市区居民的外向型消费需求；更是一处外地游客必到的、具有国际氛围与文化气质的、同时兼具旅游与商业功能的大型综合项目。

作为推动城市文明的积极力量，雅荷地产又对产品提出了新要求和新目标，即“高品质、新生活”，对产品的设计与定位更加重视。

他们认为，只有开发出独具特色的、满足业主居住要求的产品，才能占领市场、确保销售。

从1993年至今，雅荷地产的产品从材料选择、产品设计、配套设施等方面不断升级，在合理规划交通环境，采用节能环保材料、地热资源等方面，融入了文化气息、人文关怀等软环境，让生活在雅荷地产社区中的每一位居民都有一种精神、艺术上的享受，从而推进高尚生活模式，营造和谐美满的生活新空间。

资源储备战略

战略是方向，实现这些战略则需要适当可行的方法和资源储备，包括资金、土地、人才的储备。

近年来，雅荷地产加强了融资能力。首先在以银行为主融资渠道上，开拓出了多元化融资渠道，如企业上市、信托投资公司、房地产基金、发行债券等融资方式；其次，通过合理资金运作（如合理资金分配）和有效管理控制各项成本费用，确保当前营造与后续开发的协调；再次，加强提升企业的金融资本运作能力，加强房地产业与金融产业的融合，拓宽了公司多个项目融资渠道；第四，通过赢利能力的改善，提高资本市场融资能力；第五，充分利用社会资源，通过商业信用、定向增发等方式实现了公司进一步拓展业务的融资渠道。

在土地储备上，公司提倡科学、理性的获取理念，以土地价值的充分利用为目标，同时根据自身实力量力而行。目前，雅荷地产除了在建的6个项目外，另外有3个待建项目，项目用地总面积约2000亩，规划建设总建筑面积为200多万平方米，其中商业部分约占100万平方米。

在人才储备上，近几年，雅荷地产根据发展需要，储备了一批懂管理、技术精的复合型人才。在人才获取方面，一是根据多项目运作的主导思想，按照资源配置要求，通过项目运作内部培养人才；通过内部竞争体系的建立，激发内部人员的积极性，迅速地促进人才成长。二是通过制定具有竞争性的薪酬与激励体系，吸引外部人才。

精细管控，稳中求胜

即使身处僻静的蓝海，企业也必将面对种种不可预知的风险。此时，管控体系严密、方向明确，都能促使企业即便处于行业环境动荡中，也拥有发展的基点与前进的力量。

面对激变的外部环境，雅荷地产一直关注发展目标、业态组合、产品组合以及区域战略等环节设定，并认真研究、论证。在此基础上，按照雅荷地产新的企业战略，设计和优化相匹配的组织管控体系，以求企业战略真正落地。通过管控模式、组织结构、工作流程、业绩考核的整体优化，实现雅荷地产企业战略与管控的整体性提升。

公司也逐步建立了以“资金管控”为核心的全面预算管理，以“业务管控”为核心的项目运营管理。包括事前产品标准化规范、事中严格管控计划执行、事后积累项目经验知识。强调责权清晰的刚性体系，以及高效的执行力、严格的结果导向。创立科学的内部营运机制与模式以达到降低成本的目的。

经过本轮的房地产调整，房地产行业必将迎来新的发展。伴随而来的将是激烈的竞争。要赢得未来10年甚至更为久远的发展，则需要企业加强内功、加强资源整合、提供高质量的产品。

面对2012年及未来，雅荷地产持乐观态度，并认为未来是机会大于挑战。2012年，雅荷地产将“稳”步而前，不多投入、不做多项选择、不盲目扩张，将现有业务做精，并以更加稳健的身姿航行在房地产行业未来的发展蓝海中。

青岛城市建设集团股份有限公司（以下简称“青岛城建”）创建于1984年，27年的成长过程中，青岛城建始终如一坚守社会责任与义务，秉承“追求卓越，创造经典”的核心价值观，专注于优质房产品的开发，以“营造绿色栖居，创造美好生活”为企业使命，致力于为社会创造和谐、优雅的居住环境，为城市和历史留下优秀的建筑作品。

历经20余年的潜心发展，青岛城建形成了集投资规划、开发建设、商业管理和物业服务为一体的全过程运作能力和系统、高效的多业态综合开发能力，旗下拥有全资及控股企业近20个。产品类型涵盖普通住宅、花园洋房、别墅、写字楼、酒店、超大型居住区、城市综合体等，每一种业态都有城市标杆性的作品。

凭借“坚韧务实、求新求变”的精神气质，青岛城建成立20余年来赢得了客户、合作伙伴以及业内同行的信任和尊重。先后荣获“中国城市运营商50强”、“中国房地产企业100强”、“全国房地产诚信企业”、“山东省富民兴鲁劳动奖状”等数百项殊荣。

28

第二十八章

青岛城建

青岛城市建设集团股份有限公司

青岛城市建设集团一直以来秉承“质量为本，管理为先，理性开发，永创精品”的发展理念，跟随时代进步和产业发展趋势，不断优化企业发展战略。当前形势下，青岛城建从品质入手，提升产品的市场竞争力；及时调整产业结构，适应市场形势变化发展；重视优秀人才引进；同时进一步深化企业改革，提升自身活力，适应市场变化。

——青岛城市建设集团股份有限公司董事长　孔少武

青岛城建：理性发展，砥砺前行

青岛城市建设集团股份有限公司（以下简称“青岛城建”）始创于1984年，前身是青岛市政府组建的青岛市城市建设综合开发总公司。历经20余年的深耕发展，公司已壮大成为集投资、房地产开发、大型市政建设、五星级酒店建设与管理、建筑设计与研发、建设监理、物业管理服务、房屋销售、房产中介、房屋动迁、文化传播等多元化产业于一身的大型综合企业集团，已从单纯的房地产开发企业发展成为综合型城市运营商。旗下拥有具备国家一级开发资质的房地产开发企业、甲级建筑设计资质的设计研究院、国家甲级资质的建设监理企业、国家一级物业管理资质的物业管理企业等全资及控股企业20余个。

理性开发，永创精品

一直以来，青岛城建秉承“质量为本，管理为先，理性开发，永创精品”的发展理念，紧随时代和产业发展趋势，不断优化企业发展战略。

房地产开发作为青岛城建的核心业务，始终坚持以优异的产品品质作为赢得市场的核心竞争力。从项目策划、规划设计、建筑施工、科技成果应用、社区服务等多个方面历练产品品质，提升产品均好性。

秉承这一理念，青岛城建近几年开发建设的“山色”系列、“Toptown”系列等均受到了消费者高度认可，也使其在形势较为严峻的情况下，凭借优异的产品赢得了市场，实现了企业的可持续发展。

市场是不断发展变化的，企业战略亦需要不断优化进步。青岛城建在历练产品品质的同时，更加注重走出一条创新之路，形成自己的核心价值以及特色的经营之路。

青岛印象·山

自2000年以来，该公司在开发北京青岛嘉园、北京玫瑰御园、阳光山色、竹韵山色等项目时，逐渐积累了一些具有青岛城市风貌特色和城建地产产品特质的基本元素。这些项目融会了青岛的本地建筑特色，不论在青岛本地，还是其他区域，都受到了高度认可和欢迎。这给予了青岛城建以极大启发，也成为其走出独特产品之路的基础。随后，又在此基础上研发形成了“青岛印象”产品系列，并将这一产品定位为“十二五”期间主打产品。

“容得下世界，放不下青岛”是青岛印象包容世界、回归本源的精神主题的高度概括。它来自青岛城建对青岛这座城市难以割舍的情怀，也源于企业公民对社会发展的使命意识。

目前，青岛印象系列的首秀之作——“青岛印象·金沙滩”已于2011年推向市场，接下来的“青岛印象·山”、“青岛印象·湾”也已全面铺开，即将展现出其令人赞叹的风采。而位于北京核心区域的“青岛印象·佑安”，将会把青岛城建这一新型产品引入京城。

调整发展

在国家强力调控政策出台之前，房地产市场持续高温阶段，青岛城建并没有盲目地被市场牵着走，而是坚持两条腿走路，既要抓住市场机遇，又要谨慎防范市场风险。

首先，鉴于调控主要针对住宅产品的现状，一方面继续专注于中高档住宅产品的开发建设，满足市场的刚性需求；另一方面，未雨绸缪，及时推进自身产业结构调整。如在青岛跨海大桥和胶州湾隧道立项之初，就敏锐地捕捉到青岛西海岸区域巨大的发展潜力，在该区域启动了大型城市度假综合体项目，拉开了该公司进军商业地产的序幕。目前，随着桥隧贯通的利好，加上项目本身不在限购之列，获得了极佳的市场竞争力。

其次，青岛城建充分发挥自身优势，积极参与城市基础设施建设和保障性住房建设任务。自2002年起，便承担了青岛市城市快速路建设任务，以及2008年奥运会伙伴城市配套项目——青岛汇泉湾城市空间改造项目，并双双被评为“青岛十大标志性建筑”；2009年，承担了青岛市李沧区社区的数十万平方米安置房项目和保障性住房；2010年底，又承担了青岛市崂山区中韩片区拆迁改造全部的安置房代建项目。这一系列尝试不仅实践了企业的社会责任，也历练和提升了企业的综合运营实力。

再次，青岛城建还着力加大了持有型物业经营力度，挖掘租赁业潜力。经过多年的开发经营，保留了一大批经营价值较高的商铺和写字楼，通过租赁经营的方式，有效地防范了房地产市场风险。此外，在做好新建商品房开发的同时，积极开展存量房经营业务，并与台湾地区最大的房屋中介企业、台湾地区唯一上市的中介企业、同为中城联盟成员的——信义房屋联手合作开拓存量房屋市场。

在这一系列发展策略的实施下，青岛城建迎来了新发展。

深化改革

青岛城建自企业改制以来，在不断深化改革、谋求发展的过程中探索出一条较为成熟的路子。

近几年，该公司将企业改革不断引向深入，将集团公司主营的住宅产业剥离组建专门的房地产开发公司，集团旗下的海景花园酒店管理公司主要承担起商业地产的运作，而设立于首都的北京中泰德投资公司主要负责外向拓展和投资经营；集团母公司则主要负责人才管理、宏观决策和投融资职能。同时，针对开发量不断攀升、人力相对紧张的情况，组建了工程管理公司，并开创性地采用“项目联合体”的模式进行项目管理，亦成为其一大管理特色。

不断深化的改革拓宽了企业经营渠道，提高了投融资能力和经济效益，增强了企业的市场竞争力，促进了企业长足健康发展。

同时，加强人才队伍建设。青岛城建始终坚持将人才战略作为企业进步的原动力，经过多年的人才队伍建设，形成了一个专业素质过硬、热情敬业、高效精干的企业管理团队，实践出了一条人才密集型的发展之路。同时，该公司也积极致力于为各方人才提供一个优异的展示和发展平台，使其能够实现丰富的价值回报。

一直以来，青岛城建追随着国家改革开放之路，追随着产业发展进步之路，在依托国家发展、市场机遇、自身不断进步的基础上，正坚定前行，开拓着企业更加光明的未来。

西安荣华企业集团（以下简称“荣华集团”）创立于1994年，现已发展为以房地产业为主导，建筑、金融、农业、文化投资等产业协调发展的综合性民营企业集团。作为荣华集团核心主导产业，荣华地产拥有国家一级房地产开发资质，累计开发建筑面积500余万平方米。

荣华集团在协调各产业发展的同时，更关注社会民生，不遗余力地支持各项社会公益事业，并积极参与西安市城中村改造及西安市北客站拆迁安置项目建设；“红色村改造项目”被评为西安市城改示范项目。

荣华集团先后荣获省、市、区先进基层党组织，“全国民营企业思想政治先进单位”，“陕西省优秀民营企业”，“陕西地产15年杰出贡献企业”，“全国就业与社会保障先进民营企业”，“西部大开发特殊贡献企业”等殊荣。

29

第二十九章 荣华集团

西安荣华企业集团

还是那句老话，“战略决定成败”。

一个正确的战略，不仅是企业持续发展历程中的里程碑，更是一面旗帜，它指引着企业前进的方向，使之规避风险，不入歧途；它形成了企业内部强大的动力和凝聚力，始终激发着员工们的工作热情、光荣感和使命感，驱动着团队为企业实现更高目标而不懈奋斗；它能使企业管理者提高工作的自觉性、减少盲目性，增强责任心、提升成就感。

战略和定位正确与否需要实践去检验，更取决于能否正确实施，以及在实践过程中的动态管理。对于战略制定和战略管理，不同的人有不同的总结方式，就我而言，“做正确事”比“正确做事”更加重要。

——西安荣华企业集团董事长　崔荣华

荣华：顺势而为谋大业

“顺势而为，热情执著”是西安荣华企业集团（以下简称“荣华集团”）及其掌舵人崔荣华18年发展的座右铭。

创立于1994年的荣华集团历经18年发展，现已发展成为以房地产开发为主导，社区服务业、生态农业、高新技术产业等协调发展的综合性民营企业集团。先后荣获“中国地产领先企业”、“陕西省优秀民营企业”、“西部大开发特殊贡献企业”等多项荣誉。

如今，历经了创业期、转型期、整合期的荣华集团正在进行新一轮发展，计划通过5年时间，在“谋划、顺势、决断、融合、创新、执行”步步为营的战略下，不仅实现跨地区的可持续发展，成为拥有多家控股房地产开发公司和其他关联公司，还要成为中国西部地区有重要影响力的、受人尊敬的现代企业集团。

“弹指”18年

这18年来，同大多数企业一样，荣华集团相继走过了创业期、转型期、整合期。目前，荣华集团正处于成长期，计划二次创业。

在每个发展期，荣华集团均制定了鲜明的战略规划与发展定位。从1994年创业之初到1999年的创业期，荣华集团初步形成了由单一建筑施工企业，向以房地产开发为主业、建筑施工和物业管理共同发展的适度多元化格局；2000年至2006年的转型期，在初期产业布局的基础上，荣华集团又先后涉足工业、贸易、文化传媒等行业和领域；经过2006年至2008年的整合，荣华集团又先后退出了工业生产等相关领域，专注于房地产开发，并以建筑施工和物业管理作为支撑要素，主要致力于促进和延伸荣华地产发展。

自2008年开始，荣华集团进入了发展的第四个阶段，即成长期。这一时期，尤其是自2010年年底至今，国内外经济形势动荡不定、变故迭生，房地产行业风云突变、同业竞争日益加剧。在这一背景下，荣华集团及时进行了战略调整，初步确定了未来5年发展战略：坚持以西部二三线城市房地产开发为主业，积极发展现代生态农业、休闲观光旅游业，参与发展养老产业，大力发展金融业，通过大合作实现规模化经营，通过持续创新提升竞争力；并实现跨地区可持续发展，成为拥有多家控股房地产开发公司和其他关联公司，在西部房地产业有重要影响的、受人尊敬的现代企业集团。

为了顺利实现“五年规划”，荣华集团在近几年相继完成了“三大转变”：一是从单一的房地产业向“地产开发+金融资本”战略定位的转变，二是从自主开发向大合作开发模式的转变，三是从单一房地产业向“房地产+金融资本+生态农业+物联科技”的多元化发展格局转变。荣华集团早早地进行了规划，为发展铺路。

步步为营的六大战略

实际上，在发展中，荣华集团也走过弯路。在2000年至2006年的转型期，其盲目进入了并不熟悉的行业和领域，发展并不尽如人意，之后便果断纠错。

自2006年起，荣华集团便开始走上了一条适应外部发展环境、符合自身发展实际的战略道路。而这一切，应归结为崔荣华正确和有效的战略管理和实施。通过“谋划、顺势、决断、融合、创新、执行”的步步为营战略管理使企业在18年历程中越走越稳，越走越宽，越走越好，越走越快。

首先在谋划方面，荣华集团创立发展近20年，始终将战略作为引领企业发展的指南针和助推器。进行战略谋划、制定明晰的发展目标，并从纷繁复杂的表象中洞悉事物本质，在艰苦卓绝的探索中寻求规律，从瞬息万变的市场中把握先机。在企业遭遇困境时，顶住压力、寻找机遇、拨云见日；在企业一帆风顺时，超前思考、居安思危、未雨绸缪。

在谋划战略时，崔荣华注重把握三个原则：一是注重把握整体，面临矛盾和问题时，不能眉毛胡子一把抓，而是找准并解决重大和关键问题，关键问题解决好了，其他问题就会迎刃而解。二是注重长远思考，“人无远虑、必有近忧”，通过预测宏观趋势而谋划企业方向，通过洞悉市场变化而调整发展节奏步伐，通过透析行业走向而调整产品结构，通过明确竞争优势而选择突破要点。三是注重战略定位，“做正确事”比“正确做事”更加重要，企业定位不准确，就会南辕北辙，走得越快，偏离目标就越远。

其次是顺势。“顺”是指顺应、顺从；“势”是指形势、趋势、情势，事态发展的大方向。在崔荣华眼中，“势”还有另外一层含义，即“优势”。在制定战略时坚定顺势而为，既要顺应外因，还要顺应内部资源优势。

对企业来讲，“势”就是宏观经济发展的大趋势、国家经济宏观调控及政策法规大环境、市场行情的大走向。荣华集团以房地产开发为主业，始终关注行业走势，高度关注国家宏观政策。在政府刺激经济发展、货币政策宽松利好时，荣华集团顺势而上，快速发展；在调控趋严、政策收紧时，又积极应对、调整结构、开源节流，在困境中谋发展。

纵观2008年至今，房地产行业从“量价齐跌”到“量价飙升”，再到“量价齐跌”，以及趋紧的“限购、限价、限贷”宏观政策下，房地产行业一瞬间进入严冬。大起大落下，如果企业不能审时度势作出正确预期判断，及时调整方向和策略，其后果不堪设想。

再次是决断。“贵贱在于骨法，忧喜在于容色，成败在于决断”。“决断”看似简单，却也着实考验着企业家的智慧。企业家决断能力高低决定着企业的命运。2006年年底，正是荣华集团旗下新材料公司的命运取舍时。经过决策层的反复探讨和研究，最终决定退出工业生产等非相关领域，专注于房地产发展。实践证明，这一决断是正确的。

第四是融合。如果把战略比作指引航向的北斗星，那么企业文化就是为大船提供驱动力的发动机。两者协调适配，才能保证企业健康持续发展。建设与战略相互适配的企业文化是企业领导者的核心任务。

在崔荣华看来，文化不是外在的包装，而是内在的素质和动力，是荣华集团最为核心的DNA。也正是这一定位，荣华集团多年秉承“以舍为荣、因德而华”的核心价值观，把“为客户提供超越期望值的优秀产品和服务、为员工创造实现自我价值的平台、为百姓谋求最优秀丰富的生活感受”为使命，以“不断为客户创造价值，成为有持续竞争力的令人尊敬的现代企业集团”为愿景，使荣华集团不断走向成功。

第五是创新。战略创新是基于外部环境和内部条件的重大变化。当外部环境或内部条件发生重大变化时，就必须与时俱进，调整或重新制定发展战略。

谈及创新，人们最先想到的是史蒂夫·乔布斯和苹果公司。可以说创新与生俱来就与苹果公司结缘，并贯穿于其发展的每一步。从史蒂夫·乔布斯身上可以得出这样的结论：企业战略创新还源于企业决策者的动力、魄力和毅力。从某种意义上讲，企业发展战略创新是企业再造工程，是一项具有较大风险、困难和阻力的系统工程。一个决策者如果没有强烈的事业心和责任感，没有排除困难和阻力的魄力，没有坚忍不拔的毅力，很难实现创新。

荣华集团自2007年开始到2009年，连续3年开展了“管理提升”、“持续管理提升”、“持续创新”活动，实现了由传统管理向现代管理的转变、粗放型管理向精细化管理的转变、经验型管理向科学型管理的转变、“人治”向“法治”的转变，从而促使企业资源得到进一步优化配置，在很大程度上保障了战略的顺利实施。

第六是执行。即使再完美无缺的战略，如果执行不力，等于没有战略。战略执行并不复杂，需要的不仅仅是创意，更需要以系统思维从技术产品定位、组织与流程、人才集聚与激励等方面承接战略落地，将目标细化、分解的同时，以企业文化统一人的思想和行动，促进企业战略目标达成。

荣华集团通过实践，形成了自上而下、再从下到上的双循环过程，即战略——考核指标体系——全面预算——执行，然后执行——全面预算——考核指标体系——战略，形成了不断循环、调整的关系，保证了战略的循序渐进。

科学谋划、稳中求进

面对2012年，基于对国家宏观政策的深刻研判，荣华集团将2012年的总体经营方针确定为“科学谋划、稳中求进”。具体是指在产业布局上，坚持房地产业主导地位，重点发展以私募股权投资基金为主导的金融产业，努力提升物业服务及社区服务业水平，规范发展建筑业，拓展代建业务，着力搞活农业及其他产业；在工作重点上，苦练内功，狠抓产品提升和管理规范，实现项目合理利润；在发展速度上，坚持稳中求进、稳中求效，实现企业安全持续发展。

安徽金大地是一家专业从事房地产开发及商品房销售的企业集团，经过十多年的发展壮大，目前下辖多个子公司。

公司秉承“以人为本、诚信开发、不断创新、打造品牌”的企业方针，相继开发了合肥世纪云顶、合肥金地·国际城、金谷产业公园；淮南金地宾馆、锦绣广场、香格里拉小区、金色大地、龙湖路1号、淮南金地·国际城等一系列口碑卓著的房地产项目。其中合肥金地·国际城于2005年、2006年相继获得安徽唯一“中国住交会‘中国名盘’”大奖，淮南金地·龙湖路1号于2007年荣膺“中国住交会‘安徽名盘’”大奖，淮南金地·国际城于2009年荣膺“中国国际花园社区大奖”。

30

第三十章

安徽金大地

安徽金大地投资控股有限公司

一个企业能否成功，取决于很多因素。有些人认为取决于机会，或者说幸运；但，从长期的角度看，一个企业的兴衰成败更多的取决于企业适应环境变化的能力。有时，我们付出了很大的努力，但最后发现还是没有适应环境的变化。因此，关键在于我们的战略是否适合自身实力，同时是否适应环境的要求。

——安徽金大地投资控股有限公司董事长　陈淮军

安徽金大地：区域先锋的革新

“这是最好的时代，这是最坏的时代；这是智慧的时代，这是愚蠢的时代。”无论在哪个时代，英国文学巨匠查尔斯·狄更斯在《双城记》的开篇名言总是最好的印证。

当前，全球经济复苏仍存在不确定性，中国经济减速已成定局；宏观政策仍在趋紧，房地产行业正处于“结构调整期”。2011年12月，中共中央政治局会议又定下2012年楼市政策基调：坚持房地产调控政策不动摇，促进房价合理回归。

面对外部环境的周期波动与不确定性，房地产企业开始了新一轮的革新发展。

在房地产领域运营十余年的安徽金大地投资控股有限公司（以下简称“安徽金大地”）的决策者们也制定了企业发展新规划：立足企业生存发展的客观实际，冷静思考、把握形势、积极应对，以寻求企业稳步、健康和可持续发展。通过“与城市一起创想美好生活”的发展使命，成为一家区域领先、具有专业精神与美誉度的品牌企业，并走向全国。

如今，安徽金大地发展新篇章的大幕正徐徐拉开。

区域样本

安徽金大地成立于1997年，是一家专业从事房地产投资、开发建设、商业运营及物业管理的企业集团。经过十多年的发展壮大，安徽金大地目前已成为一家具有竞争力和区域影响力的专业房地产开发企业，涉及房地产开发、商业综合体投资运营、金融与相关衍生业务、物业管理与服务等主营业务。

在发展版图上，安徽金大地下辖安徽润洋、纵横，以及安徽淮南万洋、中城置业、禾居置业、金奥等多家子公司；同时拥有合肥1912项目、合肥金地·国际城、合肥世纪云顶、金谷产业园等一系列口碑卓著的房地产项目和产品品牌。

2011年，金地·合肥1912酒吧街开创了合肥特色“酒吧集群”先河；2012年，安徽金大地倾力打造的新地中心项目将隆重开业；作为合肥政务中心的首席高端商业综合体，安徽金大地地产的企业品牌和区域影响力进一步凸显。

接下来，安徽金大地将以城市综合体为主，其他产品为辅，通过开发、持有并举，金融、资本运作并重的商业模式，快速周转、现金为王、练好内功的发展定位，以及稳中求进、积极应对的战略方针，实现企业的可持续发展。

核心战略推动谋划全国

“立足安徽、走向全国”，目前，安徽金大地正通过“推进管理流程的规划化、制度化，推进企业ERP（企业资源计划）信息化建设，推进产品的标准化体系构建”，以及文化建设，实现着这一目标与理想。

首先是专业化经营战略。在房地产行业处于整体调整的形势下，面对竞争的加剧和严峻的环境，安徽金大地计划通过专业化经营战略实现健康、可持续发展，即发挥企业独特优势，将有限的资源投入到某一特定的产品和细分市场，集中精力走高精尖、专业化道路。

合肥“金大地·1912”便是专业化经营战略的代表作品。

“金大地·1912”由酒吧、餐饮、娱乐、精品酒店、全景剧院、DMAX五星级影院等10大业态组成，总投资约6亿元。项目引进了俏江南、星巴克、马克西姆、中影院线、蓝枪鱼音乐西餐厅等近30家国内外一线品牌商家。

其次是精品战略。随着土地成本和建安成本的上升，房地产开发利润不断降低。然而，一个好产品往往能决定企业的利润。安徽金大地采用精品战略之路，通过在设计方面的理念创新、生活方式上的引领、服务内涵的挖掘，使得产品更富个性化色彩，以此增加了产品的附加值。不仅满足了购买者对品质的要求，也提升了产品和企业的竞争力。

精品战略的典型代表便是“安徽新地中心”。新地中心项目位于合肥政务文化新区核心腹地，紧邻美丽的天鹅湖畔，与市委市政府隔湖相望，其中新地中心

240米的超高层顶级写字楼与226米高度的省广电中心共同筑就“安徽之门”的形象，为安徽金大地发展14年来的扛鼎之作。它不仅是安徽对话中国经济的窗口与门户，亦是合肥撬动、影响长三角经济格局的新起点。

再次是蓝海战略以及区域深耕战略。蓝海战略要求企业必须突破传统的“血腥”竞争所形成的“红海”，拓展新的非竞争性的市场空间，以获取新的利润增长点，提高企业的赢利能力。安徽金大地不失时机地切入安徽总部基地开发市场，打破价值与成本界限，开创了一片蓝海。

蓝海战略的典型代表是金谷产业公园。金谷产业公园以打造合肥顶级的、生态化的企业总部基地为目标，从企业需求出发，定制极富独立性、灵活性、生态性、标志性、展示性的专属价值空间，使其成为合肥未来极具特色的、多元化的产业基地和智能化、高效益、生态型的企业总部基地。

第四是精细化管控。2012年，安徽金大地将围绕“快速周转、现金为王”，聚焦项目的进度、成本、质量、资金等几个维度管理，通过实施“推进运营流程的规范化、制度化，推进企业ERP信息化建设，推进产品的标准化体系构建”，提升企业综合管控能力。

为此，安徽金大地全面启动了地产的“ERP项目”。针对企业自身情况和IT架构，安徽金大地确立实施明源ERP软件，通过梳理、优化公司管理流程，为企业信息化管理进行优化升级，构建高效项目运营体系，实现多项目运营的集团化管控。同时通过明源地产ERP解决方案建立起流程清晰、权责分明的内部管理体系，整合核心业务数据，为企业决策分析提供基础数据。安徽金大地董事长陈淮军认为，在目前的发展阶段，公司很有必要运用IT手段加强管理力度，提高项目管理效率，为下一个阶段的快速发展奠定基础。

此外，还有人才战略。人才是知识创新、技术创新、产品创新、管理创新的主体，是科技进步、社会发展的源泉；人才也是最重要的资源和生产要素，对企业的发展起着决定性的作用。因此，安徽金大地始终把打造培育一支能打硬仗、高素质、具备竞争力的团队摆在首位。

通过“区域领先、品牌企业”的战略定位，坚持开发、持有并举的发展模式，以及一系列战略的实施，安徽金大地的区域领先、走向全国的发展规划正日渐清晰。

内蒙古伊泰置业有限责任公司（以下简称“伊泰置业”）成立于2006年，是伊泰集团旗下专业从事房地产投资、开发和经营的企业，具有国家房地产开发一级资质。其拥有包括景泰房地产、伊泰置业成都、海南、唐山曹妃甸和新疆伊宁分公司在内的五家房地产开发子公司，拥有伊泰华府世家商务会所、北京瑞顺鸿业投资管理有限公司两家控股公司。目前，公司业务已从内蒙古拓展到海南、四川、北京、河北、新疆等省市自治区、直辖市，逐步形成以鄂尔多斯及整个内蒙地区为重点，以内地中心城市为点状支撑辐射全国的战略版图。公司累计投入资金91亿元，共开展项目达30个，开发面积582万平方米，其中已竣工项目5个，竣工面积54.6万平方米，在建、拟建项目共25个。

31

第三十一章

伊泰置业

内蒙古伊泰置业有限责任公司

根据伊泰集团在非煤领域的发展规划，伊泰置业公司已成为伊泰集团两翼发展中的重点和新的经济增长点。公司审时度势、开阔思路，制定了以创造体现城市价值的高端产品为核心、以建设国内具有强大竞争力和影响力的大型房地产企业为目标的扩张战略，为公司的可持续发展描绘了宏伟蓝图。

五年多来，伊泰置业秉承“质量、品牌、效益”理念，通过市场创新、产品创新、服务创新和制度创新，追求有质量、有效率的持续增长，未来五到八年内进军全国百强，成为全国具有一定市场占有率和顶尖综合实力的房地产领军品牌。

——内蒙古伊泰置业有限责任公司董事长　张利名

伊泰置业：用品质诠释城市价值

它崛起于鄂尔多斯高原，自2006年5月成立至今，始终秉承“质量、品牌、效益”的经营发展理念，严格恪守“高起点规划、高水平设计、高质量施工、高标准管理”的企业经营标准，经过近六年来的发展，已经成为内蒙古自治区尤其是鄂尔多斯市的房地产开发龙头企业并初步建立起了区域的强势品牌及高端形象。

面对新的经济环境、社会环境及行业形势，它在立足于内蒙原有的地缘优势及开发优势的同时，正在放眼全国，以创造体现城市价值的高端产品为核心，将建设国内具有强大竞争力和影响力的大型房地产企业作为目标愿景。

这就是内蒙古伊泰置业有限责任公司（以下简称“伊泰置业”）。秉承“凝聚最具优势的稀缺资源，最大化地挖掘城市价值，从而使产品具有难以复制的核心竞争力，为客户凝炼价值”的理念，伊泰置业打造的“伊泰大厦”、“伊泰华府A区、B区、C区”、“万博广场”、“华府世家”、“华府岭秀”、“东方文苑”、“新大陆会所”、“府利美佳苑”等商住项目获得了客户及业内的普遍认同，也为伊泰置业打造高品质地产品牌奠定了坚实的基础。

多元、创新，两翼发展

内蒙古伊泰集团有限公司是以煤炭生产、经营为主业，以铁路运输、煤制油为产业延伸，以房地产开发、生物制药、太阳能等非煤产业为互补的大型现代化能源企业。伊泰集团跻身全国500强企业第223位，在全国民营企业500强中位居第28位，全国煤炭企业百强第19位，铁道部确定的百家运输大客户和内蒙古自治区煤炭50强之首。煤炭行业第一枚“中国驰名商标”，被授予伊泰集团。

集团公司将“国家能源体系节点，区域及企业利益相关方合作平台”作为企业使命，未来将着力建设煤及煤化工产、运、贸一体化国际产业集团。

按照多元发展的思路，伊泰集团现已在非煤领域形成房地产开发、生物制药、太阳能等互补产业。其中房地产开发一项，已被集团正式列为重点和新的增长点，伊泰置业应运而生。

审时度势，择势而行

伊泰置业成立之后，经过多年发展，现已成为内蒙古自治区尤其是鄂尔多斯市的房地产开发龙头企业；企业秉承“质量、品牌、效益”的开发理念，已经初步建立起区域的强势品牌及高端形象。随着业务的不断扩张，如何在集团中确立主业地位，如何实现可持续发展，并在行业中成为具有竞争力及值得尊敬的房地产开发企业，是伊泰置业在战略层面亟待回答及解决的问题。

因此，伊泰置业通过对经济、社会、行业等背景的分析，清晰认识到了企业目前所处的内外部环境，了解了企业所具有的优势和面临的机遇，自身的挑战及面临的威胁。

伊泰置业在其2012年制定的战略规划中指出，放眼全国，中国现处于工业化发展阶段，城镇化建设正在有序推进；着眼内蒙古地域现状，区域经济发展不平衡带来了广阔市场需求；立足鄂尔多斯，人均可支配收入水平显著提高将为房地产发展注入动力；此外，房地产行业政策调控将深入整顿房地产市场秩序，引导整个行业健康稳定发展。

基于自身对行业发展的分析，伊泰置业认为：一、房地产行业市场集中度将不断提高。百强企业销售额突破1.4万亿，市场份额由15.8%增长到26.9%；TOP10房企市场份额由4.6%增长到11.3%。二、房地产调整将加速企业间的优胜劣汰，行业集中度将进一步提高，规模化、专业化、跨区域化的发展趋势将愈加明显；房地产行业发展模式出现分化：投资主体分化、市场需求分化、拿地策略分化、业务模式分化、赢利模式分化、区域发展分化。

目前伊泰置业正处于从初创期、发展期到扩张期迈进的阶段，基于目前的行业背景，其制定了立足于内蒙原有的地缘优势及先发优势，聚焦内蒙及华北区域，关注全国经济热点发展城市，放眼全国，抓住机遇，统筹部署，走市场化、专业化路线的战略。

创造体现城市价值的高端产品

创造价值，是伊泰置业发展中重点关注的着力点。也可以说，其企业发展的历程，就是价值创造的历程。

其提出，要为客户创造价值：坚持客户为尊，不断为客户提供高品质的产品和服务，从而赢得良好的品牌美誉度，也为企业的长足发展打下良好基础；为员工创造价值：秉承伊泰集团精神，以“我的伊泰我的家”为精神动力，激发员工主人翁精神和创造力，不断为企业也为自身创造可持续的价值；为投资者创造价值：搭建良好的投资者和股东沟通平台，及时交流、合作共进，为股东们展示具体而光明的价值前景；为社会创造价值：作为城市运营商，悉心研究城市发展脉络，积极参与城市运营规划，发掘土地价值，同时承担社会责任，促进社会和谐发展。

对于伊泰置业而言，挖掘、诠释城市价值，最重要的一点是，创造体现城市价值的高端产品。因此，其坚守“质量、品牌、效益”的理念，致力于做好房子的缔造者，好生活的领跑者。

伊泰置业提出，为城市作贡献，要尊重城市发展，通过建筑与城市文化历史沉淀结合，为城市建造优质、高端、卓越街区，树立城市地标，美化城市环境、提高城市整体形象，致力于城市居住品质与城市宜居环境的打造，带动区域经济发展，造福社会。

其还提出，为客户提供卓越品质产品及服务，在产品上追求精益求精、倡导卓越，用伊泰置业的产品打造完美社区，引领品质生活；在服务上追求全心全意、真诚守信、细致周到，为客户提供满意产品。

强强联合，缔造品质建筑

为了使美好的理念和愿景得以实现，伊泰置业始终以“高起点规划、高水平设计、高质量施工、高标准管理”作为企业经营标准，投入了大量的专业资源，倾注了高度的工作热情。

从项目定位开始，到园区整体规划、建筑风格设计，再到景观艺术的塑造，伊泰置业均与国际顶尖设计团队合作，合作对象有世邦魏理仕、戴德梁行、高力国际、清华建筑设计院、北京建筑设计院、北京新厦建筑设计有限公司、北京易兰建筑规划设计咨询有限公司、创翌善策景观设计有限公司、北京星河园林绿化公司等知名品牌公司，从而实现优势互补，资源共享，强强联合。

此外，公司已经正式签约加入中国城市房地产开发商策略联盟，以打造企业可持续性发展的平台。这一战略合作联盟，将助力伊泰置业稳步迈向国内一流房地产企业行列。

伊泰置业“精心打造精品”的精神也使其得到了丰硕的收获，其多个开发项目获得了客户及业内的普遍认同，其中，“华府岭秀”项目工程设计方案获得了2010年“绿色亚洲人居大奖”与“中国人居经典方案综合大奖”两项房地产重量级大奖。

配套带动、地产升值

着眼于目前及未来的发展，伊泰置业特别强调通过长短期利益协调的运营模式，强调项目的整体性与平衡性。其坚持住宅、持有型商业等开发相结合，在不同时间点实现各业态的相互补充和促进发展格局，形成“配套带动、地产升值”的螺旋式上升发展的过程。

其次，伊泰置业坚持开发销售型物业跟持有经营型物业相结合，通过物业快速出售实现资产高周转和资金快回笼，通过持有经营型物业享受城市化带来的升值，平抑项目周期性波动的风险。

除此之外，其还坚持高端物业与中端物业开发相结合，针对项目不同生命周期的物业定位和开发，实现项目人气的不断积聚和整体利益的最大化。

立足内蒙，辐射全国

如何进一步改善架构、规范流程、完善业务标准，是伊泰置业正在积极研讨的课题，以期通过不断的改善和创新，达到提升管理水平的目的。而这是其下一步实现宏伟蓝图的根基。

立足内蒙，把握机遇，引导战略，发力全国经济发达区域，整合在全国范围内的人才、资本、土地、社会等资源，向内进行深耕，向外布局全国，合理配置有效资源，业务规模及扩张稳健推进，这是伊泰置业为自身企业描绘的总体战略。

在这一战略的指导下，其又进一步提出了总体战略目标：到2015年，成为房地产行业领军品牌，房地产行业百强企业，进入百亿俱乐部。

而在迈向这一战略目标的道路上，伊泰置业“高起点规划、高水平设计、高质量施工、高标准管理”的企业定位和“精心打造精品”的精神，将起到巨大的助力作用。

公益
基金会篇

2008年，经国家民政部、国务院审核批准，万科发起成立了万科公益基金会。这是由国家民政部主管的全国性非公募基金会，注册资金为1亿元。

自成立以来，万科公益基金会已累计为公益项目捐助超过5900万元，主要集中在扶孤贫儿童大病救治及环保领域。目前，万科公益基金会与十余家非公募基金会与国际组织、近80家国内的非营利性机构开展合作，在儿童救助、文化交流、教育发展、紧急救援、社区建设、垃圾分类、环境保护等公益领域开展资助与执行。

01 第一章 万科公益基金会

万科公益基金会，推动中国公益事业发展

万科公益基金会将企业的管理和效率融入公益事业，注重慈善的规范、透明、专注和坚持：

- 由不领取薪水的志愿者完成基金会的运营和项目执行；
- 将企业管理的方式纳入公益项目运行，实现项目可评估、可改进、可复制，以周为周期检视项目进展，进行资源匹配和调整；
- 发动和组织志愿者，动员员工、业主和社会各界提供志愿服务，让普通人和普通机构能够共同加入到社会可信赖的项目中；
- 每月及时披露捐赠和资助信息，并通过配比捐赠倍增捐赠效果。

本着“成为志愿者精神的播种者”的愿景，万科公益基金会正履行着“倡导公益与志愿精神，推动中国公益事业发展”的使命。

爱佑童心

先天性心脏病简称先心病，根据国家卫生部门公布的数据，每年出生婴儿患各种先天性心脏病约有15至20万人，且多分布于经济条件较差地区。这些患儿如果不能得到及时救治，病情较重的孩子将在婴幼儿期死亡，其余的孩子大部分活不到成年，少部分侥幸活到成年的也因不能正常发育形成残疾，丧失劳动能力，给家庭和社会带来巨大的经济负担和精神压力。

此前，大多数类似的救治项目依靠的是医院渠道，主要是为已经开展手术的患儿提供资金支持。而万科公益基金会的项目特点，是通过走访、筛查等主动手段，将救助机会提供给那些经济上更脆弱以至于放弃治疗的家庭。

2009年6月，万科公益基金会与爱佑华夏慈善基金会合作，在四川启动了救助当地贫困先天性心脏病患儿的“爱佑童心万科专项”，至今“爱佑童心万科专项”已经累计救助超过1701名患儿。目前，其在四川、重庆、北京、深圳、新疆（喀什）、河北、广东（粤西北和深圳）、陕西等地也已开展。

在四川，万科公益基金会资助完成了1138例手术。获得“爱佑童心万科专项”手术资助的患儿家庭人均年收入为2226元，比四川农村的人均年收入5140元低54%，获得捐赠手术的先心病患儿家庭本已无力承担治疗费用，这相当于万科公益基金会为四川省增加了17%的先心病手术量。歌手陈慧娴、作家洁尘、亚运会冠军李雪梅、奥运会冠军殷剑成为“爱佑童心万科专项”的志愿者。

在重庆，万科公益基金会与团市委、重庆大学校团委共同筹办首届高校“爱无界・D行动”活动，从而吸引高校志愿者的加盟；与定点医院建立“爱心病房”，省去入院繁琐流程，使患儿优先治疗；与定点医院设立24小时“爱心咨询电话”，作为重庆项目电话接待点。

在深圳，获得了公募基金会深圳市慈善会与非公募基金会腾讯公益慈善基金会的配比捐赠各100万元，主要针对外来务工者贫困家庭提供此类疾患救助。结合春节返乡潮，深圳项目爱心会2000份“先天性心脏病儿童救助行动”折页免费搭上返乡客车，随着劳务工的传阅飞向两湖、两广、海南、江西等17个省（直辖市，自治区）。

理事长郁亮看望先心患儿刘洪银

在北京，万科公益基金会与共青团北京市委员会、北京青少年发展基金会共同合作，并获得亚洲女性发展协会的女童定向捐赠。

在新疆喀什，由上海团队针对对口援建的新疆喀什地区进行先心病患儿救助。通过上海市对口支援新疆工作前方指挥部、喀什地委、喀什行署的统筹协调，上海市东方医院与喀什地区第二人民医院形成医疗联合体，直接将上海专业医院的优质医疗资源和模式照搬到喀什当地，切实保证手术质量。

在陕西，通过渭南市卫生局的协调，救助信息落实到各村卫生所，由卫生所向村里的住户进行宣传，防止遗漏。

基金会还尝试了新的筹款方式，发起“爱的每一步”参与“为爱奔跑”2011盐田马拉松比赛。跑者与捐助的儿童一一对应，以每跑一米募集一元的方式，为54名孩子进行资助。近1800名捐赠人，从10元到10万元的单笔捐款，基金会共获得537896.6元善款，目前已有18名孩子完成手术，康复出院。

项目开展至今，万科公益基金会已与247个机构进行了合作，包括11家定点医院及236家县团委、民政局、教育局、县红十字会在内的县级单位等；共有644名志愿者参与其中，志愿服务时间超过26000小时，行程几十万公里；共收到3636份先心病资助申请，通过志愿者评估，成功进行手术，康复出院的患儿1701名，资助比例约46%。

在发展模式上，万科公益基金会也进行了创新。

首先是与定点医院合作实行最高限价，万科公益基金会与患儿家庭共同承担费用，超出限价部分由定点医院承担。通过定点医院的费用减免和有效资助，使患儿家庭手术治疗费用控制在3000至20000元，较正常情况下40000至60000元的手术费，可大大减轻患儿家庭的经济负担。

其次是志愿者术前走访，解决申请者经济情况甄别问题。万科公益基金会开创的走访模式，由自行承担所有费用的志愿者，百分之百对患儿进行术前走访和术后回访，解决了医院无法进行申请者经济情况甄别的问题。而志愿者的独立身份与量化的经济状况评估表，可以较客观地进行申请者的家庭经济状况评估，确保最需要救助者得到及时资助。

再次是主动筛查，将信息送到最偏远的地方。与很多慈善项目被动式的救助不同，“爱佑童心万科专项”采取了“主动发现”的救助模式，不是等到患儿已经开始手术，但费用不够时再进行资助，而是主动开展筛查和宣传，结合义诊等方式，把信息送到那些最偏远、最基层、最匮乏医疗资源的地方。

第四是以周为单位形成项目报告，高效进行资源匹配。“爱佑童心万科专项”体现了万科的高效管理，志愿者们以周为单位评估所有的资源情况：有多少患儿家庭申请，有多少志愿者可以走访，医院能开展多少台手术，并给予及时的反馈。平均下来，从患儿家庭提交申请，到获得通知安排手术，整个周期在30天以内。

敬畏环境

随着城镇化进程加快以及人民生活水平提高，我国生活垃圾产生量不断增长，而生活垃圾分类、回收和处理及污染防治能力与水平相对滞后，已成为实现全面建设小康社会目标的一个薄弱环节。目前，中国垃圾堆存量已达60亿吨，每个人身边陪伴近5吨垃圾；垃圾堆占用耕地5亿平方米；中国厨余垃圾比重高，约占40%到60%。这些垃圾主要采取焚烧和填埋两种方法，很少进行前端垃圾分类；垃圾分类、回收、处理也缺乏统一的口径和有效的数据统计。

长此以往，生活垃圾将严重影响人们生活以及社会可持续发展。

自2004年参与武汉金口垃圾场整改起，作为中国最大的城市住宅开发商，万科已经在关注和介入城市生活垃圾的分类、回收和处理问题。此后，又通过不同方式引导全社会关注垃圾处理问题。

2010年3月，万科公益基金会与腾讯公益慈善基金会联合发起了旨在呼吁通过生活垃圾的前端分类减量解决城市垃圾问题的“零公里行动”。

王石与队友在珠峰展开零公里行动旗帜

活动在珠穆朗玛峰南北坡同时进行。南坡登山队员在从南坡攀登珠穆朗玛峰的过程中，用专门的袋子和容器对自己产生的垃圾，甚至排泄物进行妥善收集，在下山过程中独立地运回山下，真正做到“零垃圾登顶”；北坡珠穆朗玛峰清扫从3月份开始，至5月底结束，累计进行了3次极高海拔的清扫，包括8844米的珠峰顶；实际完成3.44吨生活垃圾、346个瓦斯罐、0.5吨可回收垃圾、167个氧气罐以及若干帐篷杆、地钉的清扫、分类、回收利用和无害化处理。这也是第一次由中国民间资助并完成的珠峰极高海拔垃圾清扫。

活动还通过网络版的“QQ西游之垃圾环游”的小游戏与亿万网友进行互动。游戏点击量突破2000万，网站累计点击量超过1亿。

其还倡导干湿垃圾分类。万科一直致力于将垃圾分类和垃圾减量变为可复制、可计量、可累积的持续的社区行动。其在2010年初，选择5个城市15个万科小区进行垃圾分类试点执行，实行可回收、有害、厨余、其他垃圾等4种分类操作。

经过一年的实践，万科发现“四分类”操作其实可以简化成“干湿二分类”。这样既增加参与的便利性，也增加投放的准确率，并且可以消除厨余混杂带来的主要污染。

2011年年初，万科与世界自然基金会、腾讯公益慈善基金会合作开展了2011地球1小时可回收方面的子项目“左右地球”行动，推广干湿垃圾分类。在社区内，孩子担任环保大使，入户向邻居进行环保倡议。在腾讯网，“熄灭漂流灯”的小游戏配合腾讯微博向网友传递垃圾分类知识。活动最终吸引全国30个城市、206个社区、25万户万科业主积极参与，2220万名网友参与，将环保理念深植入公众心中。

自2010年启动垃圾分类试点至今，万科在全国的垃圾分类实践已落实到25个城市110个社区，占全部社区的44%，社区平均减量约30%。其中最佳实践的社区实现垃圾减量70%以上。目前，万科34个社区成为政府示范社区，北京西山庭院获得2011年“北京市生活垃圾零废弃管理贡献奖”、“生活垃圾分类居住小区贡献奖”。包括利乐、万通、世界自然基金会、自然之友等在内，越来越多的外部资源参与到万科发起的垃圾分类行动，仅北京就获得约287万元的外部资金

志愿者张建走访患儿

支持。同时，万科社区的业主将垃圾回收的收益捐助慈善事业，用回收垃圾变卖收益捐助了贫困学生和先天性心脏病儿童，同时参与走访志愿者活动。

接下来，万科公益基金会将继续推动城市社区垃圾回收再利用渠道的成熟和完善，积极寻找合作企业，培养专业回收企业和专业人员；推动更好的社区自组织和公益机构的协作，共同关注中国的城市社区垃圾分类议题，提高民众和政府对垃圾分类的参与度，提高城市社区垃圾分类的准确度；在社区试验能长期运行的垃圾分类投放、回收机制，同时总结万科社区在提高垃圾分类回收参与率和准确率的推广的经验，并将相关内容推广到中城联盟的相关社区。

为公益，为社会

随着万科社区的规模不断扩大，在未来，万科公益基金会将关注社区参与，提高社区组织与公益机构的合作主动性，让万科社区成为城市居民参与身边公益慈善的接口，让更多人享受到参与社会活动、为公益慈善贡献自己能力的乐趣。

万通公益基金会成立于2008年4月，是在北京市注册的非公募基金会，发起单位为北京万通集团，业务主管单位为北京市科学技术协会，主要项目领域是生态社区建设。基金会由具有专业背景的社会人士和发起机构代表组成的理事会治理；基金会监事会由专业的法律和审计人士组成，对基金会进行监管；基金会运作团队由全职的专业人士组成，独立于发起公司和资助人对基金会进行管理。

万通公益基金会以“做令人尊敬的基金会”为机构发展目标，坚持理事会提出的“独立、专业、公益”的机构运作原则，突破传统的“企业社会责任”模式，“最大限度”的公开透明，接受政府及公众的监督。

02

第二章

万通公益基金会

万通公益基金会：推动和谐家园创建

2008年4月，万通公益基金会成立。如今，经过4年多的不断探索和实践，其已经发展出较为完善的管理制度，在机构战略纲要指导下，形成了相对稳定的项目模式。

万通公益基金会运用“以成果为导向”的项目管理思路和参与式社区工作方法，在覆盖北京、天津、杭州和成都等城市的50多个社区资助实施生态社区项目，重点关注城市居民的生态意识和行为改变，推广生态理念的实践和生态技术的运用，推动参与式社区治理。4年以来，该基金会形成了由十余个民间组织组成的、较为成熟的合作伙伴关系，发展成为国内较为领先的资助型基金会。

探索适合中国城市生态社区建设的模式

2009年7月至2011年12月，万通公益基金会资助北京地球村在北京东城区东四街道的8个社区实施“乐和城市社区行动项目”，以探索适合中国城市生态社区建设的模式。项目通过教育倡导、参与实践、乐和指标体系开发，开展乐和治理、乐和人居、乐和生计、乐和礼义、乐和养生5个方面的活动，帮助东四街道8个社区建立起社区多方参与治理机制，倡导乐和生活理念，推广公众参与环保实践，研究开发城市“乐和社区”指标体系，最终探索出一套新型的、结合中国文化、适合社区和谐发展的城市生态社区建设模式。

在两年半时间里，该项目在东四街道取得巨大成功。社区

社区的立体种植

居民种植有机蔬菜，饲养蚯蚓处理厨余垃圾，参加健步走、周末低碳跳蚤市场、垃圾分类回收，爱老、敬老等一系列活动累计98次，参与居民累计18200人次。

在社区治理方面，项目通过政府、各类居民志愿者组织和公益组织共同组成的管理委员会和联席会议的管理机制共同治理社区。为了打造和谐自然的人居环境，项目开展了节能节水、垃圾分类、植绿护绿等社区活动；首创“零废弃”积分卡制度，带动社区1020人成为“零废弃”会员，共回收处理食品塑料外包装1100公斤，无菌软包装345公斤，废旧荧光管260支；创新举办的“绿色低碳周末跳蚤市场”活动，成功交易二手物品1646件。在发展社区生计方面，建立了社区“乐和循环教育工厂”，为社区居民进行废弃物巧制作提供平台；逐步推进产品的商品化水平，使居民在参与环保行动的同时也得到经济回报。在家庭厨余处理方面，项目也进行了有益的尝试。通过开展城市社区农业–蚯蚓养殖沃土行动，试点家庭养殖蚯蚓进行堆肥的技术；生产出的有机肥用于家庭阳台和庭院种植，替代化学肥料，避免对生态环境造成影响和破坏。

项目还以乐和城市社区各项活动的成功开展为背景，通过收集项目信息，研究和总结项目活动的形式、经验，开发出一套能对社区建设状况加以评估，对社区建设工作提供指导的乐和社区指标体系。除此之外，项目还精心出版了《乐和东四乐和故事手册》、《居民健康养生手册》、《低碳生活指南》、《生态家庭指南》，并于2011年底发布《乐和社区指标体系》。随着项目的深入开展，社区弱势群体生计能力得以提升，绿色低碳的城市社区生活方式在社区广泛普及，中国传统伦理和生态伦理得以传承，社区居民养生保健意识逐步提升，东四街道8个社区建立了居民参与社区建设治理机制，形成了一整套参与式的自治管理模式。

阳台种植蔬菜让居民的生活更生态

乐和城市社区项目带给社区积极变化的同时，也受到政府和公众的持续关注。2010年9月，在北京《新京报》举办的“2010年感动社区任务”活动中，该项目获得“入围奖”；2011年12月，该项目获得了“2011福特汽车环保奖传播奖”。

探索以社区志愿者为核心的生态社区建设模式

除了“乐和城市社区行动项目”外，2009年至2011年7月间，万通公益基金会资助的“共建共享，生态家园”建设项目在北京东城区的汽南社区和民安社区成功实施。该项目旨在探索以社区志愿者为核心的生态社区建设模式。该项目通过社区管理机制建设与模式开发，培育社区参与和可持续发展的能力，推动生态技术在社区的参与式落地应用，改善社区生态环境。

两年以来，项目在社区建成了110余人的专业志愿者驿站，累计志愿服务超过2200小时。安装单位容积为2吨的雨水收集桶16套，收集雨水640吨，收集的雨水利用率达75%-90%；生态化改造社区中心花园和花坛100余平方米，社区居民共同参与建造屋顶种植150平方米。在民安社区，项目安装改造了集太阳能照明、雨水收集、墙体绿化为一体的生态自行车棚。在废弃物管理方面，该项目创新性试点宠物堆肥和垃圾分类以及厨余垃圾就地有机处理模式。与此同时，项目有针对性地在社区开展生态社区家庭讲座、大型生态宣传等活动共计40余次，居民累计参与达3000余人次。

该项目不仅推动了社区生态理念和生态技术的应用，切实改变了社区生态环境和生态综合服务功能，还提升了居民参与度和志愿者能力建设，为国家“十二五”节能减排全民行动提供了有益的社区实践经验。项目在民安社区采取的综合生态体系取得明显成果，不仅得到了北京市和东城区发改委、区政府的认可和支持，还吸引了中欧低碳城市项目将民安社区纳入其项目的试点社区，并将在未来3年继续支持社区生态技术，使社区生态成果得到可持续保障和发展。

创建和谐相处的生活空间

万通公益基金会的愿景是：创造一个人与人、人与自然相互友好、和谐相处的生活空间；使命是：传播生态环保的理念与知识，倡导生态环保的生活方式；支持城乡社区生态建设理论研究，政策制定和实践探索；鼓励和支持社区居民参与社区管理和生态建设，创建和谐家园。

未来5年，万通公益基金会将坚持立足社区，通过支持理论研发，资助社区实践，传播生态理念和重视能力建设等一套整合的公益战略，力求探索出初步成熟的、可推广的生态社区建设模式，使基金会成为我国生态文明建设的重要创新、实践和推动力量，为我国和谐社会建设作出积极的贡献。

南都公益基金会成立于2007年5月11日，是一家经民政部批准成立的非公募基金会，业务主管单位为民政部。南都公益基金会原始基金1亿元人民币，来源于上海南都集团有限公司。

使命：支持民间公益。南都公益基金会关注转型期的中国社会问题，资助优秀公益项目，推动民间组织的社会创新，促进社会平等和谐。

愿景：人人怀有希望。如果每个人心中都怀有希望，这个社会就会有光明的前途。

南都基金会标识设计以银杏树为原型。银杏树植根本土，生命力旺盛，有中国国树之称。图形突出了银杏叶的特征，形似一棵扎根大地的小树，象征着中国民间公益组织从小到大，顽强生长的品格，同时又蕴含着南都公益基金会倾力培育民间公益之树的美好寓意。

03

第三章

南都公益基金会

支持民间公益，推动社会创新
——南都公益基金会的公益使命

2007年5月11日，南都公益基金会（简称“南都基金会”）经国家民政部批准成立。这是中国第一个鲜明提出“支持民间公益”的非公募基金会。针对中国民间组织发展较慢、本土资源缺乏、能力较弱、政府认可度较低的状况，南都基金会把“支持民间公益”作为自己的使命，定位为资助型的基金会，希望通过资金支持和能力建设支持，促进民间组织数量的增加和能力的提升，推动公益行业的发展。

“在整个公益产业的产业链中，我们是一个资金和资源提供者，扮演种子基金的角色。它通过资金支持来推动优秀公益项目和公益组织，带动民间的社会创新。”南都基金会名誉会长、主要捐赠人、南都集团董事长周庆治说。

支持民间公益

南都基金会的诞生是中国社会和经济发展的产物，但从某种层面上也可以说是源于周庆治和徐永光这两位温州人的公益理念。

南都基金会名誉会长、主要捐赠人、南都集团董事长周庆治多年来就有成立基金会的想法。在获得商业成功之后他有强烈的愿望探索“回报社会”的最佳方式。他说，“我欣赏比尔·盖茨的观点：‘随着成功而来的是巨额的财富，而随着巨额财富而来的是将其回报给社会的巨大责任，是看到这些资源以最佳方式帮助那些需要它的人'"。

他把慈善事业看作"第二次创业"，而南都基金会的成立正是这个探索的起点。

徐永光是南都基金会主要发起人之一、理事长；而他更著名的身份是中国"希望工程"这一中国公益第一品牌创始人。他对公益领域的关注、思考、实践都是深刻的。2004年，国家出台了《基金会管理条例》，徐永光在兴奋之余，写了题为《非公募基金会背负中国第三部门的希望》的文章，其中谈到，"非公募基金会背负着我国第三部门的希望，公民社会的理想。我真诚祈望，同是'非公'组织，非公募基金会在今后10年、20年内，也有非公经济那样惊世骇俗的表现"。

2006年，他与周庆治进行了深入沟通，开始筹备南都基金会，倾力打造一个非公募基金会的标杆。

由于深谙中国公益事业的特色以及民间组织发展的困境，在对基金会的定位问题上，徐永光和周庆治的看法十分契合，即定为资助型，促进本土草根组织的发展。南都基金会的价值追求是成为"公共利益型"机构，不谋求任何公司、个人直接或潜在的利益。

周庆治在南都基金会第一届理事会第一次会议上庄重承诺："南都基金会是一个完全致力于为公众利益服务的基金会，南都集团和我个人在此没有私利。而且我在这里也郑重要求基金会秘书处在开展业务活动时，尽量不要宣传南都集团和我本人。"

新战略规划

自2007年成立以来，南都基金会先后实施了新公民计划、灾害救援和灾后重建资助项目、银杏伙伴成长计划、机构伙伴景行计划以及其他一系列支持民间组织发展、社会创新的项目，在进行政策倡导、推动公益行业发展、传播慈善理念、资助民间组织创新、促进资助方和公益组织资源的对接、缓解民间组织资源的困境等方面做了大量工作。

南都基金会发起和资助的一系列项目和活动包括公益组织孵化器、中国基金会中心、非公募基金会发展论坛、5·12民间组织合作论坛、公益项目交流展示会、慈善导航行动、非公募基金会领导人培训、社会企业家技能培训等活动，产生了较大的影响。

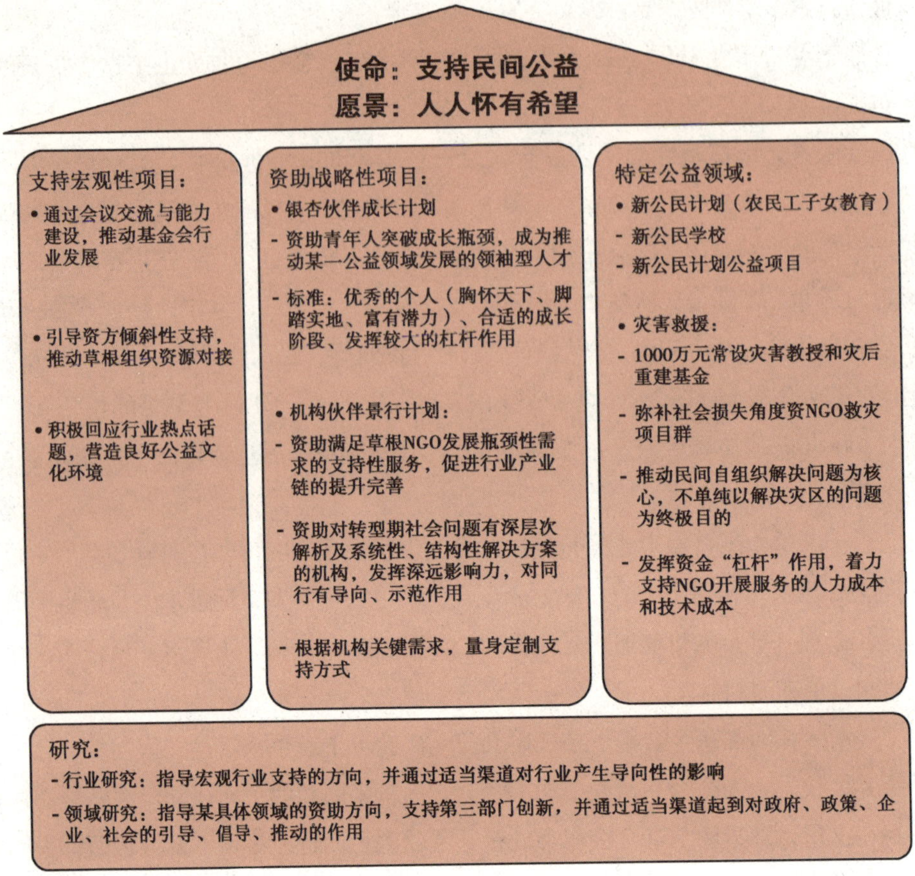

南都基金会业务框架图

2010年4月，基于对公益行业发展面临的问题和需求，以及南都基金会自身的优势和定位分析，第一届第九次理事会通过了新的战略规划。在南都基金会的新的整体战略下，南都基金会的三大资助方向是发起、支持行业发展的宏观性项目，资助支持性机构、引领性机构和优秀公益人才的战略性项目，资助农民工子女教育、灾害救援等特定公益领域的项目；同时开展指导三大资助方向的战略性、政策性研究来支撑推动公益行业，推动公民社会发展。

宏观项目

基于自身的核心优势，南都基金会从搭建公益行业产业链的角度着手，对产业链上游进行引导，为产业链下游提供倾斜性支持，开展促进行业发展的合作、交流、人力资源建设等宏观项目。具体举措有通过会议交流与能力建设推动基金会行业发展，如举行非公募基金会发展论坛、开展基金会领导人培训、合作举办中华慈善百人论坛等；引导资方倾斜性支持促进草根组织资源对接，如合作举办公益项目交流展示会、BC社会企业家技能培训、合作参与芯世界公益创新奖、联想青年公益创业计划；积极回应行业热点话题、营造良好公益文化环境，如资助公益与商业合作研讨会、公民社会发展论坛等。

战略性资助之一：银杏伙伴成长计划

在中国公益行业起步阶段的背景下，公益青年的成长面临较低的收入和保障，从事的行业得不到亲友和社会的认可、面对巨大的公益需求和工作中的挑战与压力，缺乏方法规划个人与事业的发展，缺乏专业知识和视野，并且没有一套工作和精神支持系统为他们的成长提供支撑等。为了支持公益领域的年轻人更好地成长，南都公益基金会发起了“银杏伙伴成长计划”。

银杏伙伴成长计划是一个资助青年人去突破成长上的瓶颈，成为推动某一公益领域发展的领袖型人才的长期计划。其主要资助对象为草根机构的领导人或创始人，也不排除学者、媒体人、个体行动者和未来的NGO领导人。该计划同时倡导社会各界一起支持公益人才、搭建人才成长的支持体系。

项目自2010年在三省试点评选出5位伙伴以来，得到了公益界人士的广泛关注。2011年，项目围绕“完善项目、打造品牌”的目标，将评选范围扩大到全国，经秘书处全体人员历时4个月的考察，向专家评审会推荐了18位候选人。最终由9位独立的评审专家经过一对一的面谈，确定了16位2011届伙伴。同期，通过与项目相关的传播，如与《社会创业家》联合策划推出《我的公益“薪”》专题、刘洲鸿秘书长的《让“正常人”来做公益》等，再一次引发了行业内外对公益薪酬和人才培养话题的热议。

在充分尊重伙伴的意愿和发挥其自主性的原则指导下，项目团队起到了促进伙伴间对接资源、形成同伴支持网络的作用。2011年初，银杏伙伴齐聚北京商议网络建设、协作机制及制定海外考察方案；7月顺利完成了为期10天的英国考察，参访了十多家公益组织和社会企业。

在过去的一年中，伙伴们表示银杏计划增加了家人和朋友对他们的认可、增加了自己对行业的责任感、增加了与业内资深人士的接触，并为他们进行深入思考、自我提升、结识伙伴创造了机会和提供了经济支撑。

该项目虽然还在试验期，但已得到了行业的认可，入选《2010中国慈善蓝皮书》，在第三届非公募基金会发展论坛上作为项目创新案例进行展示和交流，受邀参选“2011京华公益奖”以及受邀在多个国内外会议上作主题发言。

南都基金会希望以此与同行共同探索支持公益人才的道路。

战略性资助之二：机构伙伴景行计划

“景行”二字取自《诗经》“高山仰止，景行（hang）行（xing）止”，意思是，“仰望高山，行大道”。

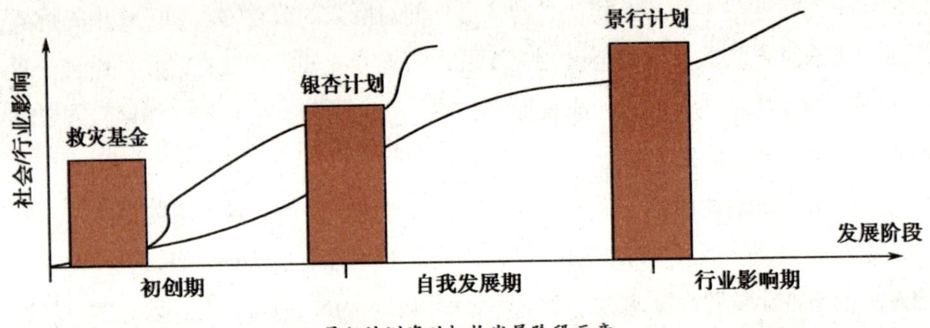

景行计划资助机构发展阶段示意

“机构伙伴景行计划”是以创新的资助模式对具备支持性或引领性的民间公益组织进行资助的长期计划。旨在通过支持能起到“方向引领”、“能力提升”作用的机构，促进行业的结构性提升和生态系统发育，壮大民间公益组织的非资金支持系统。同时，通过采取更灵活满足民间公益组织发展需求的资助理念和模式，倡导资助行业，形成多元化的资金投入方向，完善民间公益组织的资金支持系统。以推动民间公益组织支持系统的整体改善。

机构伙伴景行计划资助的对象是具备支持性或引领性的民间组织。支持性是指能够提供满足草根NGO发展瓶颈性需求的支持性服务。主要包括领域性支持，如教育、劳工等；专业性支持，如财务、咨询等；行业性支持，如孵化器、信息平台等。引领性是指对转型期社会问题有深远的影响力和对于同行有导向和示范作用，主要包括深层次解析社会问题，并提供系统性、结构性的解决方案；建立行业标准或示范；服务或管理模式、政策法规的创新、倡导和推广；发现被忽视或新的社会问题，引来社会关注或倡导政策出台。

在资助模式上，机构伙伴景行计划会结合单纯的项目资助与机构资助存在的优势和不足，采取“资助重要业务+充足的运营管理费用+退出机制+其他软性配套支持”的综合资助模式，资助期为3到5年。

2011年是机构伙伴景行计划的策略开发和试点年。通过对草根NGO、资助方同行、学者的调研，立足南都使命和战略，吸收已资助的NPI（上海浦东公益组织发展中心）、基金会中心网、陕妇汇公民社会部、惠泽人专业志愿者发展项目等经验，经过与理事会的讨论，完成了景行计划的策略框架，并在框架指导下与3家机构达成了资助意向。

2012年至2014年将是机构伙伴景行计划的实验期，其间将每年新增资助机构3至4家。实验期将采取邀约的方式邀请候选伙伴。该计划将与银杏伙伴成长计划共谱。

领域项目之一：新公民计划

随着中国城市化进程的加速，越来越多的农民工进城，农民工子女（包括流动儿童和留守儿童）的教育、心理健康、道德养成等方面存在许多困难和问题，这些问题如得不到妥善解决，不仅对农民工子女个人的成长产生不利影响，而且对国家和社会的未来也将带来严重的后果。为改善农民工子女的成长环境，南都基金会决定实施新公民计划，以项目招标的方式，资助非营利组织开展公益创新项目，捐建民办非营利的新公民学校。

2007年7月12日，新公民计划正式启动，同年8月9日，时任民政部部长李学举到南都基金会调研，充分肯定新公民计划，并指出其意义和影响将不亚于“希望工程”。

根据2010年4月一届九次理事会会议通过的南都基金会战略规划指导思想，基于对自身核心优势的深刻思考，整合新公民学校、新公民之友和新公民计划公益

<table>
<tr><td>四个教育目标：</td><td>学会学习</td><td>学会做事</td><td>学会发展</td><td>学会共同生活</td></tr>
<tr><td>针对需求：</td><td>流动性大</td><td></td><td rowspan="2">毕业出路？</td><td rowspan="2">社会融入</td></tr>
<tr><td></td><td colspan="2">家庭教育薄弱</td></tr>
<tr><td>五个资助领域：</td><td colspan="2">1. 阅读　2. 数学　3. 科学</td><td>4. 人格教育</td><td>5. 城市融入</td></tr>
</table>

新公民计划公益项目资助方向

性项目三部分工作，委托一家独立NGO组建新公民计划公益项目部，承接整个新公民计划工作。南都基金会计划用3至5年时间扶持其成为农民工子女教育领域具有很强专业性的支持性机构。

新公民学校是南都基金会新公民计划资助的重点，南都基金会为每所学校资助150万至200万元“种子基金”，希望在政府支持下，探索出一条社会捐资、公众参与、民办公助的新公民学校办学新路子，让农民工子女人人有学上、上好学，培养他们成为有理想、有道德、有文化、有纪律的社会主义新公民。新华社时事评论认为，这是通过制度创新探索政府与市场之外解决农民工子女教育的第三条道路。新公民学校目前已在北京、温州、银川、成都等地建立了10所新公民学校（含与百年职校合作建设新公民职业学校），其创新的办学模式得到当地政府的认可。

新公民计划公益项目几年来也逐步调整，从最开始的大范围公开招标，到逐步探索、提升资助的战略性。目前，在聚焦资助领域，有所为有所不为的原则下，发布了“新公民计划公益项目资助方向”，同时，项目也在逐步集群/组合化，形成合力、相互支撑，以求扩大影响。

领域项目之二：灾害救援与灾后重建资助项目

南都基金会的灾害救援与灾后重建资助项目仅限于中国大陆地区，主要响应突发的、造成人员转移安置的自然灾害。2011年6月，在二届一次理事会上提出了救灾项目新的核心策略：从弥补社会损失的角度资助NGO救灾项目群。工作原则以推动民间自组织解决问题为核心，而不单纯以解决灾区的问题为终极目的；发挥南都资金的杠杆作用，着力支持NGO开展服务的人力成本和技术成本；在灾后重建期，鼓励NGO以社区为基础，开展弥补社会损失提升社区能力的示范项目；鼓励NGO的合作、经验总结、技术传播项目等。

2008年5月12日，四川汶川发生地震。5月13日，南都基金会迅速做出反应，发起“抗震救灾，十万火急，灾后重建，众志成城——中国民间组织抗震救灾行动联合声明”活动。5月15日，南都基金会理事会作出决定，紧急安排1000万专项资金，为民间组织参与救灾和灾后重建提供资金支持。南都基金会通过资助、推动、服务和支持，有效支持民间组织参与灾后重建，做到专业化、长期化、本土化。2010年4月1日，为应对频发的自然灾害，南都基金会设立常数为1000万元的

“灾害救援和灾后重建基金”，支持民间组织开展救灾及灾后重建工作。

启动行业和领域研究

为了全面提升南都基金会项目管理的战略性与整体性，2010年4月初，南都基金会理事会做出了战略决策，加强研究投入，形成独具特色的研究定位：“公民社会”空间定位，实践者的参与及解决方案导向。对行业和重视的领域进行研究，以指导南都基金会宏观及特定领域的资助方向；并通过适当渠道对行业产生导向性的影响，发挥对政策、企业、社会的倡导、引导、推动的作用。

乐观前行

为了加强机构能力建设，提高项目资助的质量和效率，2012年1月，在南都基金会召开的第二届二次理事会上，通过了关于南都公益基金会文化、制度建设的构想。提出了南都基金会机构文化的核心思想，涵盖了四大指导原则和六大工作作风。

四大指导原则分别是公共利益为上、行业发展为先、民间立场为本和杠杆用作为佳。公共利益为上是以公共利益为价值追求，不谋求任何公司或个人直接或潜在的利益；行业发展为先是指积极回应行业发展的关键问题和紧迫需求，以行业利益为优先；民间立场为本是指定位民间，支持民间公益组织的社会创新，这是我们存在价值的根本；杠杆作用为佳是指追求资助资金的最大效率，发挥最大的社会效益，使资金起到四两拨千斤的作用。

六大工作作风则包括目标导向，服务精神，尊重他人，允许犯错，不掩盖问题，终身学习，与社会创新者共同承担风险。

“筚路蓝缕，以启山林”。面对中国的公益事业，南都公益基金会和民间公益伙伴们正携手共建公民社会；虽任重道远，进展艰难，但乐观前行，永不放弃，便会成功！

青岛市天泰公益基金会（以下简称“天泰基金会”）于2010年1月6日获山东省民政厅正式批准设立，是青岛首家由企业所创立的非公募公益基金会。

天泰基金会的成立旨在推动文化、教育、体育、卫生、环保、保护儿童、济贫等公益事业的持续发展，力求在公益援助、赈灾救助、慈善救助、公益宣传等方面尽己所能，秉持“只做雪中送炭，不做锦上添花”的做事原则，将爱传递到每一个微弱之处，温暖每一个缺乏之人，为实现“建筑爱的世界”的使命而付出不懈努力。

04

第四章

天泰公益基金会

天泰公益基金会：建筑爱的世界

爱的微光

在天泰公益基金会的成立大会上，作为主要发起人的天泰集团董事局主席王若雄先生及夫人赵洁女士曾非常感慨地说："天泰集团自1994年创立的那一天开始，一直注重对社会承担更多的责任，所以在过去的十几年中，天泰坚持做公益活动。我们第一个在中国海洋大学设立奖学金，我们在贵州、宁夏、西藏等贫困地区不仅捐助学校还坚持持续帮扶，我们出资逾千万支持奥运并组建我国第一支出征奥运会的英凌级帆船队等等。所有这些，相对于整个社会来说，也许显得微不足道，但却无不充满天泰人对社会的真情与关爱。为了使这些活动更加规范、系统，这份爱更好地传递延续，让更多的人、更长久地感受到我们的'爱'，使社会更加美好、和谐，我们萌动了要发起天泰公益基金会的想法……"

毫无疑问，天泰公益基金会是天泰公益精神的延续和升华。这就是一个以"建筑爱的世界"为价值观的企业的朴素追求——"不以善小而不为"，以自己的行动，点燃爱的微光。

爱的传递

天泰基金会由七名理事组成理事会，下设秘书处负责具体工作的开展与实施，机构组成如图1所示。

从2010年初正式成立至今的两年多时间内，天泰基金会顺

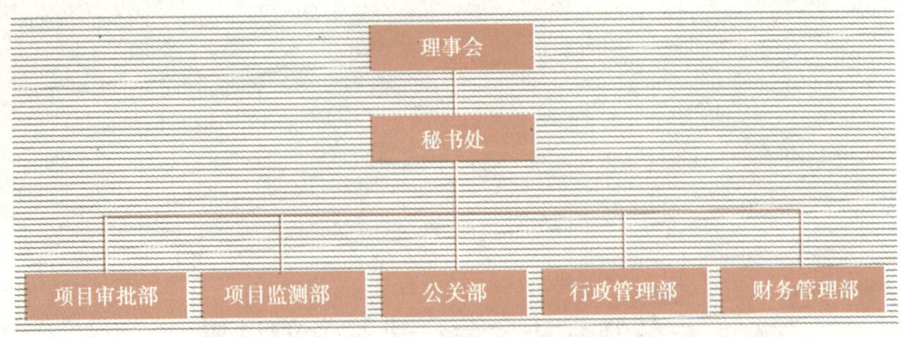

天泰公益基金会组织架构

利地将天泰集团的公益活动进行了全面“接管”与梳理扩展。除了一些针对贫困个体的长期持续帮扶计划和突发灾难的捐助之外，目前天泰基金会有四个项目计划正在实施中。

项目一：中国海洋大学天泰奖学金计划

天泰分别于1995年和1998年出资200万元在中国海洋大学分别设立针对学生的“天泰奖学金”和面向老师的“天泰优秀人才奖”。每年拿出10万元用于资助那些品学兼优家境贫寒的学生顺利完成学业，同时奖励一批在教学和科学研究、现代管理等领域取得突出成就的中青年教师。

颁奖仪式

天泰奖学金是中国海洋大学成立的首个非公立奖学金，至今已经连续颁发了十七年，迄今为止已有近700名海大师生先后获得天泰奖学金的帮助。

项目二："天泰杯"青岛市中小学生寒假征文项目

青岛市中小学生寒假征文活动经过20多年的发展，每年参与人数已超过10万人，是青岛市规模最大的征文活动，不仅成为岛城中小学生寒假生活不可或缺的部分，而且成长为一个极富魅力的教育和文化品牌，更重要的是，天泰见证并参与了几代孩子从小到大的成长过程。

每年，天泰公益基金会都会为这一活动拨付特别支持基金，用以保证征文阅稿、评审、颁奖会、获奖者奖品、获奖学生外出参观学习等全部过程的顺利进行。

项目三："爱心助力小餐桌"计划

2002年，天泰在贵州捐建了第一所希望小学——天泰长田希望小学。十年来，天泰保持与学校的联系，每年都会派爱心团到学校看望。从课桌椅、电脑、DVD、学习用品到学校修建厕所、整修宿舍等，在政府的投入解决不到的地方，天泰全方面帮扶。目前，这所小学已成为周边十里八乡最好的小学。

2011年6月，天泰爱心团再赴贵州。在这个过程中，我们了解到，学校在校的234名孩子中，60%以上孩子没几套衣服，个别孩子换洗都困难。相对衣服来讲，吃饭也许是更大的问题，很多孩子因为家庭贫困，中午都是饿着肚子等晚上回家才能再吃。于是，天泰基金会有了要让每个孩子吃上午饭的最初设想。

得知由当地县移民局投资建设的学生宿舍和食堂在2012年2月即可正式投入使用的消息后，在学校种植芒果和蔬菜等自助项目的基础上，天泰基金会正式启动"爱心助力小餐桌"计划，设立为期三年的"爱心助力小餐桌"专项基金26万元，除首次一次性捐助2万元用

孩子们以前是这样吃饭的

于宿舍设施、厨房餐厅炊具设施的补助外，按照逐年递减的方式，按月度分三年给付，基本实现每个孩子在学校都有午饭吃的基本需要，确保孩子们能在解决温饱的条件下，安心学习和生活，以顺利完成他们的学业。

2012年3月初，当学校寒假开学后食堂正式运行的第一天，天泰的首笔捐助款项同时到位。

项目四：爱之家弱智儿童救助站帮扶计划

爱之家弱智儿童救助站位于青岛即墨市的段泊岚镇，创办人、院长章荣真女士是位美籍韩国人，虽不懂汉语，但就凭着“爱心是神圣的，爱心无国界，爱不需要条件，让爱充满我们爱之家，充满全世界”信念，带领这些常人难以想象的特殊群体走过了十年的艰辛之路。

寄托站现在共收养38人，目前14人在上学，其中2人读高中，2人在读盲校，9人读小学，1人在幼儿园，其余24人因为智力问题没有办法读书，在救助站内接受康复教育。

这些孩子多半来自省内外的农村贫困地区，他们基本上是智力残疾人，也有多重残疾者，也有的同时患有视力残疾，听力残疾或肢体残疾。他们的家庭可以说都很困苦，其个人的境遇也比较悲惨。入站前有的是因父母双双残疾而无力抚养，只好沿街乞讨以求温饱；有的是患病无力医治被家庭遗弃而流落街头，还有的本身是残疾的孤儿无家可归。

救助站的收入来源大部分是依靠机构及个人的资助，天泰基金会了解到这一信息后，每年都会定期捐助，并组织爱心团来到这些孩子们中间，天泰基金会理事王若雄、赵洁、张织云等亲赴该寄托站慰问也超过十次。

为了让孩子们更多一些活动空间，让他们享受同样的尊严，天泰基金会2011年为寄托站捐建了一处约300平方米的房子，孩子们有了自己的烙刻室、美术室等等，加上日常的生活方面的持续帮助，寄托站的生活条件得到不小改善。

爱的延续

作为非公募基金会，后续基金的来源往往是很多基金会所面临的资金困境。为解决这个后顾之忧，发起人王若雄先生和赵洁女士在2010年天泰基金会成立时即决定，每年将天泰地产不低于1%的税后净利润捐赠给天泰基金会。在成立不到

天泰爱心团与寄托站的孩子们在一起

一年的时间内，2010年10月，发起人王若雄先生又将其个人持有的天泰集团公司的股份全部无偿捐赠给天泰基金会。他说："作为我个人及家庭来说，希望为社会做出更多的事情，并把它看成个人人生中特别重要的事情。我们需要把'爱'的力量和'爱'的能力与天泰基金会相结合，用'爱'的文化，以实际行动影响天泰员工、影响这个社会。"

"如今常存的有信，有望，有爱；这三样，其中最大的是爱。"

是的，天泰公益基金会作为一个探路者，还在爱的路上不断摸索前行。

本源人文公益基金是由建业集团董事长胡葆森于2011年9月7日创立的非公募文教公益基金会，本源人文公益基金会主要致力于中国社会人文教育的推动，以弘扬“关怀社会、成长心灵、创造和谐”的人文精神为宗旨，希望通过推动中国传统文化传承，传播生命智慧，缔造社会福祉。本源人文公益基金包含面甚广，主要有中华传统文化传播推广，人文及心灵修养教育，文化审美、艺术推动，文化公益的资助与推动。

05

第五章 本源人文公益基金会

本源人文公益基金会："循天道，尚人文"

"循天道，尚人文"，一直是中华文化所遵循的主体，人文教育由此开演而成千年传统教育的主干。

但特殊的历史渊源，近二百年与传统文化的背离，造成中国现代教育仅以知识及技能传授作为核心内容的现状，而贯穿于人一生的人文教化、人格和身心涵养教育则存在着明显缺位。

今天的时代，一方面，物质高度发达、经济高速增长；另一方面，也伴随着人们精神的贫瘠及内心价值的惶惑，这是一代国人不可回避的历史面对。究其根源，人文教育的缺失，不可忽视。

在这样的背景之下，基于对中国传统"观乎人文以化成天下"的文化价值观的认同，建业住宅集团（中国）有限公司（以下简称"建业"）董事长胡葆森先生发起创立非公募文教公益基金——河南省本源人文公益基金会。基金会于2011年9月在中国河南成立，注册资金为1000万元。

人文传统的回归

本源人文公益基金会以生命教育为立意核心，定位于中国社会人文教育的推动。期望通过推动涉乎中国传统文化传承、人格修养、文化审美等人文教育事业和活动在全社会广泛落脚和扎根，传播生命智慧，关注国民的内心精神和品格涵养，重构个人价值衡量及社会道德价值体系，以提升国民素养，促进社会福祉。

本源书院前厅

社会的稳定，除了政治、财富力量以外，还应有作为其主体的国民的内心精神和品格修养作为社会和人心的中流砥柱；个体的存在，除了追求生存的实现，更要有智慧的身心修养来提升内在的力量，洞达生命和生活的价值。“大学之道，在明明德”，包括传统文化在内的涉乎历史、哲学、艺术审美等方面的人文教育渗透的正心修身明理之理念及内容无疑可以有效弥补现代教育体制素质和道德教育缺失的缺陷，从而以知识的传授、智慧及潜能的开启、性情的陶冶、善德的启发，人生观的建构、责任的担当等多维层面一起构成一个完整的社会教育体系，提升国民的人文内涵和素质，构建个人内心及社会价值衡量的依据。这于新时代社会和谐的构建、民族精神的凝聚、道德价值体系的重构等都不无意义。

关怀生命，成长心灵，力行和谐

本着“关怀生命，成长心灵，力行和谐”的创办宗旨，本源人文公益基金会会务方向主要包含中国传统文化传播推广、人文及心灵修养教育推动、公益精神培育与推动等三个方面。

围绕“儿童、社区、公益”三个核心要素，基金会的基础公益项目体系包括本源社区书院、本源儿童美术馆、本源义工学社、本源人文印社、河南省少儿图书馆（本源国学馆）等。

其中，本源社区书院项目是基金会下设的旨在提升社会民众人文素养、推动中国传统文化传承的一项核心公益项目计划。意在以社区为基本单元，以连锁性书院为教育和传播形式，架构传统文化及人文教育推广的基础网络，营建更贴近大众的社会普及平台，推动中国传统文化的传承及人文教育在现实生活中的落地。

本源社区书院主要功能包括少年国学堂、社区人文学堂、社区图书馆、社区义工中心等四个部分。

本源社区书院形象

其中，社区人文学堂是社区书院的人文普及板块，面向社会中不同年龄阶层人群，以人文传播推广与心灵成长为主，包括专题类人文讲堂、系统性传统文化课程、心灵成长及心理关怀小组交流等多种形式。社区图书馆意在营建社区书房，包括阅读场馆提供、图书借阅、亲子读书会以及与河南省少儿图书馆联合举办的各类读书活动，推动社区及少儿阅读生活。社区义工中心则是在基金会义工中心指导下，以构建公益性生态圈为目标、以公益生活方式为倡导，唤起社区成员的公益意识与行动，包括公益活动的倡导组织、义工培训以及公益信息平台构建等。

目前，首家本源社区书院已在河南省郑州市建业森林半岛社区内建成开放。

“蒙以养正”，重在儿童

文化的传承及风化的转变，重在儿童。本源社区书院中的少年国学堂主要针对社区中的少年儿童，以系统深入性地推广中国传统文化为主，利用13岁之前的黄金时期，诵读中国传统经典著作，以开启智慧、陶冶性情，奠定一生的文化和人格基础。其课程包括国学启蒙性的训蒙和礼仪课程、琴棋书画类的国艺课程、系统深入性的国学元典课程等。

少年国学堂之书法课

此外，作为河南省首家省级专业性的少儿图书馆，由胡葆森先生捐赠2000万元建设的河南省少儿图书馆也将于2012年6月建成开放。届时，基金会于其中设立的本源国学馆也将作

本源社区书院义工学社经典读书会

为儿童人文教育的社会性公共平台投入运营。

建业重视社区文化建设，重视建业业主的生活质量在行业内是赫赫有名的。从某种意义上而言，本源人文公益基金会的创立，也体现了建业对提高业主生活质量的重视。当然，其意义远大于此。

以文化建设公益，以公益推动文化，本源人文公益基金会期望通过文化与公益的良性互动，在未来5至10年内积极将自身打造成为具有深度影响力及鲜明公益品牌的、致力于中国传统文化传承和人文教育推动的国际性人文公益基金。

2009年底，在中大地产集团董事长谈义良、路光等人的发起下，江苏中大公益基金会正式成立。由小爱衍生大爱，由最初的单一扶贫到中大公益基金会成立，中大集团以“中大之爱”更好地实践着企业的社会责任感与使命感。

目前，经过两年多的运营，中大公益基金会非限定性净资产已发展到3300万元，预期未来5年基金会的原始基金将达到1亿元。

06

第六章

中大公益基金会

公益，中大在行动

自1993年到江苏昆山，到中大建设、中大地产相继成立，江苏中大集团至今已耕耘发展了19年。

在这19年中，为社会公众服务的公益理念始终伴随中大集团左右。

定位于凝聚企业资源、服务社会大众、以“中大之爱”回馈社会的中大公益基金会，正以专业的团队，通过可操作途径让基金会筹集的每一分钱实现价值最大化；以实质性的资助，让真正需要救助与关怀的弱势群体得到有效的帮助；以企业捐赠为种子，以有效的项目设计与实施获得高效的成果，进而在条件成熟时多方面拓展资金来源，赢得更加广泛的社会认可，影响更广泛的社会群体。

关注老人与学子

自2009年成立以来，本着“弘扬中华民族尊老爱幼、扶贫济困的传统美德，以公益事业，推动社会和谐进步”的宗旨，江苏中大公益基金会推出了“O计划——老年关怀计划”与“S计划——学生成长计划”。这些计划包括设立贫困学子奖助学金、资助高等院校开展学术研究、贵州威宁支教活动，以及建立老年活动中心、开展尊老敬老活动等。

“O计划——老年关怀计划”主要是建设中大尊老社，为老年人提供一个休闲、交流的平台。

目前，中大尊老社已筹建完成了部分项目，包括中大尊老社—玉龙社区、中大尊老社—中山社区、中大尊老社—宜兴社区。

贵州山区学校家里

2012年，中大公益基金会计划在江苏昆山地区继续开设3所尊老社。目前已完成对中大尊老社—黄埔项目的前期考察工作，近期将进入筹备阶段，预计5月份可正式对外开放；另一尊老社现处于选址工作中，预计年底可启用。另外，中大公益基金会也计划在江苏宜兴筹建3所尊老社，目前进入筹备阶段，预计今年全部投入使用。

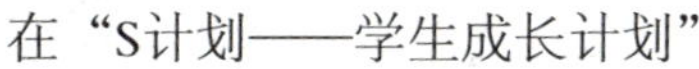

在“S计划——学生成长计划”方面，中大公益基金会更是不遗余力。在中大公益基金会看来，教育是百年大计，尽管政府在消除贫困方面尽了很大努力，但在覆盖面上仍有盲区，开展学生成长计划则是解决这些盲区中因贫困上不起学的问题。

最初，为响应昆山市“基石工程”号召，中大公益基金会主动与昆山人事局沟通，通过牵线，对昆山市玉山镇景村的家庭贫困学生开始了长期助学行动。

随后，逐渐开展的校园助学项目成为了中大公益基金会学生成长计划的重点项目，主要资助贫困大学生，以及支持贫困地区学校的孩童完成学业。目前，其在复旦大学管理学院、西藏民族学院医学院分别设立了奖助学金，鼓励高校学生努力学习、刻苦钻研，帮助优秀、贫困学生完成学业，让他们在未来成为具有社会责任感且有担当、有远见、有知识、有能力的精英，同时弘扬重教尚学的精神和传统，将爱与感恩延续；在新疆阿图什小学设立奖助学金，帮助品学兼优和经济特别困难的学生，其宗旨是弘扬中国传统文化，激励学生发奋读书、勤俭节约、艰苦奋斗，将来更好地报效国家和社会。

此前的2009年，中大公益基金会还在甘肃瓜州投资筹建了一所复旦中大希望小学，帮助当地孩子改善教学环境；2010年，在青海玉树地震期间，其又捐赠青海玉树3个帐篷学校，帮助那些因地震失去学校的孩子们继续学习，完成学业。

助老爱老

目前，中国老龄人口日益增多，老龄化现象越来越严重，已引起市场广泛关注。然而，中大公益基金会通过对江苏昆山市社区的一系列调查发现，社区中功能完善的老年活动场所较少，且设施配备不完善，更缺乏专职人员的日常管理，而老年人能够休闲娱乐的地方更是屈指可数。

本着“老有所养、老有所学、老有所为、老有所乐”的理念，中大公益基金会计划在昆山及周边城市各成熟小区建立中大尊老社，为老年人提供一个休闲、交流平台，丰富老年人晚年生活。

中大尊老社—玉龙社区是中大公益基金会筹建的第一处尊老社，捐资100多万元，并提供后续的日常维护费用，目前已正式启用。尊老社内有棋牌室、阅览室、品茶室、聊天室、演唱舞蹈排练室等活动区，以及根据老年人的兴趣爱好成立了书法班、绘画班、舞蹈队、合唱团等各类兴趣班，丰富老人业余生活。日常管理均由中大公益基金会安排。这些举措也是中大公益基金会全面调查各处老年活动室现状后所筹划的，在所发现问题的基础上进行分析、总结，而后因地制宜、统筹规划，制定了总体建设方案，为老年人购置图书、筹建舞蹈室、棋牌室，并制定规章制度、入会条例等，全面提升了尊老社的水平和规模。

作为尊老敬老的福利项目，中大尊老社在提案初期便获得了相关政府机关以及社区、街道的广泛认同，使得项目在后期的选址、装修、筹备、人员安排等一步到位，为后期其他尊老社的筹建提供了强有力的组织保证。而从尊老社选址、建设到装修及后期维护，中大公益基金会全程参与实施，

魔术表演

对项目实际运作进行专人定岗。

加强管理、强化服务是办好尊老社的关键。目前，中大公益基金会尚处于起步阶段，在管理方面相对薄弱。故在加强尊老社建设质量的同时，中大公益基金会着力健全尊老社的各项管理制度：首先，每处均配有一名善管理、有爱心、有文化的管理人员，并在本社区组织一支适应老年人服务的志愿者队伍，制定好一套规范的管理制度，如运营时间、各活动室的管理、入社管理等，目前已统一制定一套完整的规范制度，进一步规范了管理。其次，发挥尊老社的综合作用，调动老年人特长，在每年重阳节、中秋节等传统节日，由基金会牵头组织各类文艺活动，丰富老年人生活，从而也提高了尊老社的服务质量。

在推进中大尊老社发展的过程中，中大公益基金会除聘用日常管理人员外，还从公司员工中发起成立志愿者队伍，以帮助维护中大尊老社的环境卫生、日常秩序，确保其健康运行。志愿者队伍的筹建，也印证了中大公益基金会“以小爱衍生大爱、以个人之爱衍生大众之爱”的理念，爱心不应存在于小范围中，要通过传播，构建一个良好的大众爱心群体。后期，志愿者队伍也计划面向昆山社会进行宣传，吸收，形成一个坚固的爱老、敬老群体。

有了中大尊老社—玉龙社区的成功运营，后期的中山社区尊老社、锦溪镇尊老社等推进顺利。而在这一项目的基础上，中大尊老社的开设从市区扩散至了乡镇，从本市扩散到外市，加快了尊老社的前进步伐。

加强自身建设，力争更好

在“S计划——学生成长计划”方面，中大公益基金会在既有项目发展基础上，继续加强高校大学生的奖学金资助项目，鼓励他们在困难面前不彷徨、不迷茫，努力完成学业，取得优异成绩，以自强不息的精神继续在学术或社会实践领域作出贡献，为更多青年学子作出表率。继续扶持贫困地区的孩童，帮助他们完成梦想。同时，计划在贵州威宁县山区学校建设一个教育示范点，使校长、教师、学生的教育以及学校的软件等方面得到提升。中大公益基金会也计划通过这一教育示范点，摸索探寻出一套可复制的助学模式，一个系统性、长期有效的运作模式，让更多山区的孩子、教师、校长得到关心与帮助。

在“O计划——老年关怀计划”方面，将扩大中大尊老社建设，同时完善中大尊老社各项功能，不定时地组织老年人参加各种娱乐活动，丰富老年人的精神

中大尊老社

生活，也吸引更多的老年人“走出家门，生活精彩。”随着老龄化社会的到来，我国传统的家庭养老模式已面临着严峻挑战，社区养老服务作为新的家庭养老辅助方式，也将首次在中大尊老社启用。

未来，中大公益基金会将积极参加业内各种论坛、会议活动，加强同行之间交流，加强对国外优秀基金会管理经验、项目经验等各方面的学习研究，从而改善自身工作，提高项目运作专业水平。同时，中大公益基金会将继续扩大筹资，以保证现有项目的顺利实施与新建项目的开发和设计，并在已经确定的资助领域继续探索，积累经验，不断加强自身建设，向其他优秀的基金会学习，力争更好。

陕西荣华慈善基金会由西安荣华集团有限公司捐资设立，于2011年5月在陕西省民政厅登记注册（陕基证字第55-F号），系统化承担荣华企业集团各成员单位履行社会责任的职能。基金会秉承荣华集团“以舍为荣，因德而华”的核心价值观，倡导“关爱传递幸福、共促社会和谐”的理念，积极参与和组织开展各类济困、扶贫、赈灾、助残等社会救助活动。重点针对乡村教育、基础医疗设备及农业产业扶贫项目进行援助，积极探索和参与社区养老事业及社区文化建设等项目。

07

第七章 陕西荣华慈善基金会

关爱传递幸福，共促社会和谐

陕西荣华慈善基金会注册成立于2011年5月，秉承“关爱传递幸福、共促社会和谐”的理念，基金会立足陕西，面向中国西部地区，以支援乡村教育、基础医疗设施建设和农业产业扶贫为重点，提升贫困地区基础教育水平和改善基本医疗环境；以新型生态农业产业项目为支点，带动乡村经济发展和促进农民增收；系统化承担荣华企业集团各成员单位履行社会公民责任的职能，为促进区域经济发展，和谐社会建设做出应有的贡献。

饮水思源，从喝到第一滴水开始

荣华慈善基金会是在西安荣华企业集团董事长崔荣华的倡导下发起并创立的。作为基金会主要捐赠人的西安荣华集团有限公司创立18年来，企业在各产业协调发展的同时，主动承担社会责任，不遗余力地支持各项社会公益事业，在扶贫、教育、新农村建设及慈善事业等方面捐资捐物累计达2000余万元。

1994年，崔荣华从国有企业辞职，走上创业之路。一次偶然的机会，崔荣华得知西安市团委正在策划“庆六一，手拉手，献爱心”活动，于是安排人员主动对接，4月份刚刚以3万元现金创业的崔荣华，6月份硬是挤出5000元与市教委、团市委联合举办了一场爱心活动。从此，荣华企业关心和资助弱势群体，积极参与各项社会公益事业的脚步便未曾停止：1997年资助蓝田县百神洞小学贫困学生；1998年支持陕南抗洪救灾；

2000年捐助“母亲水窖”工程，支持北京申奥及陕西跳水事业；2001年为陕北、秦巴山区和渭北塬区捐款捐物，捐助“青年企业家西部行”活动；2003年捐助“母亲健康快车”、“渭南抗洪”、“抗击非典”等活动；2005年赞助“首届欧亚经济论坛”和“西安曲江高峰论坛”；2006年捐建泾阳县永乐镇“北流荣华光彩小学”，赞助“盛典西安人文奥运”、“首届丝绸之路投资论坛”及“共青团大学生创业西部行”等文化活动；2007年捐助西安市老年大学、市儿童福利院；2008年捐资支持四川汶川抗震救灾，赞助“大型秦腔诗画《梦回长安》”；2009年赞助西安市体育协会、捐助西安市慈善会；2010年向青海玉树地震灾区捐款200万元，向陕西省老干部活动中心捐赠30万元；2011年捐助西安市未央区慈善协会50万元用于公益事业，累计捐款达1500万元。

向儿童福利院捐款

授人与渔，以产业帮扶带领农民致富

2010年5月，陕西省“千企千村”扶助行动启动，西安荣华企业集团与户县天桥乡胡家庄村结为帮扶对子。受此重托后，荣华集团高度重视，首先捐资50万元用于改善村容村貌，另组建工作班子落实扶贫工作，研究帮扶思路和措施。聘请农业专家深入帮扶点，对当地自然环境和地理位置等情况进行全面深入调研，制定了以“千村千企”帮扶联姻，以葡萄为媒，实行产业带动、村企合作、群众参与的产业帮扶模式。即荣华集团投资、农户以地入股，建设以户太8号葡萄为主题，集葡萄种植、葡萄酒酿制、休闲会所、物流中心等为一体的现代生态农业观光示范园。该项目总体规划用地2400亩，计划投资3亿元，2011年到2015年内分三期建设。目前总体规划通过户县政府审批立项，一期400亩葡萄观光园已进入建设阶段。这种帮扶模式更深层次的意义在于：一是加快了土地流转步伐，使“农民”

离土不离乡、失地不失利、失地不失权、失地不失业；二是为政府城乡统筹发展探索一种新的模式。目前，产业已经开始带动农民脱贫致富，提高了部分村民收入水平，让村民实实在在感受到扶贫开发带来的实惠。

心怀大爱，情系民生，让他人活得更好

爱之花开放的地方，生命便能欣欣向荣。正是因为有“爱”，崔荣华所带领的荣华企业集团持续稳步发展和壮大。2011年5月，由荣华集团捐资发起的陕西荣华慈善基金会注册成立，崔荣华表示，这是她人生中的第二份产业，是对她时常讲到的“活着就是为了他人活得更好”这句话的进一步升华和诠释。她期望通过发展慈善公益平台整合荣华集团内外资源，更好地援助中国西部农村经济发展以及需要帮助的弱势群体，关注“留守儿童成长”、“空巢老人生活”、“老龄化”等社会问题，聚集更多的力量促进社会和谐稳定发展。

未来5年，荣华慈善基金会将以关注中国西部贫困地区乡村教育事业为焦点，积极参与致力改善贫困地区的教育环境，提升乡村基础教育水平的各类项目；通过荣华集团成员企业自主参与，建设3至4个生态农业产业示范园项目，建设一两个公益性养老服务项目；设立一支社区文化发展专项基金，通过各方面参与，在区域城市形成一系列富有特色的、常效性和系统性的社区文化活动品牌。

图书在版编目（CIP）数据

赢在战略：品牌地产战略实录 / 中城联盟编著 .—长沙：
湖南文艺出版社，2012.6
ISBN 978-7-5404-5515-6

Ⅰ. ①赢… Ⅱ. ①中… Ⅲ. ①房地产业 - 经济发展
战略 - 中国 - 文集 Ⅳ. ① F299.233-53

中国版本图书馆 CIP 数据核字（2012）第 065533 号

上架建议：经管 / 地产

赢在战略：品牌地产战略实录

编　　著：中城联盟
出 版 人：刘清华
责任编辑：丁丽丹　刘诗哲
监　　制：一　草
特约编辑：刘　霁
版式设计：崔振江
出版发行：湖南文艺出版社
（长沙市雨花区东二环一段 508 号　邮编：410014）
网　　址：www.hnwy.net
印　　刷：北京嘉业印刷厂
经　　销：新华书店
开　　本：787mm × 1092mm　1/16
字　　数：320 千字
印　　张：19
版　　次：2012 年 6 月第 1 版
印　　次：2012 年 6 月第 1 次印刷
书　　号：ISBN 978-7-5404-5515-6
定　　价：36.00 元
（若有质量问题，请致电质量监督电话：010-84409925）